21世纪职业发展与创业教育精品丛书
浙江省科协"育才工程"资助项目

大学生创业基础

（第二版）

杨　敏　陈龙春　主编

ZHEJIANG UNIVERSITY PRESS
浙江大学出版社

图书在版编目（CIP）数据

大学生创业基础 / 杨敏，陈龙春主编. —2版.
—杭州：浙江大学出版社，2014.7
ISBN 978-7-308-13503-0

Ⅰ.①大… Ⅱ.①杨… ②陈… Ⅲ.①大学生—职业选择—高等学校—教材 Ⅳ.①G647.38

中国版本图书馆CIP数据核字（2014）第150231号

大学生创业基础
杨　敏　陈龙春　主编

责任编辑　杜希武　俞亚彤
封面设计　续设计
出版发行　浙江大学出版社
（杭州市天目山路148号　邮政编码310007）
（网址：http://www.zjupress.com）
排　　版　杭州中大图文设计有限公司
印　　刷　浙江省良渚印刷厂
开　　本　787mm×1092mm　1/16
印　　张　15.75
字　　数　363千
版 印 次　2014年7月第2版　2014年7月第9次印刷
书　　号　ISBN 978-7-308-13503-0
定　　价　29.00元

21世纪职业发展与创业教育精品丛书

《大学生创业基础》编委会

主　编　杨　敏　陈龙春

副主编　李兴森　李建国　张晓丰

参　编　蒋之炜　陈剑平　李郁丰

基金项目：国家留学基金（2011年地方合作项目——留金法[2011]5025）；浙江省2013年度高等教育教学改革项目“基于可拓学的创业教育方法论研究与实践”（项目编号：JG2013300）；2013年度省教育厅高校科研项目：美国高校创业教育学科建设与课程体系构建研究——以CSUF为例（项目编号Y201330086）。2014年度浙江省教育科学规划研究课题“泛在信息环境下本科生协同创新能力培养机制研究”（2014SCG204）。

序

大学生创业风生水起，已经引起社会各界的重视和关注。目前，我国大学生毕业后选择自主创业者已达1%左右。在美国，当代许多著名的高科技大公司，几乎都是大学生创业者利用风险投资创造出来的。随着国家自主创业鼓励政策的完善和落实，我国大学生毕业后从事创业活动的热情必将日益高涨。假以时日，大学生的创业活动必将成为我国社会经济发展的“直接驱动力”。我们应该响亮地为大学生创业喝彩，满腔热情地为大学生自主创业推波助澜。

我国大部分高校都已经逐步将大学生创业教育列为学校育人系统工程的重要内容。各高校已经逐步认识到，大学生创业教育的意义，不仅在于培养、帮助1%的毕业生去直接从事创业活动，还在于提高所有大学生的综合素质，激发青年学生的创业热情。大学生创业教育已经成为高校探讨人才培养模式，对大学生强化素质教育的有效途径。我们有理由相信，针对在校大学生组织有效的创业教育，切实培养其创新意识、创业精神和创业能力，不但对大学生毕业后自主创业有帮助，对大学生在校学习也会有很大的激励作用，以及对大学生毕业后在不同岗位上从事任何一项工作也将会产生巨大的影响。当然，我国大学生创业教育尚处起步开创阶段，需要教育工作者付出更为艰辛的努力。

浙江的同仁秉持独特的“浙江精神”，在大学生创业教育方面做了大量卓有成效的工作。大学生创业的社会环境、政策体系、文化氛围都极大地鼓舞着浙江大学生的创业激情。我们期待着本书的出版将进一步推动浙江大学生创业教育的进程，也对全国高校的大学生创业教育起到一个推进作用。

是为序。

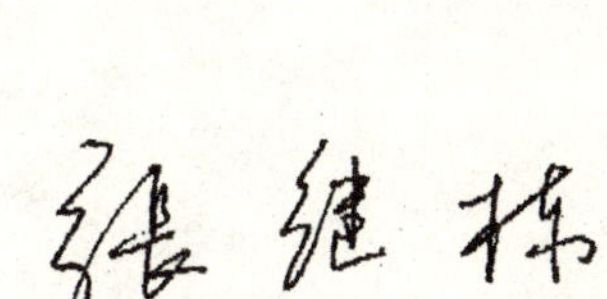

2007年8月　北京

（本序作者系教育部全国高等学校学生信息咨询与就业指导中心 副主任）

再版前言

随着马年的到来，过去的一年已成为历史，然而2013年，对我来说有些不同寻常。这一年，我有幸得到国家留学基金委和浙江省教育厅的资助，远赴美国进行出国访问。如果要用一个关键词来形容这一年来我最大的改变，就是“悟”。

当我走在异国的校园里，看着那里的师生风采，遥想祖国时，那种情怀确实是过去不曾有过的。如果从小到大而言，首先，我对自己有了全新的认知，在美国我树立了自己的中国梦。其次，我对美国这个发达国家有了深入的认知，无论是自然环境、人文历史还是平民百姓，日常生活。再次，我对中国的未来有了更广阔的认知，中国梦正是中国挑战今天，走向未来的最好起点。

2007年，当我和很多政界、高校、企业精英们汇聚一堂，为了一个愿望:推进中国高校创业教育做出了一个前所未有的选择，向浙江省数十所高校发起号召——征集大学生创业案例，为各个高校开发一套全新的创业教育系列丛书，包括《大学生创业基础》和《大学生创业实践》。如今，时过境迁，可能很多政界或高校的专家有了工作的变动，可是我，却在创业教育这条大道上越走越远。当年，我作为企业界的代表，与教育界共同策划、编撰了本教材，如今，我却成为专业从事创业教育的工作者，一边施教，一边创业，短短五年，国家发生了巨变，个人也得到了明显的成长。

我所生活和工作的城市——杭州，她给了我无数灵感和启迪，而这五年，我也见证了这个城市的变化和进步。2009年，当时的杭州市市长蔡奇领导全市启动了“大学生创业三年行动计划”，如今，这个计划已进入了第三个三年。截至2013年10月，杭州已成立大学生创业企业7294家，创业大学生1.6万多人，带动就业3.1万多人。杭州市政府近日又发布新一轮大学生创业三年行动计划，从2014年至2016年，杭州将资助大学生创业项目600个左右，资助金额最高可达250万元。

当年，我们在编写教材时，曾经邀请的创业大学生代表之一——浙江大学毕业生方毅，如今也是创业路上的老兵了，经历了三次创业，有了8年的创业史。

8年前，方毅本人就是和6个同学在位于杭州万塘路居民楼内一间不足20平方米的房间里开始创业的，如今，作为个推CEO的他，产品服务用户数早已破亿。回首当年，从大学校园开始创业的方毅也遭遇过资金链断裂、合作失败、市场碰壁的一次次困境，但他从没气馁，不断开拓，获得了风险投资人的多次投资。方毅坦言，“大学生的时候，如同愣头青，不了解社会，很多创业项目不接地气，这是无法回避的短板。我一开始就是靠师兄们帮扶，后来，人脉圈一点点拓展开，才逐步成长起来。了解了经济利益链，知道了市场规则，慢慢地越做越顺手。很多大学生以为，在校园创业中，一般能作出一个原型就完事了，但事实上，从原型到产品要耗费起码三倍于先的精力，从产品再到商品上市，要耗费更多的精力，很多大学生创业就栽在这种预付成本与时间严重失控上。”

当很多人认为，大学生创业最大的困难是资金时，其实作为过来人，最有体会——方毅认为，创业知识和经验的缺乏是制约大学生创业的重要瓶颈。由此可见，一本好的教材，是为大学生提供创业知识的基本保证，当然，光有好书还远远不够，还需要老师们用心施教，创业导师们用心指导，更需要大学生们用心钻研。

如果中国当代的大学生们，能像美国等发达国家的大学生一样，怀揣爱祖国、爱社会、爱自己的中国梦，在创业的大潮中风起云涌，不怕挫折，不怕付出，中国成为强国的梦想不久必将走进现实。

本书的再版得到了国家留学基金委、浙江省教育厅的大力支持。在此一并致谢。

杨　敏
2014 年 1 月 28 日
美国 CSUF

前　言

早在20世纪80年代初，发达国家就开始尝试"创业教育"。联合国教科文组织1991年专门召开创业教育国际会议，认为创业教育从广义上来说是培养最具开创性个性的人，它对于拿工资的人也同样重要，因为用人机构或个人正越来越重视被雇用者的首创精神、冒险精神、创业能力、独立工作能力，以及技术、社交和管理技能。在1998年世界高等教育大会发表的《21世纪的高等教育：展望与行动世界宣言》中，又进一步明确提出"必须把创业技能和创业精神作为高等教育的基本目标"。提升高校创业教育质量，使学生"具备创业意识，创造就业机会"，已成为当代大学教育的重要组成部分。

我们清楚地看到，我国的创业教育正在逐步得到各方重视并已经取得一定成效，但在创业教育内容体系和师资力量上还有很大欠缺：一方面专业性和实践性人才不足，另一方面培养体系不健全，没有比较专业实用的教材用于教学。在这方面还有许多事情需要我们去开拓、探索。

说起创业教育，人们自然会想到那些成功的创业者，一路走来，各种滋味，耐人寻味。古今中外，成功案例数不胜数，像洛克菲勒、比尔·盖茨、李嘉诚、马云、丁磊、张朝阳……我们不能不探究创业与教育的关系。

李嘉诚16岁失学，尔后开始在茶楼里做事，但他对这段生活从来没有后悔过。他说，茶楼是三教九流聚会的地方，各种各样的人，各种各样的事，都能看到听到。久而久之，就使他练出了一种眼光，一个人是从事什么职业的，他的性格特征、生活习惯、为人处世，一见面就能猜出个八九不离十，也知道了该怎样与这样的人相处。他读书不多，但是学会了利用环境观察别人。这时练出的本领，对他一生的事业都起到了很大的作用。

从李嘉诚的成长故事中，我们不难悟出一些道理。

创业教育无处不在。创业教育也并非只在书本上学习、在校园里接受；创业教育也并非只能由老师授课，并非只适合一部分人群，创业教育完全可以自我教育。每一个人都应该在任何时间、年龄接受创业教育。

创业教育的实质在于素质教育，在于培育最具开创性个性的人。狭义的创业通常仅指创业者个人或创业团队白手起家进行创业，是指转变择业观念，利用知识、能力和社会资本，通过自筹资金、技术入股、寻求合作等方式创立新的社会经济单元；自主创业者不做现有就业岗位的填充者，而为自己、为社会更多的人创造就业机会。广义的创业则可以指创业者从事各项创业实践活动，还可以理解为个人根据自己的性格、兴趣、所学专业、能力等选择适合自己的职业，并为这个职业的成功准备各种条件最后实现自己的人生价值。从这个意义上说，创业就是指创立基业或创办事业，自主地开拓和创造业绩与成就。人人都可以创业，人人都应该有创业的激情、创业的意识和创业的能力。

我们认为，在当今社会，我们每一个人都将不可回避地走上创业之路。今天，我们正是怀着接受一次自我教育的心境、感悟一次创业艰辛的情愫来组织这本书的编撰的。

创业之路是这样起步的：认识创业、选择创业、准备创业、走向创业、开始创业。为了让创业者脚踏实地地迈出每一步，我们在这本书里准备了相应的宝典：创业前期准备、创业机会选择、创业计划书撰写、创业资源配置、创业实务管理。另外，我们还为高校创业教育的组织与实施提供了一些方案，为学生创业实践提供了一些成功的案例、典型和榜样。

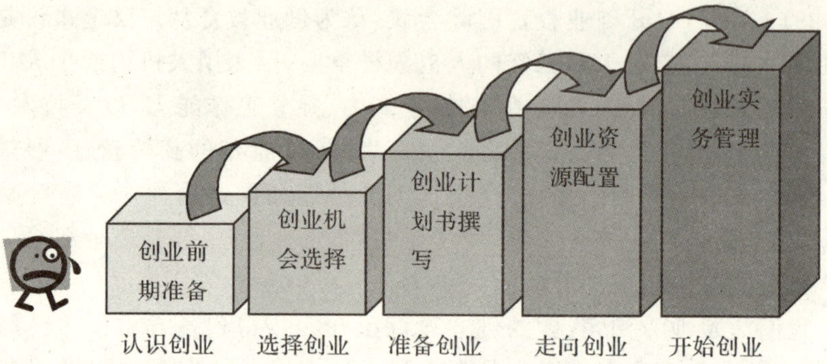

本书的编撰和出版，是编委会全体同仁齐心合作、共同努力的结果，在此特别感谢各位专家编委、作者的辛苦劳作。教育部全国高等学校学生信息咨询与就业指导中心张继栋副主任审阅了书稿，对本书的编辑出版给予了充分肯定和热情鼓励，并欣然作序，在此表示衷心的敬意和感谢。全书的创作思想和编撰大纲由我们提出，书稿最后也由我们修改确定。当然，书中所有的缺憾也必须由我们来担当。

最后，我们将此书奉献给有梦想、有激情、有勇气、有追求的大学生朋友们。我们期许着，我们愿把自己当作“泥土”，让众人踩成一条通向成功的创业之路！

陈龙春　杨　敏

2007 年 9 月　杭州

目 录

第一篇　创业前期准备——认识创业

01 大学生创业的背景 …… 3
第一节　成败得失话创业 …… 5
第二节　创业的内涵解析 …… 8
第三节　认识全球创业潮流 …… 10
第四节　就业与创业的转化 …… 14
02 创业者的素质要求 …… 18
第一节　创业意识与心理准备 …… 19
第二节　做好职业生涯规划 …… 21
第三节　知识与能力的储备 …… 24
03 创业基础准备 …… 28
第一节　资金与经验的积累 …… 29
第二节　地域与行业的选择 …… 31
第三节　创业步骤与创业团队 …… 35
第四节　关注政策与法规 …… 38

第二篇　创业机会选择——选择创业

04 创业机会评估与选择 …… 45
第一节　创业机会选择之道 …… 46
第二节　创业机会的评估准则 …… 51
第三节　市场机会分析方法 …… 56
05 竞争策略与市场定位 …… 61
第一节　创业市场竞争分析 …… 62
第二节　市场定位策略及步骤 …… 66

06 创业风险评估与防范 …… 72
第一节　创业风险的内涵 …… 73
第二节　创业风险的分类 …… 77
第三节　创业风险管理 …… 78
第四节　创业风险的控制 …… 81

第三篇　创业计划书——准备创业

07 创业计划书的规划 …… 87
第一节　创业计划书概述 …… 88
第二节　规划创业计划书 …… 90
08 创业计划书的编写 …… 95
第一节　编写要素与格式规范 …… 96
第二节　编制的基本步骤 …… 101
第三节　具体编制方法 …… 101
第四节　创业计划书的自我评估 …… 105

第四篇　创业资源配置——走向创业

09 创业融资渠道 …… 109
第一节　创业融资概念 …… 110
第二节　如何把握风险投资 …… 115
第三节　融资租赁和经营租赁 …… 122
10 创业融资决策 …… 126
第一节　创业融资规划 …… 127
第二节　创业融资决策 …… 132

第五篇　创业实务管理——开始创业

11 企业新办实务 …… 137
第一节　择址与招聘 …… 138
第二节　工商注册与税务登记 …… 143
12 创建高绩效团队 …… 148
第一节　企业理念与文化 …… 149
第二节　人力资源规划与管理 …… 151
第三节　薪酬规划与培训体系 …… 153

13 市场营销策略 …… 159
第一节 市场竞争评估 …… 160
第二节 市场开发与产品营销 …… 166
14 财务与税务知识 …… 170
第一节 基本财务知识 …… 171
第二节 看懂财务报表 …… 174
第三节 依法纳税和税务筹划 …… 179

第六篇 创业教育与案例

15 大学生创业教育 …… 185
第一节 创业教育概况与展望 …… 186
第二节 创业教育组织与实施 …… 200
16 创业案例分析 …… 213
第一节 科技创业类 …… 213
第二节 生产制造类 …… 222
第三节 商业流通类 …… 227
第四节 创意服务类 …… 230

第一篇

创业前期准备
——认识创业

01 大学生创业的背景

全社会都在推崇一种创业的精神，大家都在积极创业，我希望能够让大家分享这一点，创业是一种人生态度、过程，创业目的不是为了财富，而是为了一种成就感、一种幸福感、一种满足感。如果这种幸福感和满足感跟自己的理想、责任完全相符的话，创业的过程就达到了一种完美状态。

——北京点击科技有限公司总裁　王志东

本章概要

20 世纪 80 年代尤其是 90 年代以来世界创业大潮风起云涌，一个个创业神话向我们展示了创业者成功的奇迹，也诉说着他们艰辛的奋斗之路，进入 21 世纪后中国的大学生自主创业问题也成为校园里最热门的话题之一。该不该自主创业、如何成功创业成为大学生们议论较多的话题。本章介绍了大学生创业的背景，目的是帮助大学生了解世界创业名人走过的成功之路和遭受的挫折，认识世界创业大潮带给人类的巨大变化，从而激发起大学生创业的冲动与激情，理性地选择创业之路，走出就业问题上的困惑，寻找一片属于自己的天空，开创人生新的发展之路。

实例思考

“伟大的企业要能赚钱，光会赚钱的企业不是伟大的企业。”中国电子商务网站的开拓者，阿里巴巴网站创始人兼首席执行官马云被著名的“世界经济论坛”选为“未来领袖”，被美国亚洲商业协会选为“商业领袖”，是 50 年来第一位成为《福布斯》封面人物的中国企业家，并曾多次应邀去全球著名高等学府麻省理工学院、沃顿商学院、哈佛大学讲学。2002 年 5 月，马云成为日本最大财经杂志《日经》的封面人物，《日经》杂志高度评价阿里巴巴在中日贸易领域里的贡献。

马云和他的创业经历，与其他互联网精英相比，显得格外不同。

马云不仅没有上过一流的大学，而且连小学、中学都是三四流的。初中考高中考了两次，高中考大学考了三次，其中第一次高考，数学只考了 1 分。在他第三次参加高考前，他的老师说：“你要是考上的话，我的名字倒过来写。”

“我自己觉得，算，算不过人家，说，说不过人家，但是我创业成功了——如果马云能够创业成功，我相信 80％的年轻人创业能成功。”马云说。

1984 年，历经辛苦的马云终于跌跌撞撞地考入杭州师范学院外语系——他的成绩是专科分数，离本科线还差 5 分，但恰好本科没招满人，马云就这样幸运地上了本科，并凭着满腔热情和一身侠气，当选学生会主席。

大学毕业后，马云在杭州电子工业学院教英语。1991 年，马云初涉商海，和朋友一起成立了海博翻译社。结果第一个月仅收入 700 元，而房租要付 2000 元，遭到一致讥讽。

1994 年底，马云首次听说互联网；1995 年初，他偶然去美国，首次接触到互联网。对电脑一窍不通的马云，在朋友的帮助和介绍下开始认识互联网。当时网上没有任何关于中国的资料，出于好奇的马云请人做了一个自己翻译社的网页，没想到，3 个小时就收到了 4 封邮件。

敏感的马云意识到：互联网必将改变世界！

随即，不安分的他萌生了一个想法：要做一个网站，把国内的企业资料收集起来放到网上向全世界发布。

此时，刚刚步入而立之年的马云已经是杭州十大杰出青年教师，校长还许诺任为他校外办主任的位置。但是，特立独行的马云挥挥手，放弃了在学校的一切地位、身份和待遇，毅然下海。

此时，互联网对于绝大部分中国人来说还是非常陌生的东西；即使在全球范围内，互联网也刚刚开始发展：大洋彼岸，尼葛洛庞帝刚刚写就《数字化生存》、杨致远创建雅虎还不到一年；而在北京，中国科学院教授钱华林刚刚用一根光纤接通美国互联网，收发了第一封电子邮件。

在这样的情形下，远在尚未开通拨号上网业务的杭州，马云就已经梦想着要用互联网来开公司、下海、盈利。这个想法立即遭到了亲朋好友的强烈反对。只有一个人说你可以试试看，不行就赶紧逃回来。

1995 年 4 月，马云和妻子再加上一个朋友，凑了两万块钱，专门给企业做主页的“海博网络”公司就这样开张了，网站取名“中国黄页”，成为中国最早的互联网公司之一。

3 个月后，临近杭州的上海正式开通互联网，马云的业务量激增。在各企业纷纷忙着建立自己主页的时候，马云的先见之明为他带来了丰厚的利润。当时，制作一张主页，中英文对照的 2000 字内容、一张彩照，开价就是 2 万元人民币。不到 3 年，马云就轻轻松松赚了 500 万元的利润，并在国内打开了知名度。马云的事业也从这里起步。

现在，阿里巴巴网站和马云几乎成为家喻户晓的网站和人物。

(摘自《中国青年报》，2004 年 7 月 26 日)

思考：

1. 成功的路有千万条，大学生自主创业成功的可能性有多大？
2. 马云的成功给大学生创业提供了哪些启示？
3. 在成功与失败面前如何保持清醒的头脑，开创出事业发展的新局面？
4. 大学生如何看待自身的长处和短处？在大学期间为创业应做哪些准备？

创业是时代的产物，在人类跨入新世纪的时候，创业更是在世界范围内迅猛发展。经济全球化、信息网络化、科技社会化和知识资本化的浪潮已经向我们扑面而来，一个充满机遇和挑战的时代正向我们走来，创业的新时代已经来临。

比尔·盖茨、安德烈·雪铁龙、皮尔·卡丹、亨利·福特、迈克尔·戴尔、史蒂夫·凯斯、乔治·索罗斯、孙正义、李嘉诚、曾宪梓、松下幸之助、马云、史玉柱、李书福、黄光裕、张朝阳、吴鹰、刘永好、陈天桥、陈曦、戴志康、郭敬明、秦英林、洪战辉等等，这些我们熟悉的或不太熟悉的，中国的或外国的，成功的或失败的，名气大的或名气小的创业名人离我们不再那么遥远，他们实实在在地走到了我们的面前，走进了我们的生活。他们激发了许多大学生创业的热情与梦想。大学生能否创业成功？如何成功地创业？创业前要准备些什么？成为新世纪大学校园热烈议论的话题。

第一节　成败得失话创业

一、梦想是创业的成功之母

站在我们面前的这些世界创业名人，都有过他们的辉煌和挫折。从他们身上，我们看到，取得成功有时候并不是一件特别困难的事情，只要努力付出，抓住机会，成功的路并不遥远。每一个想创业的大学生，需要从他们身上汲取各种营养，即不断奋斗、顽强拼搏的创业精神，不断追求完美与成功的精神，善于选择、实现理想的精神……

每一个世界创业名人都有过自己的创业梦想，为了实现他们的梦想，历经千辛万苦，走过艰难曲折的道路，最后实现自己的梦想。

大学生往往对未来充满希望，有着年轻的血液、蓬勃的朝气，以及"初生牛犊不怕虎"的精神，而这些都是一个创业者应该具备的素质。

同时大学生由于具有扎实的专业知识、高瞻的眼光、灵活的反应能力等等，正在成为创业者乐园里骄人的一群，马云、史玉柱、孙德良……都是他们中的代表，还有那个背起妹妹去上学的洪战辉也成为新时代贫困大学生学习的楷模。大学生能否创业成功不再成为也不应该成为一个争论不休的问题，这是认识大学生创业的一个基本前提。

【案例】　二人行 激情无限

2002年毕业于衢州学院（筹）建筑装饰技术专业的沈和平和赵侃在校期间显示了和别的同学不一样的性格：一个是社交和运营高手，一个是天生的技术热爱者。

沈和平在大学时就与其他两名同学做起运动鞋生意。但第一次创业，无论从心理还是社会经验上，都没有充足的准备，沈和平说，急功近利的创业冲动让他很久都没有振作起来。

性格不同的赵侃，则在学校里努力地钻研专业知识，同时，帮助老师制作一些项目，得到了实践的锻炼。从某些方面来说，他是一个理想主义者。

性格不同却拥有一个共同的梦想：开一家自己的公司，自己做老板。毕业后，两人因为有着共同的专业爱好，同时去了宁波大榭筑景建筑表现设计公司工作，工作很努力，抓住一切机会充实自己，有意识地锻炼自己。在工作中，两人获益匪浅，不但掌握了工作技巧，发现了工作的乐趣，还因为看到建筑表现的商机，更加坚定了自己的创业信念。从此，两人更加努力工作，同时积极了解市场，寻找创业机会。

沈和平和赵侃在工作单位的实习和打工生涯，积累了专业设计的经验，了解了公司运作的模式，也为自己将来创业熟悉了人脉。2002年10月，他们回到萧山，成立了一个工作室。

然而，要实现梦想并不容易。刚开始，生意也是很萧条，没有客户源，发出去的广告也没有起到很好的宣传作用。于是，他们一家一家地跑设计单位，并且留下自己的设计作品和名片，这些单位只是说有需要会找他们的，但是，一直没有消息。这时，他们开始动摇了，想以前在单位打工也很好，每个月能够挣5000元左右，也不用自己接单。但是，他们自己对自己说，既然选择了创业，一定要坚持到底。他们也在思索，怎么去建立客户源，他们的同学也劝他们一定要坚持下去，同时给他们出主意。这时候，沈和平发挥了自己的特长，托朋友、托同学、托老师、托以前实习时认识的业主……通过关系经常跑这些设计单位，给设计师看自己的设计作品，慢慢地人际关系也熟悉起来，同时凭借自己的热情、认真和令人满意的设计方案赢得了自己生平第一笔业务。之后，因为他们的设计方案很新颖，服务态度好，能在客户需要的第一时间完成作品，客户对他们很信任，就这样终于打开了市场。

2004年，他们注册了公司。如今，沈和平和赵侃的公司每个月都能接到忙不过来的业务，公司不仅招聘了6名员工，有了自己专业的工作场地，还做建筑漫游动画。

“只要你去做，你就会发现自主创业没有你想象的那么难。”这是沈和平从自己一路走来的酸甜苦辣中得出的结论。他说，大学生一定要珍惜每一次实习机会，因为实习不仅能提升你的专业技能，还能让你学到很多行业内的必备知识，这是课堂上、课本上学不到的；做事情一定要脚踏实地，要有闯劲。

（资料来源：由创业者毕业院校整理提供）

二、盲目选择会导致失败

当我们看到成功者幸福的脚步的时候，同样也要看到奋斗者失败的痕迹，失败也是一转眼的事情。作为一名大学生，如果你想成功创业，那么选择既适合自己又符合市场需求的创业项目，这是必须过好的第一关。一般来说，大学生创业应立足于技术项目，尽量选择技术含量高、自主知识产权明确的项目，并在技术创新的基础上做好产品市场化工作。此外，在创业过程中要注意保护自己的知识产权，这是大学生创业企业的核心竞争力所在。作为一个准备创业的大学生，不仅要将目光驻留在成功者的身上，也要对那些失败者给予关注。因为，一个成功者往往要以很多失败者的经验教训作为代价，有些成功者自身就是从失败中走过来的。失败是成功之母。今天我们要在创业成功者举杯欢庆的时候，掀开他们那辉煌的面纱，看看在它后面又曾经凝聚着多少失败、遗憾、苦涩和泪水。

失败是痛苦的，但痛苦孕育着快乐，痛苦孕育着创造。我国有句古语：“蚌病成珠。”价值昂贵的珍珠，恰恰是牡蛎体内病痛的产物。罗曼·罗兰说得好：“痛苦是一把利刀，它一面割着你的心，一面劈开生命的新水源。”

【案例】 盲目选项必失败

李阳是上海商业职业技术学院2003届毕业生。当年，尚未毕业的他就看准了绿色食品的广阔市场，创办了碧连天绿色食品有限公司，专门从事绿色食品的销售和配送。虽然李阳的公司与纯净水有限公司合作建立了绿色食品销售配送网，网点遍布全市各个地区，但他依然面临着营销方面的难题。对此，李阳谈道：“创业前我们做了充分的准备，包括市场调查、产品定位、寻求合作伙伴等，但当公司真正运作起来，才发现现实与理想的差距如此之大。特别是营销环节，如何开拓营销渠道、如何打开市场、如何赢得消费者的信任等，这一系列问题都摆在我们面前，处理得不好，就可能满盘皆输。”

另一位创业仅4个月的学生老板也在经验交流会上大谈苦经：“大学生创业时都怀着满腔热情，但现实却浇了我们一头冷水。特别像我这样搞网站的，在几千家网络公司的夹缝中求生存，日子更是难过。原先觉得IT业是座金矿，创业空间很大，但进入后才知道，创业难度远大于想象。到现在我们还没什么业务,一方面是因为市场信息渠道不畅通,但更主要的是市场竞争太激烈,学生公司基本上没啥竞争力。"

(摘自《创业梦想与机会》,崔东红编著,——北京:中国经济出版社,2006 年 2 月版)

在上海襄阳路市场,一位大学生摊主说,他是学历史的,对历史文物非常感兴趣,大学阶段在这方面下过不少工夫,于是想搞一个文物鉴定的小店,结果门庭冷落,无人问津。懂文物的谁也不相信他这个年轻人,认为他没有经验;不懂文物的商贩本来卖的就是水货,更不会光顾他这里。家里支持的钱很快全部花完了,他不得不重新思考自己的出路。这时他看到一份资料,说有一位学交通管理的大学生跑到非洲找工作,看到尼龙袜子非常好销,跑回上海向母亲借了 3000 元,买了几大包尼龙袜带到非洲去卖,结果非常成功;又把非洲的奇石带回上海,两边都可以赚钱。他这才一下子打开了思路:项目的选择必须经得起市场检验,不是自己想搞什么项目就能搞成什么项目。大学生在校园里待的时间太长,不了解市场,只是凭自己的兴趣和想象来决定投资方向,甚至仅仅是凭一时心血来潮就决定干哪一行,那当然会碰得头破血流。现在他与人合伙卖儿童服装和电子玩具,准备先积累点钱,然后看准哪一行再做哪一行。

三、创新是创业成功的金钥匙

创业名人的成功经验和失败的教训还有很多,如,创业需要胆量、需要冒险、创业要善于抓住商机,在捕捉到商机时能够果敢快速地投身进去,从而抢得先机。再如,在自己感兴趣的领域创业,创业目标定位要准,选择合适的创业项目等等,这些都是我们从创业者身上得到的启发。

比尔·盖茨之所以成为世界首富,除了知识,除了人脉,除了微软公司很会行销之外,还有一个大部分人没有发现的关键——眼光好。

比尔·盖茨所说的"眼光好"有三层含义:第一层含义是要掌握最大的趋势。第二层含义是你的市场要大。第三层含义就是从事竞争对手少的行业,竞争对手越少越好。

1903 年,吉列先生发明了可替换的剃须刀,从此风靡全世界。1958 年,台湾商人安藤百福在自己简陋的小工厂里发明了方便面,从此畅销海内外,被评为"20 世纪最伟大的发明"。1992 年,戚石川兄弟发明了罐装八宝粥,十多年来为他们创造了数十亿的财富。

几乎所有成功创业者都具有善于创新、勇于创新的品质。特别是在知识已成为经济发展的主要动力,知识经济将占居国际经济主导地位的 21 世纪,创新显得更加重要,"创新"将成为进入 21 世纪国际经济竞技场的"入场券",谁能抢占创新的制高点,谁就是 21 世纪的主角。因为创新是知识经济的内核。

每一个成功者都有一个成功的经验,都有一条成功的法则,我们在开篇部分无意去全面地展示成功者的全部面貌,只想告诉每一个准备创业的大学生,从创业名人的成败得失中去总结经验,去寻找属于自己的路,去创造自己的经验,不仅将使你信心百倍,而且将使你少受挫折。

【案例】 灵感与创业商机

比亚迪老总王传福的创业灵感来自一份国际电池行业动态——一份简报似的东西。1993 年的一天,王传福在一份国际电池行业动态上读到,日本宣布本土将不再生产镍镉电池，王传福立刻意识这将引发镍镉电池生产基地的国际大转移，意识自己创业的机会来了。果然，随后的几年，王传福利用日本企业撤出留下的市场空隙，加之自己原先在电池行业多年的技术和人脉基础，做得顺风顺水，财富像涨水似的往上冒。他于2002年进入了《福布斯》中国富豪榜。

名人集团老总佘德发是个非常有意思的人，据说这个人不管走到哪里，随身都会带着两样宝贝：一样是手提电脑，因为“名人”在全国设有许多的分部、分公司，佘德发带着电脑走到哪里，哪里就是公司的总部；另一样是一个旅行箱，里面全是各种各样的报纸，佘德发走到哪里，读到哪里，将一箱一箱的报纸，当成了精神食粮。

另一位财富英雄郑永刚——杉杉集团创始人，据说将企业做起来后，已经不太过问企业的事情，每天大多时间都花在读书、看报，思考企业战略方面问题上。很多人将读书与休闲等同，对创业者来说，阅读就是工作，是工作的一部分，一定要有这样的意识，创新与灵感从学习中来。

（摘自价值中国网 http://www.chinavalue.net）

第二节　创业的内涵解析

一、广义的创业

当我们毕业后走向社会、准备创业的时候，有一个问题是必须考虑的，这就是我们准备创什么样的业？是自己单干还是合伙干？是在岗位上创业还是走独立的创业之路？这实际上是对创业不同理解的问题。

现代社会所讲的创业概念源于 entrepreneur，意为企业家、创业者。在一定意义上，创业与企业家是密切联系的一对概念。因此，“创业”的内涵也极其丰富，有性质、类别、范围和过程阶段等方面的区别和差异。

学者们在创业学中给创业下定义时，往往带有经济学的视角。下面是几个比较有代表性的定义。

杰弗里・蒂蒙斯（Jeffry Timmons）在 *New Venture Creation*（IrwinMcGraw-Hill，1999）中指出：“创业是一种思考、推理和行为方式，这种行为方式是机会驱动的，注重方法与领导相平衡。创业导致价值的产生、增加、实现和更新，不只是为所有者，也是为所有的参与者和利益相关者。”

郁义鸿、李志能在《创业学》（复旦大学出版社，2000年）中指出：“创业是一个发现和捕捉机会并由此创造出新颖的产品或服务，实现其潜在价值的过程。”

中央财经大学商学院教授周卫中认为创业是一个创造事业的过程。广义地说，这个事业既可以是盈利的事业，也可以是非盈利的，甚至家业都可以叫创业。

我们认为，从广义的角度去看个人的创业，可以理解为是一个人根据自己的性格、兴趣、所学专业、能力等选择适合自己的职业，并为这个职业的成功准备各种条件最后实现自己的人生目标的过程和结果。也可以说是一个人为了实现个人的人生目标，从事社会发展所需要的工作，为社会发展做出贡献的经常性活动。所以广义的创业理所当然包括岗位创业。岗位创业是指在现有岗位上顺应时代发展和岗位目标要求，创造性地发挥劳动者的聪明才智，通过全面提高自身能力和素质，以期得到晋升和发展，并为岗位提供者尽可能多地创造财富，实现开拓性的就业。

因此，从这个角度说，人生就是创业。

二、狭义的创业

狭义的创业通常仅指自主创业。自主创业又称独立创业，是指创业者个人或创业团队白手起家进行创业，是指转变择业观念，以资源所有者的身份，利用知识、能力和社会资本，通过自筹资金、技术入股、寻求合作等方式创立新的社会经济单元，即不做现有就业岗位的填充者，而是为自己、为社会更多的人创造就业机会。就自主创业而言，简单地说是对于创业机会的发现、把握捕捉或创造并不断发展的过程。自主创业的主体是投资者和资产所有者。自主创业需要创业者拥有关键资源或者有整合资源的能力，因此较岗位创业更为复杂艰难。

大学生自主创业，是指一些有理想、有胆识的大学毕业生为自己开辟一条择业新路，是大学毕业生主动参与社会竞争的一种尝试。自主创业大学生的主要表现是，在大学毕业后利用自己的知识、才能和技术，以自筹资金、技术入股、寻求合作等方式创立新的就业岗位；他们不是现有就业岗位的竞争者，而是为自己、为社会更多的人创造就业机会的开拓者。目前，虽然真正走上自主创业道路的大学生还为数不多，但它代表了一个方向，引领了一种新的就业潮流。自主创业既不同于市场经济体制改革初期干部职工的“下海”，也不是普通的专业性比赛或科研设计；它不仅要求学生能结合专业特长，根据市场前景和社会需求创造出新产品和服务，而且要直接面向市场、面向社会，在为社会创造价值的同时，使自我价值得到充分的体现。自主创业的大学生将由知识的拥有者变为直接为社会创造价值、做出贡献的创业者。

我们在本书介绍的大学生创业主要侧重于狭义创业。

三、创业的基本属性

对创业的内涵有了基本了解，还需要对创业的属性有更清晰的掌握。

1. 创业的形式

目前大学生创业主要有这几种形式：一是独立创业，二是与人合伙创业，三是引进各类（风险）投资基金创业。资金来源大致是自己筹资、家庭帮助、银行贷款、风险基金投资等，如IT类和网络类行业，较易吸引到风险投资基金。

2. 创业的内容

从目前大学生创业的项目内容来看，主要涉足餐饮管理服务、娱乐、商品批发零售、广告装饰设计、室内装潢、策划、房地产、服务咨询、法律服务、交通、酒店、旅游、休闲健身指导、电子信息技术、金融衍生服务、商品配送等行业。

3. 创业过程的本质

要真正地理解创业，除了知道创业的基本概念和基本类型外，更重要的是要理解创业过程的本质。

1)创业是一种发展性的生产活动

创业是一种生产活动，它以提供产品或服务作为活动的直接结果。创业区别于一般的生产活动，在于它的发展特性。就创业本身来讲，既可以是从无到有的创造，也可以是在现有基础上的革新。但不论是创造还是革新，独立地考察创业的内涵都是一个从无到有、从弱到强、从幼稚到成熟的过程，发展是创业的最重要的特性，成功的创业都是快速、稳健的发展过程，维持创业企业的健康发展是创业重要而基本的任务。

2)创业是一种复杂的系统活动

创业的实现是一个复杂的活动过程，是一个由多个创业要素组成的复杂系统。创业者创立的企业是一个投入产出系统，即投入资源产出产品与服务，创业的过程就是不断地投入资源以连续地提供产品与服务的过程。能否以最小的资源获得最大的产出，使得企业具有竞争力并盈利，是衡量创业活动成效的标准之一。

3)创业是一种不断学习的过程

由于创业活动的模糊性、不确定性和风险性，使得创业者一开始就要注重学习，学习掌握市场规律，学习组织协调创业资源，学习生产经营管理，学习塑造企业文化等。成功的创业过程，必然是一种不断地向社会和他人学习的过程。有作为的、与时俱进的创业团队，必然是一个学习型组织。

4. 创业途径

大学生创业有多种途径。从创业者与事业的关系角度看，可分为个人创业、家族创业、合伙创业和参与创业等；从创业机遇选择的角度看，可分为先学习后创业、先深造后创业、先就业后创业、边学习边创业和休学创业等；从创业的依据和手段这两个角度看，可分为劳务型创业、知识型创业、技术型创业、思想型创业和综合型创业等。

第三节　认识全球创业潮流

一、蓬勃的世界创业大潮

创业作为一股世界潮流，20 世纪 80 年代后从西方世界到东方世界蓬勃兴起，一些著名学者认为 20 世纪 90 年代后美国经济的强劲增长和旺盛的活力，关键在于其整个社会旺盛不衰的创业精神和千百万家小型企业生生不息的创业活动，它们是美国经济增长的秘密武器。

美国从 20 世纪 80 年代开始，一些高校中开展创业计划大赛，推进了创业大潮的兴起。自 1983 年美国德州大学奥斯汀分校举办首届创业计划竞赛以来，美国已有包括麻省理工学院、斯坦福大学等世界一流大学在内的 20 多所大学每年举办这一竞赛。

Yahoo、Excite、Netscape 等公司就是在斯坦福校园的创业氛围中诞生的。麻省理工学院的“五万美金商业计划竞赛”已有 10 余年的历史，影响非常之大。从 1990 年到现在每年都有五六家新的企业诞生，并且有相当数量的“计划”被附近的高新技术企业以上百万美元的价格买走。据统计，美国最优秀的 50 家高新技术公司有 46%出自于麻省理工学院的创业计划大赛。

美国经济由于创业革命而发生了巨大的转变，创业者们创造出前所未有的巨大价值已经彻底改变了美国和世界的经济。当今美国超过 95%的财富是在 1980 年后创造出来的。纵观美国企业发展史，许多著名的美国高科技大公司，几乎都是大学生创业者们利用风险投资创造出来的，如 Intel 的摩尔、葛鲁夫，Microsoft 的盖茨、艾伦，惠普的休利特、帕卡德，Netscape 的安德林，Dell 的戴尔，Yahoo 的杨致远等无一不是创业者中的典范。据麻省理工学院(MIT)的一项统计，自 1990 年以来，MIT 的毕业生和教师平均每年创建 150 多个新公司，截至 1999 年，该校毕业生已经创办了 4000 家公司，录用了 110 万人，创造销售额 2320 亿美元，对美国特别是对麻省的经济发展做出了卓越的贡献。

欧盟各国同样重视改善创业、创新环境，发展创业经济。早在 1997 年，欧盟委员会就召开了关于“创新企业的建立和就业”的圆桌会议。英国政府于 1988 年发表了《我们竞争的未来：建设知识推动的经济》白皮书，鼓励发展创业。英国政府曾投资 7000 万英镑(约合 1.13 亿美元)，在剑桥大学和麻省理工学院之间建立起一种教育研究的伙伴关系，这项合作的目标是把美国的经验吸收到英国来，鼓励创业，提高生产力和竞争力。德国从教育制度和财政金融政策等方面入手推动青年创业，鼓励企业创新。1998 年，德国大学校长会议和全德雇主协会联合发表一项名为“独立精神”的倡议，呼吁在全国范围内创造一个有利于高等学校毕业生独立创业的环境，同时要求高等学校成为“创业者的熔炉”。倡议中还明确要求，在其后的 5～10 年中，每届毕业生中要有 20%～30%的学生独立创业(目前尚不到 10%)。韩国大学则流传这样一种观念：“大学是预备企业，大学生是预备企业家”。调查显示，70%的韩国青年希望自己能够创业，这个数字排全球第一位。

创业已成为年轻人的首选。1994 年美国考夫曼创业领导中心作了一项民意调查，对美国全国高中生随机抽样调查，发现 70%的学生希望拥有自己的企业，而在 20 世纪 50 年代只有 10%的学生希望有自己的企业。在对美国原来公司的经理人员所做的调查中，发现约有 20%的人后来自己创办了企业。

二、中华大地涌动创业大潮

在中国，改革开放 30 年来，公民创办企业成为一股潮流，中小企业迅速崛起。2013 年 2 月 2 日，全国工商联主席王钦敏在 2012—2013 年中国民营经济发展形势分析会上透露，2012 年，民营经济在我国 GDP 中的比重已超过 60%。截至 2012 年 9 月，我国登记注册的私营企业已超过 1000 万家，同比增长 12.6%；户均注册资金同比增长 7.8%，企业规模实力继续增强。2012 年前 10 个月，民营规模以上工业企业增加值累计增速为 14.9%，较 2011 年出现了一定程度的回落，但仍高于国有工业企业的 6.4%和全国工业企业 10%的平均水平。

同样，在浙江经济结构中“唱主角”的，是面广量大的中小企业：每天约有 200 家中小企业产生，平均 4 户家庭中就有 1 户在经商。截至 2011 年底，浙江个体工商户达 212 万家，中小企业超过 63 万户。2012 年浙江省生产总值 34606 亿元，全国排名第四，城镇居民人均可支配收入仅次于上海、北京，排名第三。2013 年全国民营企业 500 强中，浙江占了 139 家，在全国省份中排名第一。近五年年均增长 9.6%；人均生产总值 63266 元，首次突破 1 万美元。财政总收入 6408 亿元，年均增长 14.6%；地方财政收入 3441 亿元，年均增长 15.8%。浙江商人是北京市场上的超级活跃群体；在沪浙军达 50 多万人，浙籍企业在沪投资总额、企业总数和资产总额，均居全国兄弟省市之首。仅在西部省份，就有 300 万浙商。目前约 450 万浙商活动在世界各地。

新创的中小企业是中国经济新的增长点，它们吸纳了大量的城镇就业人口和农村剩余劳动力，同时提供了大量的产品与服务，对中国的经济持续高速增长起到了重要作用。而这些中小企业，正是大量的创业者通过艰苦的创业活动建立起来的。

中国在改革开放以后，也成长了一批创业家，如：联想的柳传志；希望集团的刘永行、刘永好；华为公司的任正非；中兴通讯的侯为贵；比亚迪公司的王传福等。

1998 年 5 月，清华大学举行首届大学生创业计划大赛。自 1999 年清华大学学生首开大学生创业之先河——创建北京视美乐科技发展有限公司后，大学生创业热在全国迅速传递。

虽然那些大学生创办的企业大多以失败告终（据有关资料显示，85%的大学生自主创业以失败告终），但他们的理念、思路并没有随着企业的倒闭而停止。因为创业首先是一种创新，包括技术上的创新和理念上的创新。我国要创建创新型国家，大学就要成为创新型大学，大学生就要成为创新型大学生。因此，大学生自主创业加快了我国成为创新型国家的步伐。而且，大学生创业也不乏一些成功的佼佼者，马云、孙德良、史玉柱等等就是他们中的代表。

大学生创业是潮流，不可阻挡。在当今中国的教育体制和就业背景下，大学生创业一方面可以增强大学生自己的动手操作能力、组织协调能力、心理承受能力、团队合作精神和社会适应能力；另一方面，也是解决大学生就业问题的一个比较现实的选择。

三、市场经济创造创业良机

对创业者的要求与创业环境是紧密联系在一起的，环境不仅决定着创业的价值观，而且决定着创业的行为方式。随着改革开放的日益深化，我国的创业环境发生了一系列根本的变化，在高度集中的计划经济到市场经济的转换过程中，国家制定了大量鼓励自主创业的政策和法律，成就中国新的创业一代的时代来临了。

当前，社会主义市场经济体制的建立，为创业人才的脱颖而出提供了宏观环境。毕业生就业体制，由过去计划经济的“统包统分”变成了今天的走向市场的“双向选择，自主择业”。高等教育体制改革的不断深化，使大学生的就业观念发生了新的变化，自主创业或在岗位上实现创业的理想与愿望也在学校里突显出来。以培养创业意识与创业能力为基本价值取向的创业教育也成为大学教育创新的一个亮点。

1. 市场经济提供了大学生创业的最佳条件

市场经济是大学生自主创业的大环境。市场经济在中国运行，一方面使得人才能够自由流动，资源得到优化配置，对创业者越来越有利；另一方面，市场经济也让一部分大学生失去工作，毕业就意味着失业。这种现状迫使大学生改变就业观念，选择自主创业，并且有条件选择自主创业，他们在市场经济有利的大环境下充分发挥自己的才能，走上创业的道路。

2. 大学生创业的政策环境日益宽松

1)政府的鼓励

各地、各界支持创业。这几年我国政府加大了对创业的指导与扶持，不但接连出台了一系列优惠政策和鼓励措施，包括一定时期的税收减免及一定比例的贷款扶持，而且在法律上明确宣布私有财产受到保护。各地、各界也都相继推出了许多具体的帮扶措施。“创业富民”与“创新强国”一样正成为全国人民共同追求的理想和目标。创业致富再不用躲躲闪闪怕人知道，而是风风光光无上光荣。

为鼓励大学生自主创业，国家制定了许多优惠政策。2006 年 5 月，中组部、中宣部、教育部等 14 个部门联合下发了《关于切实做好 2006 年普通高等学校毕业生就业工作的通知》。在《通知》中规定，各地、各部门要切实加大对高校毕业生自主创业和灵活就业的扶持力度，进一步落实有关小额担保贷款和收费优惠政策；通过组织开展创业培训、开业指导、政策咨询、项目论证和跟踪辅导等“一条龙”服务，搭建毕业生自主创业“绿色通道”。2006 年 6 月，由共青团中央和全国学联部署、团中央学校部和中国青年高级人才培训中心组织实施的“创业中国——全国大学生创业服务工程”在中国石油大学（北京）正式启动。2007 年 5 月 27 日，由共青团中央发起主办的全国青年就业创业培训服务中心在北京成立，这是全国第一家为青年特别是高校毕业生服务的创业就业服务机构。全国其他地方也应该成立类似的机构，为创业者服务。

各地方也出台了一系列鼓励大学生创业的政策。如，2007 年，江西省劳动和社会保障厅就出台政策，从 6 月份开始对有创业愿望和创业能力的高校毕业生进行培训，培训到 9 月份结束，每班培训 30 人，培训时间 10 天，培训完全由政府出资，学员培训完毕后可获得《创业培训合格证》，毕业生可凭此证得到劳动部门小额贷款等多项创业政策支持。这对大学生来说是一个好消息。还有上海、四川、湖南等省市都采取了不同的政策鼓励大学生创业。

2003 年，浙江省自主创业的大学毕业生仅 20 多人，2005 年创业者骤增至 2042 人；2006 年，浙江省就有 2000 多名大学生在毕业时就拥有了自己的小公司。其他省的大学毕业生也越来越多地开始创业。随着大学生就业形势的严峻和国家对大学生创业的重视，中央政府和各地方政府又出台了一系列扶持大学生创业的优惠政策。

2)高校的支持

为了支持和鼓励大学生自主创业，解决大学生就业难的问题，各高校及其就业指导部门也做了大量的工作。有部分高校开展了创业咨询和教育，培养学生的创业意识和能力。如开设大学生创业选修课，邀请创业成功人士谈创业经历，让大学生掌握创业的基本政策和知识；开展大学生创业策划大赛、创业论坛等活动，培养学生创业兴趣，在实践中锻炼学生的创业能力。2002 年 6 月，南京大学建立了国内高校第一家为应届本科毕业生服务的“南京大学学士后流动站”，作为学生创业的孵化器。几年来，共有 300 多名毕业生得到了创业指导和训练。

大学生创业作为一件新鲜事物，正受到社会各界的关注。在知识经济时代，人才和科学技术的价值得到充分体现。近年来，伴随着风险投资、互联网和电子商务在中国的发展，一批大学生创业企业相继诞生。成功创业者的个人魅力和奋斗经历正感染并激励着当代大学生。大学生创业已不仅是个人的选择，而且已经成了社会认同的一种有价值的行为。

大学生应该抓住这一大好时机，变压力为动力，努力提升自己的各项能力，为创业做准备，为自己创造一个创业的乐园。

【案例】 “一元公司”激发大学生创业热情

2014 年 5 月，25 岁的小廖在桂林市七星区工商局领到了注册资本为“壹圆整”的营业执照。他和几位 90 后同学创办的文化传播公司也成为了桂林市首家“一元公司”。

注册资本的限制曾是阻挠大学生创业的一道很难逾越的门槛，2014 年 3 月 1 日，新的注册资本登记制度实施，“零首付”或一元钱开公司都成为了可能。

门槛降低，激发了大学生创业者的活力。2011—2013 年，桂林市大中专技校毕业生创业的有 1286 户，平均每月 35 户；而 2014 年 3—5 月，大学毕业生创业的有 216 户，平均每月 108 户。新政策实施以来，大学生创业人数比过去多了两倍，降低的门槛带来了高涨的创业热情。

（摘自桂林晚报 www.gx.xinhuanet.com）

第四节　就业与创业的转化

一、新经济下创业推动就业

就业压力也是西方国家曾经遇到过的问题。而广泛地鼓励创业，成为西方许多国家解决就业、促进经济发展的重要法宝。

美国在 20 世纪 90 年代出现了高增长、优分配、低通胀、低失业的新经济现象，到 2000 年 10 月为止，经历了有史以来最长的经济持续上升时期，达 115 个月。同时，平均失业率为 5.5%左右，低于一般认为 6%的“自然失业率”水平。与失业率下降相对应的，是自 1993 年初至 1999 年底美国经济创造的 2200 万个新就业机会，占 1999 年就业人数的 16.7%左右。

2007 年次贷危机爆发前，美国近 30 年来的“充分就业”，主要得益于政府实施的创业教育和千百万家中小企业的创业活动。管理学大师彼得·德鲁克认为，创业型就业是美国经济发展的主要动力之一，也是美国经济政策成功的核心。1990 年以来，美国每年都有 100 多万个新公司成立，创业者们彻底改变了美国经济，缓解了美国政府面临的巨大就业压力，形成了以创业带动就业的政策体系，这也是美国次贷危机前失业率较低的奥秘所在。

众所周知，美国的硅谷是与斯坦福大学、学生创业公司以及美国的风险投资公司一起成长的。没有在车库里的大学生创业者，也就没有今天的惠普公司、英特尔公司和苹果公司等世界著名的高科技公司，也就没有今天世界一流的斯坦福大学，也就没有今天神话般的硅谷。

在西方充分竞争市场学说中，对创业活动有很多肯定和强调：创业活动带来了技术创新和组织突破，是经济发展的主要动力；创业活动带来了新的产品、服务和物质财富；创业活动创造了大量就业机会；创业活动使社会收入的分配更趋公平。

在20世纪最后的25年，创业者和创新者已经极大地改变了世界的格局。令人惊奇的是，如今美国95%以上的财富是由1980年以后这一革命性的E代人(E Generation)创造的。创业已经成为美国经济持续增长奇迹的“秘密武器”。在美国，一代新的创业者如比尔·盖茨(Bill Gates)等已经被称为“美国的新英雄”。

二、中国大学生就业与创业

2001年我国高校毕业生为114万人，当年6月毕业生一次就业率本科生超过80%；2002年毕业生为145万人，年底毕业生就业率达到80%；2003年为212万人，就业率为75%；2004年为280万人，就业率为73%；2005年为338万人，就业率为72.6%；2013年毕业的大学生人数在700万左右，比2012年的680万人数增加20万左右。据央视报道，2014年全国高校毕业生规模达到727万人，比上年多出28万人，再次创下历史新高。大学生人数不断增多，已经成为近年来需要解决就业岗位的首要考虑因素。如“近年高校毕业生人数”图所示。尽管大学生就业率数据的可靠性在社会上受到了一定的质疑，但仅就现有的数据看，大学生人数和就业率的一增一减对比，可以直观地告诉我们：大学生就业形势目前很严峻，且在今后若干年将会更甚。

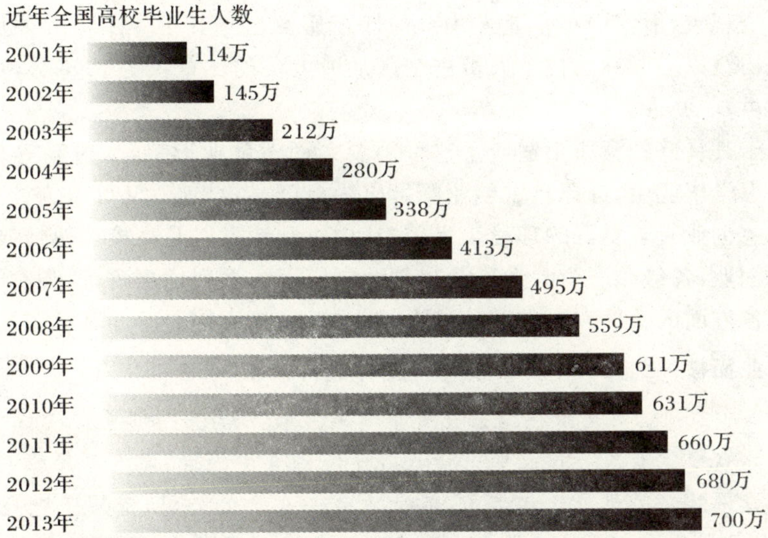

近几年来，就业难表现为总量矛盾与结构矛盾并存，城镇就业压力加大和农村富余劳动力向非农领域转移速度加快同时出现，新成长劳动力就业和失业人员再就业问题相互交织。毕业生供需矛盾日益尖锐。面对严峻的就业形势，大学毕业生必须掌握正确的择业原则，树立新的就业观念，学会择业决策才能立于不败之地。

1. 就业现状

1)从社会对就业岗位的需求角度看，1978—2002年的25年间，我国的就业弹性总体上呈现逐年下降的趋势，经济增长对就业增长的贡献越来越弱。在20世纪80年代，我国国内生产总值每增加1%，平均可以增加200万个就业机会；进入90年代，经济每增长1%，却仅能提供约80万个就业机会。

2)根据有关预测,我国的经济增长率能够在20年内维持在8%左右的水平,这固然能够使我国经济进一步繁荣,但从近期的角度看,就业需求的增长极其缓慢,无法满足上述巨大的就业供给数量。

总之,随着大学扩招,毕业生迅速增加,而社会需求基本上保持在扩招前的水平,而且许多用人单位希望接收有多年工作经验的工作人员,大学毕业生就业压力越来越大。

2. 创业是最好的就业

如何面对就业难的问题?从美国20世纪90年代的成功经验可以看出,自主创业是一条有效的途径,对国家而言,既解决了就业压力,又推动了经济新的增长。对个人而言,改变一种就业方式使人生发展的大舞台显得更加广阔。

大学毕业生就业是指大学生服务于某一单位,解决的是自己的就业问题;大学生的创业是指大学生新创公司或企业,自己是企业或公司的主人,不仅解决了自己的就业问题,而且还给别人提供就业机会和岗位。对当代大学生来说,自主创业是一条光明之路,希望之路。

同时也应该看到,目前的中小企业创办者由于文化水平和素质的问题,导致出生快、死亡快的现象。以浙江为例,2000年至2005年间,浙江省小企业数量比重由98.02%下降到95.35%,下降了2.67个百分点;工业总产值所占比重由65.81%下降到47.09%,下降了18.72个百分点;利润总额所占比重由63.86%下降到47.89%,下降了15.97个百分点。之所以出现这个现象,浙江中小企业人才结构性矛盾突出是其中一个重要原因。中小企业从业人员中有初级以上职称的技术人员占全部从业人员的比重仅为3.89%,平均每个企业仅拥有技术人员0.39人。

大学生由于其良好的素质正适应了这种需要。面对就业形势,受过高等教育并具备一定创业能力的大学毕业生,选择自主创业既可以为自己寻找出路,又可以为社会减轻就业压力。大学生自主创业有着良好的环境。目前,从中央到地方以及高校都热情鼓励、支持大学生毕业后自主创业,各级政府为大学毕业生创业制定了一系列优惠政策,各高校为大学生创业也积极创造各方面的条件。对有条件的大学生来说,自主创业已经具备了难得的机遇。

【案例】 因创业而被评为“2006浙江教育年度影响力人物”

2002年11月26日,熊士清在绍兴托普信息职业技术学院的创业中心成立了自己的准公司——绍兴冰点视觉有限公司。熊士清入驻学院创业中心后,便接到了第一笔业务,为珠海一家企业建设网站。公司虽然起步了,但是作为一家学生公司,资历是个瓶颈,一段时间内,熊士清的公司业务始终难以扩展。学院又向他伸出了援助之手,2003年新学期刚开始,学院就把价值2.6万元的展厅设计工作交给了熊士清。“学院不仅在业务上向学生公司倾斜,在具体设计过程中也帮助我们解决了许多技术难题,使我们的工作迅速进入了正轨。”熊士清说。

2003年5月,冰点网络技术有限公司正式进行了工商注册。2004年12月公司从学院搬出,并进行了资金、技术、人力等资源的重新整合,组建了“绍兴冰点视觉传媒有限公司”,成为集网络运营、媒介代理、会展活动创意、专业广告设计及公关策划、整合传播于一体的综合性传媒公司,同时也是绍兴地区首家以“传媒”为行业范畴的有限责任公司。2006年12月,公司吸收风险投资资金100万元,注册成立了绍兴冰点视觉传媒股份有限公司。

公司先后服务于上海迪比特实业、浙江钱啤股份、中国电信绍兴市公司、中国联通绍兴市公司、会稽山酒业、现代新娘、浙江国脉、供销超市、绍兴人才网、绍兴书法网等诸多企业，同时还策划承办了中国七艺节青年礼仪大赛、玫瑰婚典大型集体婚礼、中国网通——5·17世界电信日城市广场大型活动、绍兴市越城区“青年文化艺术节”等几个在绍兴颇具影响力的活动。

目前公司已拥有完整的管理团队和商务营销团队，下设行政公关部、人力资源部、计划财务部、商务市场部、客户服务部、网络技术事业部、广告媒体事业部、企划演绎事业部等八个部门。从城东剡溪路搬到了繁华地段中兴中路。

熊士清说，他们近期要投资建设一个绍兴的新的互动平台“第三媒体”，它是集网络门户、活动策划、团购商贸、VIP贵宾、DM、短信等功能为一体的平台。

成功后的熊士清不忘“反哺”母校，如帮学院装帧书籍刊物，为学弟学妹们现身说法讲自己的创业故事，招聘母校毕业生等。学院也始终关注着熊士清的成长，学院领导、有关部门的负责人多次到公司走访，了解情况，并通过多种形式宣传推介其创业的事迹。

熊士清的创业引起了社会的关注，《教育信息报》和《天天商报》均于头版分别以《创业改变人生——访绍兴托普信息职业技术学院毕业生熊士清》、《绍兴，创业型就业要成为民本经济的新范本》为标题对其进行了报道。作为大学生创业的典型，熊士清认为努力的人生才是辉煌的人生，希望更多的大学生自主创业，让大学生创业成为高校的一道亮丽风景。

2007年4月11日上午8:30举行了2006浙江教育年度新闻人物、年度影响力人物表彰仪式，熊士清被评为“2006浙江教育年度十大影响力人物”之一，并接受了颁奖。下午浙江教育报刊总社还举行了2006浙江教育年度新闻人物、年度影响力人物座谈会，熊士清在会上作了以《飞扬激情、燃烧意志》为题的关于大学生创业精神的发言，得到了与会者的高度评价。

（资料来源：由创业者毕业院校整理提供）

本章小结

■ 本章关键词：

创业内涵，创业动力，就业压力

■ 问题思考：

1. 从世界创业名人的成功与失败经历中你认为现在的大学生是否适合自主创业？
2. 创业是否仅仅局限于自主创业？岗位创业对自主创业有什么影响？
3. 面对世界创业大潮和国内就业压力，你准备选择什么样的途径去创业？

■ 参考文献：

①李光，易晓波，孙强，李明传著. 创业导论. 武汉：武汉大学出版社，2005年版.

②烨子编著. WTO与创业. 北京：中国文化艺术出版社，2005年版.

③樊一阳，叶春明，吴满琳编著. 大学生创业学导论. 上海：上海财经大学出版社，2005年版.

④烨子编著. 成功创业的12个基础. 北京：中国盲文出版社，2002年版.

⑤葛建新主编. 创业学. 北京：清华大学出版社，2005年版.

⑥史岚著. 世界著名CEO成功模式. 北京：机械工业出版社，2004年版.

⑦白光主编. 品牌文化——中外品牌案例. 北京：中国时代经济出版社，2002年版.

02 创业者的素质要求

我们不希望自己是什么天才。没有从天而降的成功，每从跌倒里站起来一次，成功就近了一寸。也没有平白无故的威信，每正确一次，威信就增加一分。

——163888 翻唱网 CEO 郑立

本章概要

创业活动对创业者的最基本的素质要求应是具有良好的心理素质和承受能力，具有创业需要的原动力，在此基础上更要做好自己的职业生涯规划，选择适合自己的创业方向，学好扎实的专业知识和专业技能，同时也要提高非专业技能，扩大自己的知识面，增长自己的见识，积累就业或创业的经验。创业者只有具备了适应时代与社会发展要求的基本素质和能力才有可能在创业的道路上披荆斩棘，取得成功。

实例思考

创业回放——1999 年 7 月，华中科技大学新闻系大三学生李玲玲因高杆喷雾器和防撬锁两项专利被武汉世博公司看好，获得了 10 万元创业风险基金并注册成立天行健科技开发公司。李玲玲以专利入股，占公司 40% 的股份，出任公司董事长兼总经理。于是，她便被媒体称为中国第一个获得创业基金的大学生、全国大学生创业第一人。公司创办后，因为内部利益关系错综复杂，最终李玲玲与投资方合作破裂，公司也随之宣告倒闭，李玲玲的创业因此失败。

现状概述——天行健公司破产后，李玲玲于 2000 年创办了自己的网站——中国大学生创业网，同年 5 月，注册成立武汉海纳科技有限责任公司，任总经理。公司以“海纳百川，有容乃大”为创业理念，主要从事大学生素质拓展推广项目、软件开发及网络工程以及专利技术的开发及销售；还有一个以李玲玲专利为核心技术的海纳防盗门厂，厂房建在武汉市江夏区，占地 10 亩，防盗门的生产销售是公司的主要收入来源。目前，公司生产规模小、产量满足不了订单的局面困扰着她，但创业之路她会坚定地走下去。

在没有经验可借鉴的条件下，年轻的李玲玲一路摸索，披荆斩棘，虽然跌倒过、失落过，甚至想到放弃过，但她凭着“年轻没有失败”的豪言壮语，在困难的边缘几经挣扎，始终坚持没有倒下，终于叩开了大学生的创业之门。创业是一种责任，也是一种追求，需要资金，更需要承受失败打击的能力。

（摘自《中国教育报》2006 年 6 月 28 日）

思考：

1. 李玲玲的成功与失败给大学生创业提供了哪些启示？
2. 成功创业的关键因素有哪些？
3. 创业失败时要如何面对？

创业素质是创业者开始创业实践前所经历的物质与精神力量的聚集过程。它不仅有助于创业者明确创业目标，积极把握创业机遇，进行有效的创业决策和将创业计划付诸实施；而且为创业者在创业过程中克服各种困难、战胜各种挫折、解决各种问题、增强心理素质提供有效手段。因此，创业素质对创业者的成败起着决定作用。在经济全球化发展的时代，要想在激烈的竞争中立于不败之地，就必须要有创业精神，而创业素质是创业精神的具体体现。因此，创业素质就成为大学生创业研究的热点问题之一，对大学生创业具有非常重要的理论价值与实际意义。

第一节　创业意识与心理准备

一、创业意识

创业意识是指在创业过程中，对创业者起推动作用的个性心理倾向。创业意识包括创业的需要、动机、兴趣、理想、信念等心理成分，支配着创业活动中创业者的态度和行为，是创业的动力因素。

创业需要是创业活动的最初诱因和最初动力。只有当创业需要上升为创业动机时，心理动力才能形成。创业动机对创业行为产生促进、推动作用，有了创业动机，标志着创业实践活动即将开始。创业兴趣能激发创业者的深厚情感和坚强意志，使创业意识得到进一步升华。一般在创业实践活动中取得一定的成绩时，创业者的创业兴趣会进一步提高。

大学生创业意识则是大学生根据社会和自身发展的需要所引发的创业动机、创业意向或创业愿望。创业意识是人们从事创业活动的出发点与内驱力，是创业思维和创业行为的前提。

大学生创业意识的形成，不是一时的冲动或凭空想象出来的。从心理学的角度分析，这种创业意识源于对现实条件和就业状况的客观分析，是由于对成功的渴望、相对现状的不满足而激发出来的强烈的事业心和使命感，并由此产生的更高的人生价值追求。

因此，对于每一个希望创业的人，都必须首先强化创业意识。华东师范大学在一项关于大学生创业意识的调研中，研究者对华东师范大学、华东理工大学、上海师范大学、华东政法大学、上海财经大学、上海交通大学等高校的540名全日制本科生进行了问卷调查。统计结果显示，当代大学生的创业意识表现为激情与理性并存：77.6%的大学生表示会考虑创业；35.9%的学生认为资金是大学生创业的最大困难；28.9%的学生认为最大的困难是“社会关系不够宽广、不利于开展工作”；19.1%的学生认为最难的是兼顾学业，时间、精力有限。多数大学生缺乏创业方面的经验，他们在大学期间除从事家教外，只有一些简单的兼职经历，如发广告传单、产品推销与发放调查问卷等。在创业方式的选择上，8.4%的学生选择独立创办自己的工作室，71.1%的学生选择与志同道合的朋友成立小公司。

二、创业心理准备

自谋生路，不论做什么，都可能会遇到困难和挫折，可能出现意想不到的问题，要有充分的心理准备，要有吃苦的心理准备，要有遇到困难和挫折的心理准备，要有失败的心理准备。有了心理准备，就能在遇到困难挫折的时候，泰然处之，渡过难关，走出失败的阴影，到达理想的彼岸。

一些成功者从谋生到创业的历程，都是充满了艰辛和坎坷，甚至到了山穷水尽的地步。

创业者自身的素质和心态非常重要，在创业实践中起着关键的调节作用。作为一个创业者具备优秀的心理素质显得尤其重要。

1. 优秀的心理素质

1)独立思考、判断、选择、行动的心理素质。创业就是摆脱依靠走向独立。独立的个人品质表现为：选择人生道路和创业目标时的自主决策；摆脱干扰而不断前进的自主行为；开拓创新的精神品质。

2)善于交流、合作与沟通的心理素质。良好的交流、合作与沟通是求得理解、支持与帮助的有效途径，是排除不必要干扰而形成合力的有效办法。

3)敢于行动、敢冒风险、敢于拼搏、勇于承担行为后果的心理素质。俗话说："富贵险中求"。选择了创业就是选择了风险，机遇与挑战并存，创业就要敢于和善于冒险，通过自己的不断拼搏去降低风险的程度，同时要有承担自己的行为后果的心理准备。

4)敢于克服盲目冲动和私利欲望的心理素质。在利益面前，人人都会产生自然的冲动，创业者也不例外。但这种冲动往往会使人因小失大，这就要求创业者在创业的过程中自觉地以法律法规和道德约束自己的行为。

5)坚持不懈、不屈不挠、顽强努力的心理素质。成功之路从来就不可能一帆风顺，而是充满曲折和坎坷，只有坚持不懈、不屈不挠，顽强地朝着既定的目标前进，始终保持高昂的斗志，才能排除万难取得胜利。

6)善于进行自我调节、适应性强的心理素质。市场瞬息万变，成败得失之间，创业者在创业中要承受来自各个方面的巨大压力，适时地进行自我心理调节，是保持清醒的头脑，变压力为动力而不断前进、不断取得胜利的法宝。

这些心理素质并非是先天具有的，而是在后天的生活、实践中不断地磨炼出来的。如果在我们的大学学习、生活、工作过程中我们能培养以上的心理素质，对于创业成功应该是大有益处的。

2. 保持一颗平常心

创业是高风险的事业，是冷静的勇敢者才能胜任的一项特殊的职业。敢于冒险是每一个创业者必备的素质。创业成功的几率较小而失败的几率却很高，但成功是幸运，失败也会留下教训。保持一颗平常心，客观、冷静地分析和解决问题，以积极乐观的态度去看待事物，就不会大喜大悲，才可能处变而不惊。在创业过程中保持一颗平常心，需要在创业的过程中经过种种磨炼才可能得到真正的体会。

有句话说得好，贫贱最安稳，富贵险中求。任何成功都不是一帆风顺就可以得来的，世上没有免费的午餐,天上也不会掉下馅饼,没有艰苦的磨炼和敢于冒险的素质,任何人都不可能积累到比别人多得多的财富。

【案例】 创业需要胆量,需要冒险

《福布斯》颁布的中国富豪孙广信在没有发迹前,只是在乌鲁木齐做一些拼缝之类的小生意。这样的小生意人在商业传统悠久的乌鲁木齐多得是。孙广信发家于做酒楼。1989年秋季的一天,他听说有一家专做粤菜的广东酒楼老板因为欠债跑掉了。孙广信跑到那里一看,嗯,这个酒楼不错,地理位置好,门面也不赖,行,可以做,是个机会。当时就借了67万元把这个广东酒楼盘了下来,又从广东请来好厨子,进了活海鲜,鱼、虾、鳖、蟹,还有活蛇。此前孙广信从来没有做过餐饮业,新疆人又吃惯了牛羊肉,对生猛海鲜不感兴趣,感兴趣的人也不敢轻易下箸。头4个月亏了17万元,亏得孙广信眼睛发直。但他坚持了下来,通过猛打广告猛优惠,将客源提了上来。孙广信从酒店里赚到了钱。中国的酒楼多得是,赚钱的老板都不少,为什么现在只有孙广信出名呢?因为孙广信没事就在酒楼里观察他的顾客,琢磨他的顾客。有一回,一个客人一下定了一桌5000元的酒席,把孙广信吓了一跳。在当时5000元可不是一个小数。他一琢磨,什么人这样有钱,出手这样阔绰?一打听,原来是做石油的。再一打听,乖乖,了不得,原来做石油这么肥,这么来钱哩。孙广信就开始转行做石油。后来孙广信成了《福布斯》中国富豪。孙广信现在做的事是西气东输。连国家都要掂量再三、感觉头痛的工程,他都敢做,而且有资本做得起。

(摘自营销管理网 http://www.yxgl.com)

第二节 做好职业生涯规划

什么样的选择决定什么样的生活。今天的生活是由我们昨天的选择决定的,而今天我们的抉择将决定我们明天的生活。我们要选择接触最新的信息,了解最新的趋势,从而更好地创造自己的将来。

一个大学生是否适合自主创业,该从事什么行业的创业?这是需要提前在大学里规划好的。

大学生中普遍存在的对自身职业规划的盲点,导致了大学生在就业过程中的盲目和挫折。调查显示,有近四成的人对自己目前的职业生涯规划现状还是满意的,但是当把这种规划分解后,他们的选择就没有这么乐观了:仅有12%的人了解自己的个性、兴趣和能力;18%的人清楚自己职业发展面临的优势与劣势;清楚地知道自己喜欢和不喜欢的职业是什么的人只占16%。专家指出,大学生在对自己职业生涯规划判断上的前后矛盾现象,进一步表明大学生们对什么是职业生涯规划还没有真正的认识,只知道概念,缺少实际的实施。

不管你是刚刚迈进大学校门的新生,抑或是正在奔走于各种招聘会的毕业生,对自己本身的正确定位,规划自己的职业方向,确定自己的目标,并进而做出相应的努力,都是势在必行的。正是源于此,"大学生职业生涯规划"这个理念不管是对一般的就业者还是自主创业者都是具有积极意义的。

一、什么是职业生涯设计

一般意义上说，生涯就是生活。比如日常生活也是一种生涯。如果更抽象一些，目的性也更明确一些，那就是目前西方较为通用的说法，即美国生涯理论专家萨柏的观点："生涯"是生活里各种事件的方向；它统合了一个人一生中各种职业和生活的角色，由此表现出个人独特的自我发展形态；它也是人生自青春期至退休所有有报酬或无报酬职位的综合，除了职位之外还包括与工作有关的各种角色。

职业生涯(Career)即事业生涯，是指一个人一生连续从事和负担的职业、职务、职位的过程。一个人的事业究竟应向哪个方向发展，其一生要稳定从事哪种职业类型，扮演何种职业角色，都可以在此之前作出设想和规划，这就是职业生涯设计。职业生涯设计要把个人和组织相结合，在对自己职业生涯的主客观条件进行测定、分析、研究的基础上，确定最佳的职业奋斗目标，并为实现这一目标做出行之有效的安排。

职业生涯设计的目的绝不只是按照自己的资历条件找份工作，达到和实现个人目标，更重要的是在"衡外情，量己力"的情形下，为自己订下事业大计，设计出合理且可行的职业生涯发展方向。

【案例】 从中学开始的生涯规划

PCPOP是第三大中文IT专业网站。2005年营业收入近2千万元，利润1千万元。取20倍的市盈率，市场价值2亿元。创始人李想一股独大，身价在1亿以上。这一年，李想24岁，创业6年。

今天，当初红火一时的小熊在线、走入中关村等网站要么止步不前、要么销声匿迹，领先的中关村在线和太平洋在线都背靠大媒体或大卖场资源，而势头最劲的PCPOP单纯靠内生性增长。小李想，怎么做到的？看看这些简单品质。

李想定律：如果做一件事情比别人多付出5%的努力，就可能拿到别人200%的回报。做事要认真。李想每天都在这样要求身边的每一个人，因为他自己就是这个方式的受益者。比如同去参加一个新品展示，李想就要求PCPOP的文章要比别的媒体先出来，哪怕就比人家快5分钟，也许你就因此而多做功课、少睡了10分钟，但结果就是第二天所有的网站论坛都是你的文章。厂商的认可、广告投入就随之来到。

不觉得自己是个商人，自小在农村长大，这段生活最重要的就是把自己变得"像农民般正直"。公司每到一个发展的坎儿，就有一个得力伙伴准时加入，正因为诚恳待人，"所以这些人才都一直跟着我"。李想敢说，在所有IT网络媒体中，PCPOP是惟一一支不跟厂商收钱的队伍；任何人收了钱会被这个团队自动排挤出去，这里有一股过于"理想"化的风气。

李想总要学习在实践中能快速使用的东西。需要什么才学什么，学了什么就马上用起来。他初中时候也曾经在课堂上拼命学习，就因为老师一句话的激励："学习不好不要紧，但一定要做个优秀的人。"他认为这是他在课堂上所学到的最有价值的东西。

中学六年，李想把所有业余时间都给了计算机和互联网，"它们就是为我而发明的"。要转遍石家庄所有的邮局去买一张软件，整夜地待在电脑前搭建自己的网上王国。白天在课堂上不愿同老师同学分享的观点，晚上在互联网上可以敞开自由地表达，遭遇到强烈的碰撞，在争执或者认同中被不断记录、不断成就。“新东西都是在互联网上学到的，传统的教育被抛开了。”

（摘自中国企业家网 http://www.ccboss.com）

二、职业生涯设计的意义

人生在世，不管是岗位创业还是自主创业，谁都想成就一番事业，实现人生的价值。然而事业的成功，是实力与机遇共同作用的结果。人的命运可能多种多样，但机遇往往是对有准备的人的一种恩赐。职业生涯设计就是为你提供走向成功的技术与方法。

通过职业生涯设计，大学生在充分认识自己、客观分析环境的基础上，科学树立目标，正确选择职业，并运用适当的方法，采取有效的措施，克服职业生涯中的困难和阻力，避免人生陷阱，就有可能获得事业的成功。

有人会问，不搞职业生涯设计也能成功啊，你看那些政治领袖、名人、企业家、职业经理，人家未必都搞了职业生涯设计，为何他们的人生那么辉煌呢？是的，不搞职业生涯设计，也可能事业会取得成功，但这样的几率并不高。一个成功的人一定是目标明确并不懈追求的人。如果你搞了职业生涯设计，有了更强的目的性、更好的计划性，你的事业取得成功的把握不是更大了吗？

美国著名个人发展顾问、人力资源专家鲍博睿博士认为，在20世纪的时候，人们通常只有一个积极生命阶段，而在21世纪，随着人类寿命的延长，人们将拥有三个积极生命阶段：接受教育和寻求事业发展是第一个积极生命阶段；在所从事的职业领域奋发有为是第二个积极生命阶段；过去所谓的“退休”时期变成了第三个积极生命阶段。把握好这三个积极生命阶段，使人生变得积极、健康而有意义，这是人们进行职业生涯设计的动力之一。

职业生涯设计可以让你理性地选择职业，把迈出的每一步都作为成功的起点。当前，就业难以成为大学生最为关注的问题，但是教育专家经观察发现，大学毕业生择业盲从、缺乏职业规划的情况相当普遍，这对他们择业和长远发展带来了不利的影响。

【案例】 没有职业规划的择业难问题

毕业于某名牌高校的小何向浙江一家汽车公司申请一个机械工程师的岗位。他学的是机械专业，在大学期间各门功课都优秀，毕业后的五六年时间里，从事过医药、空调、摩托车等产品的销售、品质主管，换了六七个工作，但是没有机械方面的工作经历。招聘者看了他的情况后认为，如果他毕业后稳定从事过机械方面工作，则正是公司需要的人选，月薪3000元也不在话下，但是因为没有这方面的工作经验，公司却无法录用他。一番话说得这名高才生后悔不已。

沈阳市人才市场高级人才规划师马伟光说，小何的例子表明了很多大学生盲目就业所带来的危害。由于没有长远打算，很多大学生年轻时只是随波逐流地换工作，到了30多岁还没有职业定位。这种情况之下，继续下去出路不大，重新定位又要费很大力气，不得不陷入一种尴尬的境地。

（摘自新华网沈阳 http://news.china.com）

当前就业市场上一些人急功近利，心态浮躁，什么挣钱就做什么；同时由于就业压力大，许多大学生随遇而安，能找着什么工作就干什么工作，这些都构成了大学生忽视职业生涯设计的原因。大学生应当尽量克服各种压力带来的短期心态，将现实环境和长远规划相结合，对自己的职业生涯作一个清晰的定位，这是走上社会前不可缺少的一步。

如果一个大学生能根据自己的性格、兴趣、学识、能力等各方面素质及时规划自己的职业生涯，也有利于避免自己步入创业的误区。

第三节　知识与能力的储备

大学生想要创业，只有良好的愿望是不够的。即使具备了创业意识，也只是为创业提供了指引方向。要真正实现创业目标还得靠真本事，必须要有过硬的本领。一位优秀的创业者，其知识结构要具有专与博相结合的“T”型结构。当代认知心理学派认为，合理的知识结构有利于同化旧有的知识或概念，形成新的观点和观念。良好的创业知识结构是创业者未来发展的基础，为创业心理与行为提供了一个基本的认知框架和背景。

一、坚实深厚的专业知识

大学毕业生毕竟是高校培养出来的从事专业性较强工作的高级专门人才。因此专业知识应是其知识结构的核心部分，也是科技人才知识结构的特色之所在。专业知识是指与创业目标直接相关并发挥作用的知识体系，是对本领域研究对象或工作起直接指导作用的理论体系。在形式上表现为某种性质或类别的学科知识，如机械、电子技术、动力工程、航天、管理等自然科学和社会科学方面的知识。所谓精深，就是说大学生对自己所要从事专业的知识学习要有一定的深度，不仅要有量的要求，更要有质的要求，对概念体系、理论体系、研究动态等都要有深入的了解，同时要兼顾其他相关知识领域。专博相济、以博促精已成为当前对高科技人才的重要要求。

对于大多数人来说，创业与他们所学的专业之间有着密切的关系，因为有些专业非常适合单干或两三个人一起合伙创业，比如制冷与空调、观赏水族经营管理、计算机网络技术等等，专业知识对于创业者确定创业目标有直接作用。要在某一领域开展创业活动，就必须深入了解该领域的活动及发展规律。可以说，专业知识就是对某一领域内事物发展规律的概括和总结。掌握的专业知识越多越深，创业活动就越能有效地开展。综观近年来在高科技领域取得成功的创业者，无一不具有深厚扎实的专业知识。他们中有些人虽然未经过系统的专业教育和培训，但是也在实践中不断摸索总结出事物发展的规律，积累了大量相关知识。20 世纪 80 年代末 90 年代初，我国掀起了“下海”热，不仅机关干部下海，学校教师下海，文艺界、体育界等人士也下海。然而，真正的创业成功者却寥寥无几。究其原因，就是由于大多数人只凭热情和闯劲而缺乏真正的创业本领，缺乏应有的专业知识之故。例如，有些人连起码的经济、法律基础知识都不具备，这样去“创业”又怎么会成功呢？

大学生创业，专业知识已基本具备。因为大学生在校学习期间已掌握了某一领域的大部分专业知识，但还有个多少和深浅的问题。因此我们一定要充分利用时间、安排好时间以学好专业知识，这是将来开展创业的第一要务。

二、广博稳固的非专业知识

专业知识是创业成功的基本条件，而非专业知识如经营管理知识、综合性知识（社会技能、方法论等方面的知识）等对成功创业也起着至关重要的作用。只有通过广博、稳固的非专业知识的辅助，专业知识的作用才能得以充分发挥。在知识经济时代，“T”型知识结构愈来愈重要，不仅专业方向的知识要深，而且与之相关的知识要广。只深不广，就会由于知识面的狭窄而无法看到事物之间的联系。只广不深，对事物的认识则只能停留在肤浅的表面，不能揭示事物的本质、把握事物发展的规律。只有具备了深厚的专业知识与广博的非专业知识，才能正确分析形势和事物的发展趋势，把握全局，有独到的见解和谋略，才能认清事物的本质和规律，最终实现自己的创业目标。非专业知识是指创业领域专业知识以外的其他有关知识，既包括经营管理方面的知识，也包括方法论等方面的综合性知识，既包括创业所需的法律知识，又包括相应的商业知识等等。在市场经济条件下，任何一个创业者的活动，都要与一定的经济利益相联系，都要实现价值增值。因此，对于有志于投身创业的大学生来说，学习与创业相关的商业知识、法律知识，是必不可少的。最后，广博稳固的非专业知识还包括创业所需的其他知识，如社会学知识、营销学知识、广告学知识、人际关系学知识、人类学知识以及心理学知识等等，这些都需要大学生在日常学习中不断加以强化和积累。

现代各类职业都要求从业者的知识“程度高、内容新、实用性强”。“程度高”是指知识量大、面宽；“内容新”是指从业者的知识结构中应以反映当今科学技术发展状况的新知识、新信息为主；“实用性强”是指从业者的知识在生产、工作中有很强的实用价值。市场经济的发展进一步强化了企业及其员工的社会化功能，任何一个企业或其员工都不可能再像以前那样只单一地面对少数几个部门和经常打交道的几个人，他们必须面对整个社会，不断与“市场”打交道，并根据“市场”这张晴雨表来不断调整自己的行为。

三、创业能力的准备

创业能力是大学生创业素质的一个重要方面，是创业者顺利完成创业活动所必须具备的心理特征。它总是和创业活动相联系并表现在具体的创业实践之中，是决定创业成功与否的关键因素。创业能力是一种综合能力，与创业的成败直接相关。它既包括专业能力，也包括经营管理能力，既包括创新能力、学习能力、认知能力、信息处理能力，也包括人际沟通能力、社会协调能力、公关能力等等。大量的事实与经验表明，科学合理地配置人、财、物以及时间、空间的能力，发现机会、把握机会、利用机会和创造机会的能力，收集信息、加工处理和分析信息的能力，学习能力，良好的社会公关能力等，都是创业者创业能力的具体表现，是创业能否成功的重要影响因素。下面对创新能力、组织管理能力和人际协调能力作展开表述。

1. 提升开拓创新能力

创新，简言之，就是一种不断破坏旧的、创造新的过程；详言之，是指基于一种新的思想和方法对原有事物进行改造或在这种思想方法指导下进行的创造性活动。创业本身所具有的开创性特征使创新能力成为创业者立业的基础。开拓创新能力亦成为成功创业者最重要的能力之一。大学生创业者要使自己的事业不断发展，就要不断推陈出新。必须善于捕捉并发现创业机会、发现原有事物的缺陷、捕捉新事物的萌芽，提出新的切实可行的解决问题的方案。海尔集团总裁张瑞敏认为，海尔快速发展的最大诀窍就是不断地开拓创新、不断地进入新领域。开拓创新是创业的灵魂和赢得竞争优势的关键。一个优秀的创业者必须勇于开拓、敢于创新。

因此，大学生在校期间除了学习专业课程外，学习、培养创造性思维能力也很重要。根据美国、日本等国的经验，在校大学生参加创新思维能力课程的学习与培训，是提升学生自身创新能力的有效手段。

【案例】 一步一个脚印的创新

24岁，许多年轻人或许还在"啃老"，或许刚刚步入社会，而她已成为同龄人中的佼佼者。满怀着对旅游产业的向往，憧憬着自主创业做老板的梦想，这位刚走出校园的女大学生靠自己的智慧开创了自己的事业，她就是职工旅行社美溪业务营业部经理王丹丹。

出生于普通家庭的王丹丹在2006年中考结束后，曾在回龙湾国家森林公园讲解员这一岗位锻炼过，并从此爱上了旅游业这一行，她发誓长大后一定自己开一家旅游公司。

为了实现这个梦想，王丹丹当时就做出了一个让父母、老师、同学都不理解的决定。她放弃了就读普通高中，而大胆地选择了伊春市职教中心，开始学习她热爱的旅游管理专业。在职业高中的三年里，她主动参加导游大赛、职业技能大赛等活动，且每次都小有成绩，并于2009年以优异成绩考上了黑龙江商业职业学院旅游导游专业。在校期间她更是加倍努力，并且在多次的实践中不断锤炼，使她的心理素质和专业技术水平得到大幅提高，王丹丹的羽翼更加丰满了。

要创业，就要先积累经验。在临毕业实习的日子里，她回到伊春应聘于一家旅行社，在做好本职工作之余了解企业如何运作、如何解决问题等，积累了许多经验。经过近一年的努力，她逐渐转变为一个能独立操作团队的旅行社管理人员。

2013年初，王丹丹将视线转移到了自己美丽的家乡美溪区。"这里有国家4A级景区，又是全国总工会伊春回龙湾职工休养中心，可是在当地却没有一家旅行社。因此，我坚信，这里广阔的旅游市场一定能成为我实现梦想的大舞台!"

于是，王丹丹果断加盟了一家旅行社，成立了职工旅行社美溪业务营业部，从"打工仔"到"小老板"，成功地圆了自己多年的梦想。营业部要为总社招徕游客，这样才能赚取利润。为此，王丹丹与从事旅游工作的大学同学联系，在同学的帮助下，她才有了自己的团队。

顾客就是上帝，细节决定成败。为了能壮大团队，她每天电话24小时开机，细心接待每一位游客的咨询。为了让游客以最优惠的价格吃到最实惠的菜品，她亲自安排菜单，与餐厅讲价，使餐餐都不重复。在为旅游团定住宿之前她都会提前到宾馆了解情况，看是否达到团队事先要求的标准。同时，在每一次旅游结束后都会定时电话回访。她就是这样将心比心地为游客着想，让游客真正享受到做"上帝"的感觉。这让她接待的旅游团越来越多，事业越做越大。

有梦想，就会有希望；有梦想，就会有未来。截至目前，王丹丹的营业部2013年收入已超过3万元。现在她正在办理开办旅行社分公司的相关手续，明年她就可以自己当老板了，经营属于自己的旅行社。

(摘自全国大学生就业服务网 http://cy.ncss.org.cn)

2. 提高组织管理能力

在市场经济条件下，市场充满了竞争和风险，创业者要使自己的创业实践活动获得成功，就必须重视经营管理。无论从事哪一行业，都有一个资源的分配和利用问题，要使资源发挥最大效用，就必须掌握管理知识，懂得经济核算，提高经济效益，才能在激烈的竞争中获胜。

组织管理能力是指为了有效地实现目标，灵活地运用各种方法，把各种力量合理地组织和有效地协调起来的能力。包括协调关系的能力和善于用人的能力等等。组织管理能力是一个人的知识、素质等基础条件的外在综合表现。现代社会是一个庞大的、错综复杂的系统，绝大多数工作往往需要多个人的协作才能完成，所以，从某种角度讲，每一个人都是组织管理者，承担着一定的组织管理任务。

据调查，新创企业中约一半以上在创业的两年内即倒闭，只有1/3能够存活5年，而导致这些创业失败的一个最主要原因就是创业的组织管理问题。因此，组织管理能力应成为大学生创业能力的重要培养和锻炼目标。为了提高管理效率、使管理工作富有成效，大学生要逐步培养自己运用系统化的科学管理知识，对管理上存在的问题设想出正确可行的解决办法，并努力从管理的理论原则和基本方法出发，结合实际，对具体情况作具体分析，以求得问题妥善解决的能力。

3. 培养人际协调能力

要想创业成功，大学生还需要培养自己的人际协调能力。因为人的问题始终是管理的最核心和最本质问题。人是构成社会的基本单位，社会中的一切活动都是以人为主体进行的。因此，任何活动都离不开人与人之间的交往。创业活动也不例外，企业本身就是要依靠人才能运作起来，单凭创业者一个人是难以成功的。要运作好企业不仅需要协调好企业内部成员的关系，也需要协调好企业与顾客、社区、政府、社会的外部关系。为此，有意识地培养与他人的协作能力是创业者获得他人和社会支持的重要前提条件，对创业者事业成功具有重要的积极作用。

在校求学期间适当参与一些校园活动、学生会工作或社会志愿者活动都是培养组织管理能力和人际协调能力的有效途径。大学生创业能力是一种多方面的综合能力，除以上三方面能力之外，还包括其他许多方面的能力，这些能力共同构成了创业成功的必要条件。

本章小结

■ 本章关键词：

创业意识，职业规划，创业能力

■ 问题思考：

1. 创业者的创业意识与创业心理在创业成功中起什么作用？
2. 职业生涯规划对创业有何指导意义？
3. 如何看待创业所需要的知识和能力储备？

■ 参考文献：

①〔美〕杰弗里·蒂蒙斯，小斯蒂芬·斯皮内斯著.创业学.北京：人民邮电出版社，2005年第6版.

②晓成.大学生创业，请你整装待发.大学时代，2006年第7期.

③葛建新主编.创业学.北京：清华大学出版社，2005年版.

④张利民.大学生创业：成功道路的选择.中国青年研究，2004年6月.

⑤刘文良.专业让创业成为可能.成才与就业，2006年第23期.

03 创业基础准备

在高速上保持预见性，把自己变成导演。

——PCPOP.com首席执行官 李想

本章概要

创业不仅仅需要知识和能力的储备，资金和经验的积累同样必不可少，到哪里去创业？选择什么行业、什么项目创业？国家法律和政策允许你做什么、不允许你做什么？与谁一起创业、选择什么样的团队共同创业？哪些行业是国家政策鼓励的？这些都是一个准备创业的大学生首先必须考虑的。

实例思考

创业回放——卢某是某大学公共关系专业学生，才华横溢，读书期间就一直在别人的广告公司做市场策划，这也触发了他的创业灵感。大三的时候，他找到学计算机的几个朋友商量创办公司的事，大家一拍即合，并且制定了“要做，就要做大的”目标。经过两个多月的努力，找朋友“贷款”、验资、办照……1999年4月，一个注册资金30万元的某市民营高科技公司——××数码科技有限公司诞生了，卢某为法定代表人，后来他又担任××数码科技有限公司的副总裁。包括卢某在内的7人团队被媒体誉为“开创广东大学生在IT界创业的先河”，“正式吹响广东大学生创业第一声号角”。

现状概述——2005年2月28日上午，广州东山区法院对一宗传播色情物品牟利犯罪案进行了一审公开宣判，案子的被告就是某市××数码科技有限公司的总经理卢某。因以牟利为目的，在互联网上以经营电影网站的方式传播色情电影文件，构成传播色情物品牟利罪，被判处有期徒刑一年六个月，并处罚金人民币一万元。庭审时，卢某戴着一副黑框眼镜，面色苍白，样子十分斯文，安静地等待宣判。在听完判决后，他的表情没有任何变化，面对蜂拥而上却被挡住的记者们，他一言不发，低头跟着法警走出了法庭，去开始他的囚犯生活。

——真是痛哉惜哉！一个才华横溢的大学生，一个富有创业精神的老总，因一念之差，走进了监狱。“我不希望自己毕业后再交学费碰钉子，我想在有限的时间里，多给自己找些钉子来碰。”这是他接受媒体采访时说的一句话。现在的他，实际上是碰上了自己找的“钉子”。一个真正的创业者，应该有一种使命感和社会责任感，在为自己创造财富的同时，也应该为社会创造有价值的东西。如果以损害社会道德和公共利益为代价去创业，最终可能被财富吞噬灵魂。

（摘自辽宁省就业信息网 http://www.lnjy.com.cn）

思考：

1. 卢某成为身陷囹圄的囚徒给创业者以什么启发？
2. 创业者必须具备哪些政策法规知识？

当我们要去实现我们的创业梦想时，还有很多事情要做。要选择哪个项目创业？要有怎样的创业环境？创业的资金从哪里获得？这些都是创业前必须要做的事。是选择进出壁垒较小的零售业、餐饮业，还是进出壁垒较高的垄断行业，如汽车行业、交通运输行业？是选择创立个体、私营企业，或是创立有限责任公司，还是要创立股份有限公司？这些都是要好好论证的课题。

第一节 资金与经验的积累

一、创业资金如何筹措

创业资金的获得是创业成败的关键环节。想要创业的大学生，每个人都有美好的蓝图，都有用不尽的热情，可关键是有多少人能够真正将设想变成现实？头个大关口就是“钱”，白手起家哪有那么容易？谁都知道，创业必须要有足够的资金，没有足够的资金是无法创业的。最头痛的问题：“第一桶金”哪里来？对于“一贫如洗”的毕业生来说，要怎样从头开始进行原始资本的积累呢？其实，现代的大学生是幸运的，政府为帮助大学生创业已经大开绿灯，在一定时期内的定额贷款给大学生带来了创业启动资金。因此创业机会的选择对大学生创业显得尤为重要，有了好的项目或创意再设法募集资金就不会很困难了，但不管有多少政策支持都需要有经验和资金方面的认识和积累。

企业的创立、经营和发展均离不开资金的支持。哪里需要资金？如何筹措资金？这是每个创业者都需要了解的。

1. 哪里需要资金？

创业之初，处处都需要用钱。企业的创办者或经营者不仅要估计所需的创办资金，还要预计企业在开始发展时所需要的经营资金。他们必须知道企业将有哪些开支，有哪些资金来源，筹集资金有多难；还要了解何时借款，何时购物，存货多少，何时还款等，从大的方面讲，企业创办一般要考虑到以下几点：

1)注册资金。具有法人资格的私营企业，生产公司的注册资金不得少于 30 万元；从事批发业务的商业公司的注册资金不得少于 50 万元；从事商品零售业务的商业性公司的注册资金不得少于 30 万元；咨询服务性公司的注册资金不得少于 10 万元；其他企业法人的注册资金不得少于 3 万元。创办不具有法人资格的独资企业或合伙企业，对最低注册资金没有具体要求，原则上要求与公司的经营范围、方式和规模相适应，注册资金与实有资金相一致。

2)固定资金。以货币形式表现出来的固定资产价值，包括用于场地、厂房的租金，生产及运输设备的投入等主要生产设备的资金。

3)流动资金。用于支付劳动工资、生产原材料以及其他生产经营费用的资金等。

创办私营企业的注册资金、固定资金及流动资金需要创业者个人筹集。创业初期，创业所需要的资金大部分靠创业者个人积累的自有资金。

2. 资金准备

自筹资金。创业起步阶段，贷款能力有限，创业所需的大部分资金有赖于创业者的自有资本。因此，在创业的初始阶段，先在一个单位工作，节俭成为创业者原始资金积累的一个重要来源。创办有限责任公司形式的创业者，为了在公司的经营管理过程中掌握主动权，也必须成为公司的最大股权持有者，因为，只有控股才能取得公司的控制权。自筹资金，除了依靠自己多年的积蓄之外，也可以考虑向亲朋好友去借。

自己通过工作积累一定数量的资金对于创业是非常必要的，当然也可以采取合伙人入股或员工入股、金融机构贷款等方式解决一些资金。本书第四篇中将对资金的筹措进行重点阐述。

【案例】 史玉柱筹集资金有绝招

从脑黄金到脑白金，史玉柱的名字大家并不陌生，但史玉柱的创业是极其艰苦的，他一没有资金，二没有靠山，全部“家当”是东挪西借的4000元人民币。惟一让他充满信心的，是读书期间呕心沥血开发出的一套软件——M6041桌面汉字处理系统。这套软件被储存在集成电路板里，插在电脑的扩展槽里使用，当时被人称为“汉卡”。

1989年，史玉柱联合了几位青年伙伴，大胆承包了深圳大学科技工贸公司电脑服务部，当然，创业资金也就是那一直舍不得花掉的4000元。史玉柱他们当时只有汉卡，穷到了买不起一台电脑的地步。没有电脑，当然无法制造电脑配套产品，“史大胆”当即做出第一个大胆的决策：一台电脑的市场价格是8500元，他以加价1000元的条件，换来延期付款半个月的“优惠”，也就是说，半个月内暂不交款，但半个月后却要付出9500元。他的第二项大胆决策是做广告。没有钱交广告费，但同样可以采用延期付款的方式，先打广告后交钱。一家著名的报纸《计算机世界》同意了他的请求，用半个版面为M6041做宣传，但规定费用必须在半个月内交清。两项大胆的决策，把史玉柱的电脑服务部逼上了绝路：15天内，他们若挣不到17000元钱，就是砸锅卖铁也还不了这个当时属于巨额数字的债务！

1989年8月2日，《计算机世界》刊登了半个版面的广告：“M6401，历史性的突破。”

接下来漫长的半个月，对史玉柱是揪心的等待，在望眼欲穿中，苦苦盼望着用户订单的到来，就像经历了一个世纪。等到第13天，奇迹终于出现了。这一天，史玉柱一共收到了三张订单，近2万元的汇款，不仅挽救了史玉柱的小企业，也昭示着未来“巨人”的正式起步。当一张张订单纷至沓来后，史玉柱把所得的收入，再次统统投入广告；4个月后，他们的营业收入已经超过100万人民币。首战告捷的史玉柱，又一次把自己关进一间小房间，以20箱方便面为基本食品，度过了整整150天“集中营式的生活”。痴心不改的史玉柱，在1991年8月继续推出了在排版效果、速度和图文混排等方面有很大突破的M6403型汉卡，从而在这个领域站稳了脚跟。

（摘自人生指南成功励志网 http://www.rs66.com）

二、创业经验的积累

大学生长期待在校园里，对社会缺乏了解，特别在市场开拓、企业运营上，很容易陷入眼高手低、纸上谈兵的误区。

缺乏经验是目前大学生创业中普遍存在的问题，不少大学生创业者不习惯对其产品或项目做市场调查，而是进行理想化的推断，例如：“如果有3亿人需要我们的产品，每件售价100元，我们就有300亿元的销售市场。”这种推断方法是站不住脚的，而且常常起着误导作用。大学生在创业初期一定要做好市场调研，一些可行性研究也可委托专业机构进行，在了解市场的基础上创业，才能长久。

因此，大学生创业前要做好充分的准备，一方面，去企业打工或实习积累相关的管理和营销经验；另一方面，积极参加创业培训，积累创业知识，接受专业指导，提高创业成功率。

有志于创业的高校毕业生或由于缺乏创业的经验，或由于缺少创业的资金，先加盟与自己创业目标相符的公司，经过一段实践，积累了经验，积蓄了资金，在时机成熟时再独自创业，这对许多要创业的毕业生来说，也许是更理智、更稳妥的选择。

对年轻的创业者来讲，不能太急躁。积累经验，吸取教训是很重要的，经验来自于任何的生活工作经历。它形成于我们的成长历程中。所以，无论是创业还是工作，都是一种磨炼，一种经验的积累。

许多人往往选择自己直接下海拼打积累经验，事实上先到某个公司、单位工作 1～3 年，只要你心中有自己的创业目标，有意识地向各方面的人学习，同样可以积累很好的经验，别人的失败也可能成为你成功的宝贵财富。

当然，并不是一个人要等到具备了所有经验的时候才去创业。虽然创业团队中的每一个人经验都比较少，但他们形成合理的互补关系，而且能够同舟共济，也会成功。不过，并不是说创业者可以没有任何经验，他应该在工作中逐渐吸取教训，增加经验；他应该发现自己的不足，利用工作间隙“补课”，向朋友求教或参加学习。

有意识地积累经验，这是成功创业的最大智慧。

第二节　地域与行业的选择

创业环境是在创业活动中发挥重要作用的要素组合，一方面指影响人们开展创业活动的所有政治、经济、社会文化诸要素；另一方面指获取创业帮助和支持的可能性。当前社会是百业俱兴，有些人认为创业环境是极其优良的，国家出台了一系列鼓励大学生自主创业的优惠政策。但是，深入地研究就会发现大学生创业之路异常艰难，除了大学生创业者本身条件的限制之外，更多的是因为缺乏一个整体有序的创业环境。

大学生创业的地区和行业环境相对于宏观环境来说，其影响更为直接，更为具体，也更具有特殊性。到哪个地区去创业、选择什么行业是大学生创业必须考虑的问题。

一、大学生创业的地区环境选择

所谓地区环境，顾名思义，就是相对于整个国家而言，每一个企业必须设立在一定的区域内，因而新创企业必然受到这个区域的环境影响。分析地区环境，关键在于思考新创企业相对于这个地区内其他企业的规模、影响程度和发展前景有多大。

在我国，由于经济发展水平和改革开放程度等差异，创业环境很不一样，有的地区产业平台建设扎实推进、产业基础不断夯实、社会环境明显改善、人文环境不断优化、小农意识与狭隘的地域意识等各种思想障碍得到较好克服，能充分认同公平竞争、互惠互利等现代利益博弈原则，营造了较为公开公正的市场环境、重商亲商的社会环境，逐步形成了开放的氛围，政府职能得到转变，基础设施建设总体较好，政府的职能服务比较到位，企业准入限制较少，创办一个企业涉及面少，程序简单、费用较低，融资渠道多样化。而有的地区在这些方面还有相当的差距。

对一个刚刚准备创业的大学生来说，由于经验、资金等方面还很不足，对地区环境进行认真分析，结合自身特长或优势选择良好的创业环境应该是必须要做的功课。

不同的地区由于观念环境、文化环境、经济发展水平等各方面的差异，对待同样一个事物的态度是很不一样的，因此，大学生在选择自主创业的时候，一要看你的行业、项目在这个地区能否通行？二要考虑如何创新性地去改变这个环境，使你的产品能为大家接受。

二、大学生创业的行业环境选择

行业环境是创业环境中最为微观的，任何一个新创企业都可以归类为某一行业，行业分析对新创企业十分重要。一般来说，创业的行业环境主要关注两个问题：一是行业内的竞争程度及变化趋势，二是行业所处的生命周期。如果行业内竞争已十分激烈，进入壁垒高或行业已处于夕阳阶段，新创企业成功的概率就不高，即使成功也十分艰难。美国学者迈克尔·波特的五种力量模型（Five-forces Model）较好地反映了新创企业的行业环境因素。他认为，潜在的进入者、现有市场竞争者、供应商、产品用户和替代品生产者决定了一个产业的竞争力，构成了行业环境因素。

1. 现有竞争对手分析

企业面对的市场通常是一个竞争市场。同种产品的制造和销售通常不止一家企业。多家企业生产相同的产品，必然会采取各种措施争夺用户，从而形成市场竞争。当创业者选择进入某一行业时，就要对行业内的现有竞争对手进行分析。现有竞争对手的分析主要包括以下内容：第一，基本情况的研究。竞争对手的数量有多少？分布在什么地方？它们在哪些市场上活动？各自的规模、资金技术力量如何？其中哪些对自己的威胁特别大？第二，主要竞争对手的研究。要分析竞争对手所以能对本企业构成威胁的主要原因，是技术力量雄厚？资金多？规模大？人才优势或是其他原因？以帮助企业制定相应的竞争策略。第三，竞争对手的发展动向。要收集有关资料，密切注视竞争对手的发展方向，分析竞争对手可能开辟哪些新产品，哪些新市场，从而帮助企业先走一步，争取时间优势，使企业在竞争中取得主动地位。

2. 潜在竞争对手分析

一种产品开发成功，会引来许多企业的加入，特别是那些进入壁垒不高的企业。新厂家进入行业的可能性大小，既取决于由行业特点决定的进入难易程度，又取决于现有创业者可能做出的反应。因而，创业者在创业时就应考虑自己的新创企业会引来多少跟风者，如何保持自己的优势。

在知识经济时代，知识作为重要的生产要素已经渗透到经济和社会的各个方面，无论是工业、农业和服务行业。知识经济主要涉及的有信息技术、生物技术、纳米技术、能源技术等，这些技术可以应用于工业、农业、国防军事、信息通讯、医药卫生、交通运输以及人们生活中的吃、穿、住、行等等。由于大学生创业的特点是资本金和经营经验上的不足，创业之初企业规模不宜过大，但应注重应用新技术、新理念，选择恰当的创业领域。常见的创业领域为：

①贸易行业，②服务行业，③技术领域，④环保产业，⑤中介服务业，⑥信息产业，⑦文化传媒业。

【案例】 成功的关键叫作“眼光好”

美国《财富》杂志和《福布斯》杂志访问目前连续十一年蝉联世界首富的比尔·盖茨时问：“比尔，你身为世界首富，你到底怎么样成为世界首富？因为只有你才可以告诉我们成为世界首富的秘诀。”

比尔·盖茨说：“事实上我之所以真正成为世界首富，除了知识，人脉，微软公司很会行销之外，有一个前提，是大部分人没有发现的，这个关键就叫作眼光好。”

比尔·盖茨首先有一个观念：不是所有行业赚的钱是一样多的。

也许我们的目标不是成为世界首富，但是透过学习世界首富的思考模式，我相信我们来经营我们的公司、我们的事业，我们的业绩应该可以倍增很多。有时候想想我们跟世界首富是同行就会有一种莫名的兴奋。

其实不止世界首富，世界财富排行榜上前几名的都是IT行业的精英，而且大都是大学都没毕业的退学生。比如：微软公司的比尔·盖茨是哈佛大学的退学生，苹果电脑公司的乔布斯是退学生，戴尔电脑公司的戴尔是退学生，世界上最大的数据库软件公司艾里森也是耶鲁大学没读完就出来创业的成功者。为什么如此众多的退学生却取得如此巨大的成就呢？究其原因，除了聪明、敢闯、有冒险精神之外，还有一个重要的原因是他们选择了一个好的行业，因为其他行业也有退学生但取得如此成就的好像还没听说过。

（摘自《创新创业典型案例集》，李时椿、常建坤主编，——南京：南京财经大学出版社 2004 年 9 月版）

三、投资项目的选择

在确定了创业的地区和行业后，具体做行业内的什么项目，也是创业者必须考虑的问题。而如何规避风险永远是选择投资项目的首要问题，选择投资项目不要光想着如何赚钱，应该时刻想着如何不赔钱。立足生存，先把每天的成本赚回来，不赔钱就是赚钱。

如何选择项目？

1. 永远做你熟悉的业务范围

别人能够成功的项目你未必能够成功，别人不能成功的项目你未必不成功；关键是你要熟悉你的投资业务，不要盲目地交学费。世界上只有一个盖茨，不要认为你一定比盖茨强百倍。另外，盖茨也是在他最熟悉的业务范围里创业成功。充分利用已有条件，如果你的父亲是优秀的厨师，那你最好开酒楼，即使现学都来得及。

2. 根据资本大小选择项目

投资者一般的感觉是缺少资金，当资本少的时候选择项目的方法只能是跟风；就是别人干什么，你就跟着干什么，越是很多人干的事你越可以干。每个菜市场都有几家卖豆腐的，全北京市不知道有多少豆腐西施。你也去卖豆腐一般不会赔，尽管赚不了多少钱。资本大的时候创造市场，如果你是二次投资，或者可以一次性筹到比较多的投资资本，你可以不必跟风，这就要自己来创造市场，把潜在的市场开发出来，当然你可以获得超常的利润回报。

3. 高科技是高风险项目

高科技项目好！但是高科技项目的成功率远低于豆腐西施。如果你掌握着高科技技术，并且有别人给你投资，当然你要开发高科技项目，一旦成功，你身价百倍；一旦失败，你也只是搭上了工夫和时间。如果是你自己在第一次创业时就筹资开发高科技项目，但你并不懂技术，那还是要慎重考虑，无形的东西往往比有形的东西赚钱快赔钱更快。

综上所述，选择投资项目要因地而异、因人而异、因时而异、因环境而异。至于什么是好项目？对于小额资本的投资来说，无所谓好与不好，会做就好，不会做就不好，关键是要下功夫比别人做得更好。对于大额资本的投资来说，关键是要找到能够达到和促进资本迅速增值的那个“点”。如果你找到了，这个项目就是一座金山；如果找不到这个“点”，金山也会变成土山。

【案例】 投资之前三思而行

小王经人介绍想接手广州天河区一家舞蹈培训中心。小王自己本身就是一个在某少年宫教舞蹈的老师，她也很想拥有一家属于自己的舞蹈学校，但她从没有做生意的经验。因此，她花了整整一个月时间去考察和谈判，定金也付出了，就在快要成交的那一两天，她委托朋友进行了实地考察并跟现在的经营者进行了直接的对话，朋友建议她放弃这个项目。原因是这个项目有太多的不确定性因素：无法与业主见面明确转租是否同意，经营场地的租期太短，经营许可靠对方的人事关系，接手后无法确定将来能否通过年审（对方当然承诺会帮忙解决，但不可靠）。此外，近60万元的投入，最理想的回报也要三年才能收回，这样的投资就非常不合算。经朋友分析后她尽管觉得有些惋惜，定金也要不回来，但是她还是接受了朋友的建议，最终放弃了该计划。

（摘自中国财经信息网，2006年）

事实上，在我们的日常生活当中，人们无时无刻都需要解决许许多多的实际困难，只要你时时留意、细心观察，总会对某些人存在的困难或需求有所了解和认识，继而产生兴趣，然后可能找到一些解决方法，商机就这样出现了。

例如，以前用长形剃刀剃须，很多时候会刮伤脸，很不方便，也令人困扰。吉列（King C. Gillette 1855—1932）由此想到，如果创造出更方便、更安全的剃刀，一定会受欢迎。他终于在1903年发明了可以更换刀片的安全剃须刀，从此风靡全世界。他成功了，今日吉列是一家市值400亿美元的跨国企业。所以，做生意往往是在平凡中起步。其实，在我们生活的社会里，人们永远都存在着数不清的方方面面的问题需要解决。只要我们找到解决这些问题的办法，就有生意可做，就算有人已经找到了解决办法，只要你解决问题的办法比对方更有效、成本更低就有生意，解决问题是做生意的明灯。选择创业项目并不困难，只是我们要懂得方法。

本书第二篇中将对创业机会的选择进行详细阐述。

第三节 创业步骤与创业团队

一、创业步骤

人人都可以创业，但不是人人都可以成功。创业的成与败，存乎创业过程的“细节”之内，在于创业过程的“环节”之中。成功的创业，必须抓住创业过程的每一个步骤，扎扎实实，步步为营。

1. 选择你最喜欢的

创业者首先做的便是决定要从事哪一种行业，哪一类项目。在你下决定之前，最好了解自己在哪方面较有创意、潜力，哪方面的事业较能吸引自己的注意力、并鞭策自己勇往直前。一旦做好选择，接下来的许多课题便需要创业者一步步地去执行，才能逐渐地迈向成功之路。

2. 与同行接触，向同行学习

有了完整的创业点子，下一步骤便是尽量让自己多接触各种信息与资源渠道；诸如专业协会及团体等组织机构。这些团体、组织不仅可以帮助你评估自己的创业机会与潜力，还可以尽早让创业计划付诸实现。

3. 慎选品牌或名称

最佳的品牌或公司名称要能够充分反映你的产品和服务的特色。基本上，品牌或公司名称与产品之间的关系是成正比的，亦能在消费者或顾客的心目中产生一种紧密的联想力。具有创意的品牌或公司名称不仅有助于建立品牌的形象，同时也能激发顾客的消费欲望。选择品牌或公司名称时应该具有前瞻性；所选择的品牌或公司名称要能很有弹性地将自己推荐给消费者。最后，别忘了先作注册公司名称调查，确定你所选择的名称尚未被登记或已在公司商标法的保护中。

4. 选择合适的组织模式

合伙创业的模式可以是有限股份公司制或是以一集团公司名称的方式创业。这中间并没有一套可依循的准则来区分孰优孰劣；因此，你必须先了解各种公司组织形态的利弊及运筹方式，再选择最适合的组合模式配合你的创业方式。

5. 评估预算报告

经营一项有利润的新事业必须要有充分的流动资金，并且要能与实际经营运作时所需的开销相平衡。草拟一份年度预算表是必要的。要草拟一份精确的年度预算表并不容易，即使是一位最有预算概念的大师来编列预算表，还是多少会有低估预算，或遗漏些小细节，这些小细节常常是发生在预算表中的杂支及超支项目；另外，有时公司成长太快也会出现这些小麻烦。总之在开始编列预算时必须注意公司草创第一年的年度预算，应该包括公司首次营运费用及持续营运的每个月开销。

6. 选择地址

在决定了自主创业也选好了项目之后，接下来最重要的恐怕就是选址的问题了。不论创立任何企业，地点的选择都是决定成败的一大要素，尤其是以门市为主的零售、餐饮等服务业，店铺未开张，就先决定了创业成功与否的命运。可以说，好的选址等于成功了一半。

有些货品流通迅速、体积小且又不占空间的行业，如精品店、高级时装店、餐厅等，负担得起高房租，可以设于高租金区；而家具店、旧货店等，因为需要较大的空间，最好设置在低租金区。租约有固定价格及百分比两种，前者租金固定不变，后者租金较低，但业主分享总收入的百分比，类似以店面来投资作股东。租期可以订为不同时限，但对于初次创业者来说，较为合理的方式是订一年或两年租期，以期待更新的选择。

7. 募集创业资金

在众多创业失败的例子中，资金不足经常是让创业者黯然落下"英雄泪"的主要原因。因此，信心满怀的创业者别忘了在公司正式营运前，一定得先把资金募集充足；换言之，创业者必须明白公司在草创期的第一年内可能无法赚到一毛钱，创业者因而要有所警悟及有万全的准备，以渡过难关。

8. 完成公司登记及了解各种法律相关条文

在开始营业之前，你必须去了解所有与商业活动相关的法律条文规定、执照或许可证申请的有关细节与各类表格。要询问当地政府对营利事业单位的规定，因为各地可能有所差异。

另外，在你开始创业之前，写好创业计划书是你要做的第一件事。一份计划书可以成为你创业决策的指南，它能帮你弄清楚自己是不是真的要开始创业；同时，一份计划书还可以满足贷款人和投资方的要求，事实上他们在批准贷款或进行投资之前都需要你提供一份书面的商业计划书。

二、组建创业团队

创业是一个系统工程，它要求创业者在企业定位、战略策划、产权关系、市场营销、生产组织、团队组建、财务体系等一系列领域有一定的知识积累，大学生有了好的项目或想法，只是代表"创业的长征路"刚跨出了一步，创业的核心是完成一项共同的事业，这个事业是需要很多方面的人的共同努力才能完成的。纵观时代发展趋势，社会分工越来越细，越来越专业化，任何创业者想依靠单打独斗而胜利的可能性已降得很低。为了创业，必须组建一个相互协作、有稳定组织结构的群体，使其成为一个既有统一意志，又能分工协作，既有章可循，又心情舒畅的具有较强凝聚力和战斗力的集体——团队。

由于大学生这一特定创业群体一般年龄在 25 岁以下，他们的社会与人生经验都不足，而且处于热血沸腾的情绪化阶段，个性化、自信力等都较强，在实际工作中，大学生常常会出现以己为主、刚愎自用等不利于合作创业的情形。在团队组建、团队分工、团队规则制度等诸多体现"人与人合作"的工作中，大学生创业者容易出现"一人是龙、二人是虫"的局面。

一个高素质创业团队的存在是一个个人企业与一个高成长企业的区别之一，前者提供给创业者的只是一种工作替代和可能雇佣几个家庭成员及其他人的能力。这个孤军奋战的创业者可以谋生，但不容易快速成长。没有团队的新创企业不一定注定失败，但要以此建立一个具有高成长潜力的企业是极其困难的。只有创业团队稳定，才有可能在激烈的市场竞争中求得发展。

创业团队对创业成功的重要作用已得到风险投资家的广泛认同。美国学者一项对20世纪60年代创立的104个高技术企业的研究指出，年销售额达500万美元或更多的高成长公司中的83.3%是由团队创立的。

要组建一个理想的团队，需要处理好以下几个方面的问题：

1. 团队须统一意志

志同才能道合。一个统一的团队，必须具有共同的愿景，有共同的意志、共同的目标以及共同的价值观。在统一的意志下，团队才可能形成团结战斗的集体。共同的创业理念是组建团队的首要条件。成功的创业者是以正确的创业理念来组建创业团队和指导创业活动的。创业理念决定着创业团队的性质、创业的目标、创业的行为准则，这一基本准则指导着团队成员如何工作和如何取得成功。

2. 成员须分工明确

分工是为了协作，明确的分工就是要让团队中的每个成员清楚自己的职责和任务。科学合理的分工是调动成员积极性和创造性的基础，要做到人尽其才。

3. 团队须有章可循

没有规矩不成方圆。实践证明，以人治的方式进行团队的管理是必定要失败的，虽然团队领军的个人魅力起着重要作用，但以制度管人、以制度管事才是明智的选择。

4. 成员须沟通协作

创业团队的沟通与协作是团队内部进行信息交流和信息资源共享的有效方式，同时也是感情交流、意志统一和坚定信心的有效途径，良好的沟通与协作不仅可以消除误会，还可以使团队更加团结，充满朝气，增强战斗力。

5. 确保团队成员的互补

成功的创业者只有寻找到合适的人才，才能形成和建立一个基于机会需要的团队。团队成员如果能弥补并平衡核心创业者的能力不足，则对这个新创企业非常有意义。

创业者存在的重要的缺陷能否得到弥补，关系到一个新创企业的发展。例如，一个新创企业可能发现只是因为找不到合适的营销员就不能进入一个确定的市场。而反过来，又可能因为有了一个杰出的营销员就能吸引一个顶尖人才来开发一个提供改进的产品或服务的市场，从而使企业跃上一个新的台阶。

【案例】 朋友是资源，一个好汉三个帮

前中学数学教师、“好孩子”创始人、《福布斯》中国富豪宋郑还是通过一位学生的家长，得到了第一批童车订货，这才知道世界上原来还有童车这样一个赚钱玩意儿的。同时，宋郑还做童车的第一笔资金也是通过一位在银行做主任的学生家长获得的。如果没有学生家长的帮助，宋郑还可能会一事无成。而万通的冯仑和王功权原来则是同事，两人曾一起在南德工作过，后来两人离开南德，携手海南打天下，才有了现在的兴旺发达。冯仑和王功权在事业上是一对绝配，仿佛《封神演义》里面的哼哈二将，一个弹，一个唱，配合得天衣无缝。据调查，国内离职下海创业的人员，90%以上利用了原先在工作中积累的资源和关系。朋友是资源。朋友应该是一个总称。同学是朋友，战友也是朋友。老乡是朋友，同事一样是朋友。一个创业者，三教九流的朋友都要交，谈得来，交得上，就好像十八般兵刃，到时候不定就用上了哪般。朋友犹如资本金，对创业者来说是多多益善。“在家靠父母，出门靠朋友”，“多一个朋友多一条路”是至理名言。一个创业者如果不能交朋友，没有几个朋友，肯定只有死路一条。

(摘自中华管理学习网 http://www.zh09.com)

第四节　关注政策与法规

一、对政策的把握

自古以来，政治与经济便是一对紧密相连的孪生儿。经济是基础，政治是经济的集中体现。21 世纪的中国，虽已稳步跨入市场经济的轨道，但政治经济学的基本规律是不变的。“官本位”等思想还深深影响着这片神州沃土。创业者要想取得企业经营的辉煌成绩，除了从经济方面入手外，还需要从政治角度着眼，来调整自己的创业行为。

被美国《福布斯》杂志评为 1995 年度中国十大富豪之首的亿万富翁、福海实业集团的老总罗忠福，更是语出惊人。那就是，中国成功的经营者必定先是政治家。罗忠福将自己发家的“秘密”归结为：依靠政策赚钱。他说：“要说我有过人之处，那就是我比别人更会利用政策。”

的确，优秀的创业者不仅非常熟悉国家以及主管部门的有关方针政策，而且善于领会政策的精神、原因以及趋势，并以此来指导自己的具体经营活动。因为，一个企业自身的经济行为必须在符合国家政策和社会利益的前提下才能正常运行和发展。

但是，精明的创业者决不会守株待兔一般坐等国家各项政策的出台，他们会以自身的行动来影响政府的决策。因此，许多创业者经常及时地向有关主管部门汇报本企业的生产经营、销售盈利情况，保持企业与主管部门之间的信息渠道的畅通。大家都很清楚，国家制定的许多政策都是以基层（企业）的情况为依据的。企业的良性发展，离不开国家政策的支持与扶植。但政策在情况不明、信息不通和信息失真的情况下出台，往往会造成政策偏离实际，不利于国家和企业的发展。

真正的创业者不仅善于影响政府决策，使政策向有利于自己的方向倾斜；而且，即使在有关方针政策并不尽如人意的时候，他们也能做到应付自如，游刃有余。

尽管成功无法复制，不同的人有不同的环境和机遇，但成功者的经验则永远是一个取之不尽、用之不竭的宝库。罗忠福的成功经验一再提醒我们：创业者也要讲政治。

创业者在进行创业决策时，要评价创业的宏观环境，重点要考虑以下因素：国家对创业的基本态度和总体政策是什么？是积极支持、加以限制还是放任自流？

在不同地区、不同行业甚至对不同人创办企业有何优惠条件或限制政策？例如，我国在经济技术开发区、高科技行业对归国留学人员创业有各种优惠政策；对下岗人员创业也提供一定的支持。创业者要衡量自己是否符合这些条件以争取获得优惠。

宏观经济环境的变化和技术变革将会带来什么样的商机，抓住和利用这些商机需要具备什么条件和是否已具备及如何才能具备这些条件？例如，中国加入世界贸易组织和北京获得2008年奥运会的主办权会带来什么商机？信息技术变化所带来的家庭和企业的“e”化会带来什么商机？这些都是创业者需要考虑的问题。

二、创业相关的政策与法规

创业是一项综合性很强的活动，了解和学习相关的法律法规是成功创业的必要条件。然而，在实际创业中，有很多大学生忽视法律问题，带来不少不必要的麻烦和损失。当然，创业过程所涉及的法律、法规是十分具体而复杂的，在这里我们选取与大学生创业活动联系较为紧密且必须掌握的部分法律、法规作介绍。

1999年8月，中华人民共和国个人独资企业法出台，这是我国继公司法、合伙企业法之后所制定的第三部涉及规范私营企业市场主体的法律，至此，我国关于私营经济的三种主要形式——独资企业、合伙企业和有限责任公司的主体法律已经基本完备。个人独资企业法最引人注目之处，在第八条中明确规定：只要有必要的从业人员以及有出资、有合法的企业名称、有固定的生产场所等，就可以申请注册为个人独资企业，这就废除了原先不规范的按照雇佣工人数来划分个人独资企业（雇工8人以上）和个体工商户（雇工7人以下）的规定，此外，个人独资企业法还依据宪法明确规定“国家依法保护个人独资企业的财产和其他合法权益”，在第三章，规定任何单位和个人不得以任何方式强制个人独资企业提供财力、物力、人力；个人独资企业有依法申请贷款、取得土地使用权的权利，这预示着中国的个人自主创业已经有一个较为宽松的法律和政策环境。

早在2000年1月，教育部公布了有关大学生、研究生（包括硕士、博士研究生）可以休学保留学籍创办高新技术企业的政策。2002年，教育部、劳动与社会保障部、人事部等出台了鼓励和帮助大学生自主创业、灵活就业的政策，同时加大了户籍管理、人事管理、社会保障等领域的改革，以与大学生创业机制相配套。2003年国务院有关部门发布了《关于切实落实2003年普通高校毕业生从事个体经营有关收费优惠政策的通知》。通知规定，凡高校毕业生从事个体经营的，除国家限制的行业（包括建筑业、娱乐业以及广告业、桑拿、按摩、网吧、氧吧等）外，自工商行政管理机关批准其经营之日起，一年内免交个体工商户登记注册费、个体工商户管理费、集贸市场管理费。2003年6月18日，国家工商总局出台了应届毕业生干个体一年内免交登记注册费和相关工商管理费的优惠政策。

2014年，将有727万2014届高校毕业生即将走出象牙塔迈入社会。对于今年毕业的大学生，国家出台了多项就业创业优惠政策。

在激励高校毕业生自主创业方面，国家出台了12项政策。

1. 2014年至2017年，在全国范围内实施大学生创业引领计划。通过提供创业服务，落实创业扶持政策，提升创业能力，帮助和扶持更多高校毕业生自主创业，逐步提高高校毕业生创业比例。

2. 各地要采取措施，确保符合条件的高校毕业生都能得到创业指导、创业培训、工商登记、融资服务、税收优惠、场地扶持等各项服务和政策优惠。

3. 各高校要广泛开展创新创业教育，将创业教育课程纳入学分管理，有关部门要研发适合高校毕业生特点的创业培训课程，根据需求开展创业培训，提升高校毕业生创业意识和创业能力。

4. 各地公共就业人才服务机构要为自主创业的高校毕业生做好人事代理、档案保管、社会保险办理和接续、职称评定、权益保障等服务。

5. 各地区、各有关部门要进一步落实和完善工商登记、场地支持、税费减免等各项创业扶持政策。拓宽高校毕业生创办企业出资方式，简化工商注册登记手续。

6. 鼓励各地充分利用现有资源建设大学生创业园、创业孵化基地和小企业创业基地，为高校毕业生提供创业经营场所支持。

7. 对高校毕业生创办的小型微型企业，按规定落实好减半征收企业所得税、月销售额不超过 2 万元的暂免征收增值税和营业税等税收优惠政策。

8. 对从事个体经营的高校毕业生和毕业年度内的高校毕业生，按规定享受相关税收优惠政策。

9. 留学回国的高校毕业生自主创业，符合条件的，可享受现行高校毕业生创业扶持政策。

10. 各银行业金融机构要积极探索和创新符合高校毕业生创业实际需求特点的金融产品和服务方式，本着风险可控和方便高校毕业生享受政策的原则，降低贷款门槛，优化贷款审批流程，提升贷款审批效率。通过进一步完善抵押、质押、联保、保证和信用贷款等多种方式，多途径为高校毕业生解决反担保难问题，切实落实银行贷款和财政贴息。

11. 在电子商务网络平台开办“网店”的高校毕业生，可享受小额担保贷款和贴息政策。

12. 充分发挥中小企业发展专项资金的积极作用，推动改善创业环境。鼓励企业、行业协会、群团组织、天使投资人等以多种方式向自主创业大学生提供资金支持，设立重点面向扶持高校毕业生创业的天使投资和创业投资基金。对支持创业早期企业的投资，符合条件的，可享受创业投资企业相关企业所得税优惠政策。

大学生创业还需要了解的法律有：

1. 基本法律

《中华人民共和国民法通则》、《中华人民共和国合同法》、《中华人民共和国担保法》、《中华人民共和国票据法》。

2. 公司企业法律

《中华人民共和国公司法》、《中华人民共和国合伙企业法》、《中华人民共和国个人独资企业法》、《中华人民共和国中小企业促进法》、《中华人民共和国企业登记管理条例》、《中华人民共和国公司登记管理条例》。

3. 劳动法律法规

《中华人民共和国劳动法》。

4. 知识产权法律

《中华人民共和国著作权法》、《中华人民共和国商标法》、《中华人民共和国专利法》。

5. 公司企业税法

《中华人民共和国企业所得税暂行条例》、《中华人民共和国增值税暂行条例》、《中华人民共和国营业税暂行条例》、《中华人民共和国税收征收管理法》。

对以上法律法规的了解也是每一个大学生创业者必须的。

本章小结

■ 本章关键词：

资金积累，经验积累，团队建设，政策法规

■ 问题思考：

1. 如何看待创业经验与资金之间的关系？

2. 组建和管理创业团队的重要性如何？

■ 参考文献：

①〔美〕杰弗里·蒂蒙斯，小斯蒂芬·斯皮内斯著.创业学.北京：人民邮电出版社，2005年第6版.

②〔美〕川崎著.创业的艺术.北京：当代中国出版社，2005年版.

③罗强.自主创业——青年学生就业的重要途径.广西青年干部学院学报2006年11月.

④周三多等.管理学——原理与方法.上海：复旦大学出版社，1999年版.

⑤“中国大学生创业第一人”初战落败始末.华夏大地教育网/华夏驿战/创业通道/经典案例。

第二篇

创业机会选择
——选择创业

04 创业机会评估与选择

其实创业本身一点都不神秘，而是充满了判断，充满了抉择，需要机遇，需要勇气，需要果断。

——百度公司总裁 李彦宏

本章概要

所有的创业行为都来自于某一个特别的创业机会，创业团队与投资者均对于创业机会所透示的前景寄予极高的期待，创业者更是对创业机会在未来可能带来的丰厚利润满怀信心。本章主要介绍大学生创业机会的选择原则、评估准则和分析方法，目的是在创业开始前期做好充分的评估工作，以提高创业成功的概率。

实例思考

创业，相信许多人都曾渴望过，但是对于大多数人来说，这也只是梦想而已。创业的门槛很高，想要迈进去，你除了要有资金、人力等方面的投入之外，还需要承担巨大的风险。这其中的艰辛，又有多少人能够承受。

如家，中国最大的经济型连锁酒店品牌，在看似圆满的市场中捕捉到了缝隙，开拓出自己的商业版图。如家的创办者季琦曾如此比喻市场机会："一个堆满了大石块的玻璃瓶，看起来似乎已经没有空间，实际上大石块的空隙之间，还可以容纳一堆小石子；随后，在小石子的缝隙里，你还能继续填满细沙。"

长期以来，酒店业市场结构不合理，其服务主要集中在高端和低端两个部分，而便宜干净的中小型酒店严重匮乏。

如家发现了这一拥有普通游客、商务客人、白领等庞大消费群体的空白市场，从而在夹缝中寻觅到了商机。从2002年6月建立到2006年底，如家用4年多的时间就走过了其他酒店近10年的历程，成为中国发展最快、开业酒店数目最多的经济型连锁品牌。

（摘自《中华工商时报》，抓住机会 在空白处创业）

思考：

1. 如家公司是如何找到创业机会的？

2. 如家公司的成功说明了什么？

对于具有敏锐目光的创业者来说，创业机会每时每刻都在出现。但是，并非所有的创业机会都是通向成功与财富的康庄大道，相反，一个看似前景远大的创业机会背后，往往隐藏着危险的陷阱。毫无经验的创业者，如果仅凭激情行事，匆忙做出决定，就很容易误入歧途，掉进失败的泥沼中无法自拔。因此，首先要选择合适的创业机会，并在发现创业机会后，对其进行客观评估，以理性的方式来决定下一步的行动，这是一名优秀的创业者所必须具备的能力。

第一节　创业机会选择之道

创业的过程就是创业者寻求创业机会、选择创业领域、开拓事业发展新路的过程。创业机会无时不在、无处不在，创业机会又与创业领域密不可分，尽管发现了机会，但如果选错了创业领域，也将事与愿违。创业领域没有好坏之分，没有对与不对，只有适合与不适合。每个人都有各自不同的优势和特长，必须认真分析自己的特点，找到适合自己做的事业。因此，选择一个自己擅长的、喜爱的而且有发展前途的事业，是成功创业的决定性因素。创业机会选择要遵循的准则是：正确选择行业，善于识别机会，做自己感兴趣的事，发掘自身的特色。这样去创业，则易于取得成功。

一、正确选择行业

选择正确的行业要求把握行业的未来。一般而言，成功的企业家大多出自于成长快速的行业。预测行业的未来，要看经济发展的形势，特别是要把握好国家产业结构调整的方向。在我们进行创业时，要自觉按国家产业政策指导，尽量选择国家鼓励发展的行业，避免国家限制的行业，不要介入将要淘汰的行业。与此同时，把握行业发展的方向，也要关注传统产业的发展。温州人创造的“小商品，大市场”的模式就是很好的启迪。在温州人眼里，职业没有高低贵贱之分，能否赚钱才是最主要的。正因为如此，温州人才四处闯荡，占据了外地人不屑一顾的领域，从“小”字起家，不声不响地富了起来。改革开放后，在中国的角角落落，都活跃着一群群浪迹天涯、不辞辛劳、精明肯干的温州人，最初他们并不起眼，人们只是从小发廊、修鞋铺、小裁缝以及兜售眼镜、纽扣和腰带中认识他们，他们总是默默地干活、做生意，但是人们慢慢地发现，温州人做生意，最注意从小处着手，他们非常能吃苦，意志非常坚韧，用他们自己通俗的说法是，既能当老板，又能睡地板。他们务实苦干，只要有一分钱赚就会不遗余力地去干，从不好高骛远，从不好大喜功。纽扣、标签、商标、标牌、小饰品、小玩具，这些外地人看不上、懒得去做的“小玩意”，温州人都做，他们不怕赚钱少，就怕做不来。温州人给自己总结出的成功经验之一就是：大钱小钱都赚，能赚几分几厘的机会也决不松手。他们的商业价值观也非常独特，响亮地喊出了“赚一厘钱也光荣”的口号。比如纽扣生意，一粒纽扣的利润真的不足一厘，他们也做得兢兢业业、高高兴兴的，“不积跬步，无以至千里，不积小流，无以成江海”，温州人就靠这一分一厘的集腋成裘，完成了他们的原始积累，为后来的第二次、第三次创业奠定了雄厚的资金基础。

二、善于识别机会

对于创业者来说，创业机会的甄别类似于投资项目的评估，对投资能否取得收益无疑是十分重要的。善于发现有价值的创业机会必须做到：

1. 看准所选项目或产品、服务的市场前景

只有市场前景好，才可能带来一定的利益。一个具有较大潜力的商业机会能够为创业者确定产品或服务找到一个市场，并且这项产品或服务能满足一个重要顾客群的需求。从某种角度来说，任何商品从产生、发展到消亡的过程，始终都处于不断完善之中，潜力市场也是永远存在的，问题在于我们能否看准它。

【案例】 找准市场从小做大

当年，26 岁的冯某在家闲着没事干，正好街坊中有户人家装修留下一大堆垃圾，找清洁工，人家非要 120 元，他把这活干了，收了 100 元，不久又有一户人家也来找他运垃圾，他就借辆三轮车运起来，又赚了 200 元。这两笔活计给了他启发，于是买了辆三轮车，专门替人运装修垃圾。第一个月，他赚了 1000 元，后来慢慢事儿多了，自己干不过来，就转包给别人，差不多每天都能赚上几百元了，就借点钱买了辆跃进 130 汽车，一个月居然赚了 2 万元，还碰上了新活儿：人家装修要买材料，请专车运，每次都得花一两百元，他又给包了，免得放空，虽说只收半价，却等于又白捡了一笔。有一次碰上一家餐馆装修，中途主雇间干起仗来，装修老板拍屁股走人，餐馆老板可发了急，冯某此时已对该行业见多识广，技术娴熟，就热心地顶了上去，没想到一单下去，竟然捞进了 6 万多元，于是开始筹办起自己的装修公司，如今已经腰缠万贯了。

（摘自《点击创业》，梅薇薇、梅雨霖著，——广州：暨南大学出版社 2006 年版）

2. 把握市场结构适宜的进入时机

市场结构非常重要，它包括销售者的数目、销售者的规模、分销的方式、进入和退出的环境、购买者的数量、成本环境、需求对价格变化的敏感度等因素。市场结构主要反映了创业者生产的产品或服务在市场竞争中的地位。细分的、不完善的市场或者新兴行业常常存在一些真空和不对称性，它们会产生一些还没有人进入或进入者不多的夹缝市场，这对于创业机会的潜力大小具有重大影响。此外，存在信息或知识鸿沟的市场和可以带来超额利润的竞争性市场也是有潜力的，而那些高度集中、完全竞争，以及存在对资本的要求，或者要赢得分销和营销优势需付出巨大成本的市场是不存在有较高潜力的商业机会的。

3. 预测市场会不断增长

一个有价值的创业机会，它所定位的市场将是一个有一定规模并不断持续发展的有吸引力的成长型市场。那些处于成熟期或者衰退期的行业是典型的没有吸引力的行业，也是创业者不应该轻易进入的市场。我们要关注未来的热门和冷门行业，热门行业就是发展势头好、赢利空间大的行业，它具备：第一，新兴的朝阳行业，发展迅猛，机会较多，如家政服务行业；第二，行业人才济济，竞争激烈，有利于锻炼自己的能力，如多媒体设计行业；第三，行业内工作环境优越，从业者收入水平相对较高，如广告行业、互联网行业；第四，行业的未来发展前景看好，如私人侦探行业、律师行业等等。冷门行业则多为传统行业，随着科技的发展，预计这些行业市场前景不乐观，从业人员会不断减少，但随着经济发展阶段的不同，冷、热门行业也会发生转换。

三、做自己感兴趣的事

成功创业必须要有创业的热情，选择创业领域可以从选择自己热衷的领域入手。做你所爱的，爱你所做的。当从事自己喜欢做的事情时，人们会投入巨大的热情，也就容易取得成功。同时，要尽量做自己熟悉的事。俗话说“做生不如做熟”，创业要尽量选择自己熟悉的事来做，特别是在创业初期，能否做下去，在很大程度上还取决于创业者对这个项目的熟悉程度。隔行如隔山，要扬己之长避己之短，每个行业都有其自身的经营之道，如果创业要涉足自己并不熟悉的领域，一定要慎之又慎，不能盲目从事。我国古代著名的军事家孙子说过：“知己知彼，百战不殆。”对于创业者而言，“知彼”是了解整个职场情况，“知己”则是盘点好自己的知识、气质等“内存”，换言之，就是要在摸清自己的职业兴趣类型归属的基础上，合理选择好自己创业的目标。我国青年的职业兴趣类型主要分为：艺术型、事务型、经营型、研究型、社会型、技术型、自然型，不同的职业兴趣特点对于不同的人选择合适的创业范畴可能更为有利，明白了这一点，显然有利于我们科学合理地选择出自己能干且乐意干的创业项目。

【案例】 做自己喜欢的熟悉的事

郑立从小就成绩不好，喜欢在街坊间打闹戏耍捣蛋，四川话就叫“街娃”。1998 年高中毕业时成绩平平，也期望早点读完学位快点干正事，就考了个专科。毕业后，在电脑城做过几个月最底层的维修工，拿着一把螺丝刀，挨家挨户地敲门：“你要不要修电脑?”不为什么，就想体验一把生活。

2002 年，郑立在网上结识了“香香”，那个把翻唱歌曲在网上发送的“网络小天后”。郑立总觉得，还是学生的香香跟那些高高在上的大明星唱歌没什么区别。一般人成名的途径太隐秘太漫长，为什么不可以通过网络把它缩短，让它透明呢?

郑立当即拉来了王豫华、吴佳俊、辜陶这三个儿时的玩伴，把自己为人制作宠物网站挣到的两千块钱投资成立 163888 重庆翻唱网。香香成了 163888、也是全中国第一个“网络签约歌手”。次年，香香与传统唱片商正式签约，而后红遍中国。2003 年，通过向用户收取 60 元的会员费实现盈利。2004 年，《老鼠爱大米》在 163888 上首发。IDG 注资。今天，163888 拥有 300 多万注册会员、几百万翻唱和原创歌曲上传量，占有中国网络音乐总量的 70%，继香香之后，成功推出东来东往、蒲洋、十八梯歌手。

创业的几年，4 个人挤在一间 6 平方米的小屋里，摆了两张床，门都没法完全打开。每个月除了房租 500 块，网费 100 块，剩下的才是饭钱，一般就 600 块。盒饭是路边摊按时送来，米饭像沙子，在冬天，肥腻的回锅肉就冻成了一坨猪油。挨惯了苦日子，即使心气再高，即使后来再成功，几个小伙子身上总也有洗刷不掉的质朴。在 163888 重庆总部，最显眼之处挂着一幅大字。王豫华说，这八个字就是提炼出来的心得，要靠它去走未来的路、去凝聚越来越膨胀的团队。哪八个字？天道酬勤，勤能补拙。

注：郑立：1982 年生，重庆人。四川大学物理系专科，2002 年创业，163888 翻唱网 CEO

（摘自新浪网科技时代，2006 年）

四、发掘自身的特色

选择一个好的领域，还要不断地去发掘所选项目的特色。这种特色可以概括为四句话：别人没有的、先人发现的、与人不同的、强人之处的。别人没有的，可以是某种资源与某种特定需要的联系，可以是某种公认资源的新商业价值；先人发现的，是指发现他人尚未意识到的创业机会，并创造出新的产品或服务；与人不同的，往往只要一点点的与人不同，就会成为一个小特色，就能开拓一片创业的天空，如根据自己的爱好和特长，开一家小小的特色店，它不仅投资不大、容易实施，还易取得成功；强人之处的，是在一项事业中不论哪个方面，哪怕有一点高人一筹、优人一档就是强人之处，从而易于成功。

【案例】 利用专业优势的陈稞

陈稞，男，杭州立天动画有限公司总经理，浙江工业职业技术学院2004届计算机辅助设计专业毕业生。该学生在平时的学习中专业知识非常扎实，同时表现出了很好的实践动手能力，2004年刚毕业，该同学就在杭州动漫基地找到了自己理想的单位——杭州神州视景数字科技有限公司，刚开始工作就表现出了不凡的能力，很快就被单位聘为动漫设计师，但是平时的创业热情没有在他心中消失，在2007年1月份该同学辞去了这份令人羡慕的工作，利用自己专业的优势进行创业，考虑到资金和风险等问题，选择合伙经营方式组建成立以动漫服务为主业的杭州立天动画有限公司。现在该公司经营步入了正轨，员工已达10多人，已经走出了创业初期的困境，陈稞感悟：IT行业发展较快，从业人员也较多，竞争激烈。进行该行业的创业，除了要自身努力外，还要找准方向，有自己的特色，用真心去打动客户。

（资料来源：由创业者毕业院校整理提供）

五、从低成本创业积累经验

大学生创业有自身优势和劣势，优势在于理论，劣势在于实践，因此作为创业初期选择，不妨从低成本创业开始积累经验，以下介绍几种常用的办法：

1. 一边打工一边创业

这种方式一般是利用自己的专业经验和自身的厂商资源在上班时间外进行创业尝试和增加收入，好处是没有任何风险，但应该处理好本职工作与创业的关系。

张某是某服装企业采购，从事了几年的采购工作后颇有心得，对服装有了一定的敏感并熟悉各种服装加工企业，由于服装企业现在很多是虚拟经营，即便是我们熟悉的知名品牌（如班尼路、美特斯邦威）也只是负责产品设计，本身并不设厂，设计出衣服样式后找服装厂加工制成成衣，然后加上品牌标识发往全国的零售终端，现在张某就经常接一些“私活”，客户提供样式，然后张某负责采购面料和找加工厂，最后交付成衣。一个单子下来少的几千，多则几万，的确非常惬意。这种方式的好处是没有风险，自己在有固定收入的同时可以创造更多价值。

可能有人认为此方法欠妥，有对公司不忠的嫌疑，但只要掌握一个法律尺度，该方法还是非常可行的，利用闲暇时间去开拓自己的事业并且增加收入也无可厚非。在此建议：

1)应该知道自己发展的主次，在企业打工除了养家糊口也是个人能力和资历的增长，因此重心是完成好本职工作，推进个人能力和职业发展的进程。

2)保持以下尺度，客户不要是你打工企业的竞争对手；不要占用任何上班时间，那个时间属于为你提供薪水的公司；不泄露任何公司的商业秘密。保持自己的职业操守和信用对将来个人发展有不可估量的作用。

2. 依靠商品市场创业

专业的商品市场（比如眼镜批发市场服装批发市场等），都会为租户代办个体工商执照，只需一次性投入半年或一年租金，以及店内货品的进货费，所以投入在3万至5万元以内。只要依靠人气旺盛的商品市场，风险也比较小，在调查中我们发现很多温州人起家就是从商品市场做起来的。

李某以前是服装设计师，后来从服装公司辞职后自己创业，转租别人带营业执照的商户（现在有很多商品市场可以买、可以租，有些人买下后通过出租赢利，并且经营的证照齐全），在一家服装市场中经营批发零售业务，凭借自身的设计能力和多年的行业经验，李某自己设计，找服装厂加工成衣后在自己的店铺内销售。目前销售良好，已经开出了第二家分店。在此建议：

1）一定要找人气旺的市场，可能比起经营较差的市场租金要高，可是人流量是该商品市场内你的小店存活的最基本条件。

2）同样的市场也有生意好和差的区别，因此需要你对自己经营的产品比较熟悉。例如熟悉该类商品的消费者喜好；熟悉该商品的进货渠道，能以更低价格进货等等。

3. 在大卖场租个场地创业

这种方式有点类似代理销售，不过必须眼光独到，风险比较大一点，但是回报也非常可观。这种方式比较适合有营销经验的人员采用。

吴某出差X市发现松子在当地价格比较便宜，回来后经过简单调查就发现本地松子很少有人销售，而且价格昂贵，因此吴某在春节前很早就到X市订购了一批松子，并且在本地人流最大的家乐福争取到了进门的一块场地，春节期间用大缸装着松子进行销售，这一个月下来是令人瞠目结舌的30万元利润。在此建议：

1）用你所代理或销售产品的生产厂家相关证明（卫生许可证、厂商证明等）和卖场办理手续。否则不能进场。

2）风险比较大，一定要对市场行情有所把握，并且注意产品的销售季节和保质期（有人从外地批水果到卖场销售，运输途中耽搁了一下，结果很多没卖完就烂掉了）。

3）考虑本地人对该产品的接受程度，最好做个简单的调查（有些东西尽管本地是很少销售，但是可能不一定适合本地人口味，例如有的商家曾经在一些城市推广槟榔，但是当地的人并不习惯槟榔的口味，因而失败）。

4. 加盟连锁创业

现在有很多小的饰品店、冷饮店等加盟的费用不高，但是选对的店铺和产品还是很赚钱，加盟连锁一定要看准，并且早点介入成功的可能性比较大。

徐某在某市加盟石头记饰品连锁店，由于当时此类产品市场上比较少见，属于竞争少，利润高的行业，因此短短两年就赚了接近百万，等到各种饰品连锁店低价竞争时，她早就关门转行，开了一家眼镜店。再如加盟有实力的房产中介公司，自己只需要租个门面，有简单的电话、桌椅等设备就可以开展业务，房源信息来自售房户、出租户在中介公司的免费登记，你可以在小区的信箱内投递一些征求房源的信息，由于房源信息登记是免费的，所以很快你能找到一些房源信息，接下来通过门市会有求购、求租的客户上门，你提供信息并带领看房，双方成交时，出租户和租房者各支付月租金的30%作为佣金，一笔月租2000元的项目中介成功就可以获得1200元，非常可观，操作也很简单。在此建议：

1）选择行业门槛低但回报高的产业，例如房产中介。

2)选择新兴产品，一旦竞争产品增多，营业额下降时，立即转向，如以前的小饰品店等。

3)整个投资不宜过大，找利润高、投入少的小产品加盟，没有经验的人切忌加盟大的连锁项目，没有一定的经营经验注定失败，千万别相信加盟企业的“无经验”一样经营，“全程营销辅导”的谎言。

5. 工作室创业

王某与谢某都是设计专业出身，在广告公司打工几年后想自主创业，他们一起开办一家设计工作室，工作室的好处是手续简便，正规点到工商局登记就可以了，有些工作室实际无须办理任何手续，也没有办公场地的费用支出，在家“生产”即可。他们主动到出版社、学校、印刷厂等机构联系，由于工作室除了设计用的纸张和油墨外几乎没有其他成本，因而服务价格相当具有竞争力，再加上多年的设计经验，无论手绘和电脑设计都让客户比较满意，因此现在业务越做越大，几年下来已经买了属于自己的房产和汽车。再有魏某对时尚饰品比较有兴趣，自己买了许多珠子、贝壳、绳子等，在家开了工作室，专门创作手工饰品然后卖给饰品店，现在她的手工饰品已经小有名气，供不应求。在此建议：

1)个人要有比较好的专业技能，因为性价比是你在市场中胜出的关键，价格再便宜作品让人不满意也不可能维持经营。

2)刚开始必须通过各种关系，主动开展业务，同一些有需求的客户挂上钩你才能将自己的作品卖出去。

以上的创业模式只是个人低成本创业的最简单模式，由于风险小、投入少而适合普通的创业人群，但需要强调的是任何创业行为都会存在一定风险，在创业前进行系统分析以及针对性的知识补充、能力培训等将大大提高创业的成功几率。

第二节　创业机会的评估准则

创业机会评估，其实就是要回答目标市场是否存在、有多大规模，以及作为主体的企业或创业者是否适合这个市场的问题。一般来说，创业机会评估的第一步是对市场的了解与把握：目标顾客是哪些人？这些人为什么会有需求？他们会为了这种需求付出多高的价格？对市场需求的分析与明确可以确保创业者不陷入盲目的乐观情绪中去，被虚幻的市场前景冲昏头脑。同时，还需要对市场的容量和增长速度做出评估，例如，这个市场有多大？最近几年的销售总额分别是多少？增长速度是否让人满意？在整个市场容量中，你有可能获得的部分是多少？

创业机会的评估一般有以下几条衡量标准，包括产业和市场、资本和获利能力、竞争优势、管理班子等方面。这些可以作为创业者从第三人角度看自己，进行自我剖析的重要参考。

一、产业和市场

1. 市场定位

一个好的创业机会，或一个具有较大潜力的企业必然具有特定的市场定位，专注于满足特定顾客的需求，同时也能为顾客带来增值的效果。因此评估创业机会的时候，可从以下几个方面着手：第一，市场定位是否明确，有没有做到：别人不做的，我做；别人没有的，我有；别人做不到的，我做得到；第二，顾客需求分析是否清晰，有否从顾客需求或需求变化趋势着手，发现市场产品问题、缺陷，寻找市场进入机会；第三，顾客接触通道是否流畅，是否有效地建立了与顾客沟通的途径和方法，能及时寻找和发现有价值的市场营销机会；第四，产品是否持续延伸，也就是说，产品能否从深度和广度上不断拓展，产品是否能有效地进行各类组合等等。从以上几个方面我们可以来判断创业机会可能创造的市场价值，创业带给顾客的价值越高，创业成功的机会也会越大。对用户来说，回报时间如果超过 3 年，而且又是低附加值和低增值的产品或服务是缺乏吸引力的。一个企业如果无力在单一产品之外扩展业务也会导致机会的低潜力。

2. 市场结构

美国学者迈克尔·波特曾提出了一种结构化的行业环境分析方法，指出有五种基本力量决定了一个市场或细分市场长期的、内在的吸引力，较好地反映了新创企业的行业竞争因素。如图 4.1。

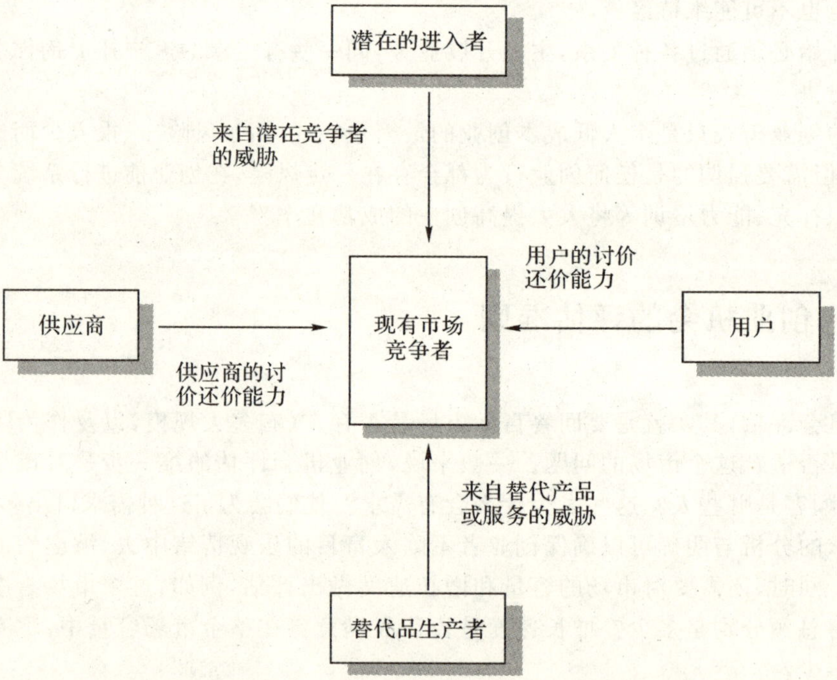

图 4.1　影响行业竞争的五种力量

针对创业机会的市场结构我们可以进行几项分析，包括：第一，进入障碍。潜在竞争者进入细分市场，就会给行业增加新的生产能力，并且从中争取一定的重要资源和市场份额，形成新的竞争力量，降低市场吸引力。如果潜在竞争者进入行业的障碍较大，比如规模经济的要求，或者购买者的转换成本太高，或者政府政策的限制等，潜在竞争者进入市场就比较困难。第二，供应商。如果企业的供应商能够提价或者降低产品和服务的质量，或减少供应数量，那么该企业所在的细分市场就没有吸引力，因此，与供应商建立良好关系和开拓多种供货渠道才是防御上策。第三,用户。如果某个细分市场中用户的讨价还价能力很强或正在加强,他们便会设法压低价格,对产品或服务提出更多要求,并且使竞争者互相斗争,导致销售商的利润受到损失,所以要提供用户无法拒绝的优质产品和服务。第四,替代性竞争产品的威胁。如果替代品数量多,质量好,或者用户的转换成本低,用户对价格的敏感性强,那么替代性产品生产者对本行业的压力就大,行业吸引力就会降低。第五,市场内部竞争的激烈程度。如果某个细分市场已经有了众多强大的竞争者,行业增长缓慢,或该市场处于稳定或衰退期,撤出市场的壁垒过高,转换成本高,产品差异性不大,竞争者投资很大,则创业企业要参与竞争就必须付出高昂的代价。

由以上的市场结构分析可以得知新企业未来在市场中的地位,以及可能遭遇竞争对手反击的程度。对新创企业来说,将要进入的市场具有一个怎样的市场结构,市场竞争是否十分激烈,对于创业的成功具有重要意义。一个分裂的、不完善的市场或正在形成的企业常常会产生未满足的市场空缺,这对于市场机会的潜力大小也就具有重大影响。例如,在可以获得资源所有权、成本优势这些好处的市场上,即使存在竞争,其赢利的可能性也是相当大的。

3. 市场规模

市场规模大小与成长速度,也是影响新企业成败的重要因素。一般而言,市场规模大者,进入障碍相对较低,市场竞争激烈程度也会略为下降。如果要进入的是一个成熟的市场,那么纵然市场规模很大,由于已经不再成长,利润空间必然很小,因此新企业就不值得再投入。反之,一个正在成长中的市场,通常也会是一个充满商机的市场,所谓水涨船高,只要进入时机正确,必然会有获利的空间。一般来说,一个总销售额超过 1 亿美元的市场是有吸引力的,在这样一个市场上,占有大约 5%的份额甚至更少的份额就可以取得很大的销售额,并且对竞争对手并不构成威胁,这样可以避免高度竞争下的低毛利风险。

4. 市场渗透力

市场渗透力也就是增长率,对于一个具有巨大市场潜力的创业机会,市场渗透力(市场机会实现的过程)评估将会是一项非常重要的影响因素。聪明的创业者知道选择在最佳时机进入市场,也就是市场需求正要大幅增长之际,做好准备等着接单。一个年增长率达到 30%—50%的市场为新的市场进入者创造新的位置。

5. 市场占有率

在创业机会中预期可取得的市场占有率,可以显示新创公司未来的市场竞争力。一般而言,成为市场的领导者,最少需要拥有 20%以上的市场占有率。如果低于 5%的市场占有率,则这个新创企业的市场竞争力不高,自然也会影响未来企业上市的价值,尤其处在具有赢家通吃特点的高科技产业,新企业必须拥有成为市场前几名的能力,才比较具有投资价值。

6. 产品的成本结构

对于风险投资者来说,如果创业计划显示市场中只有少量产品出售而产品单位成本都很高时,那么销售成本较低的公司就可能面临有吸引力的市场机会。产品的成本结构,也可以反映新创企业的前景是否亮丽。例如,从物料与人工成本所占比重之高低、变动成本与固定成本的比重,以及经济规模产量大小,可以判断新创企业创造附加价值的幅度以及未来可能的获利空间。

【案例】 现碾现卖 "90后"的创意米店

新鲜的稻谷用碾米机现碾之后出售,你买过这样的大米吗?最近,在福州白龙路菜市场里就开了这样一家"现碾现卖"的米店,更让人想不到的是,这家店的老板居然是一名"90后"的大学毕业生。

店面并不大,最引人注目的是店堂两边放着两台小型碾米机,倒进去金灿灿的稻谷,一按电钮,碾米机便吐出热乎乎的大米。再用筛子扬一扬,附着在米上的少许米糠便飞了出去。货架上陈列的商品也跟普通米铺不同,堆放的大都是各种黄灿灿的稻谷。

"我们这里的大米都是现场加工的,是新鲜的米,没有添加任何防腐剂、增白剂和香精。"店老板介绍说,传统的吃米习惯是将稻谷用磨米机碾磨去壳脱皮后,经过加工、仓储、运输、销售等诸多环节,最少3个月以后才能进入家庭餐桌。而大米存放超过7天,其营养成分就会逐渐流失。"现场加工、现磨现卖,大米的加工过程从头到尾一目了然,顾客觉得新鲜,吃得也放心。"店主说,他们卖的大米价格虽然比一般的米贵些,但品质有保证。"这批稻谷是当季的稻谷,非常新鲜。"

"这米怎么不白,还有点黄?"头一次来买米的林阿姨疑惑地问道。老板笑呵呵地捧起一把米,放在阳光下。"这是胚芽米,保留了米的胚芽部分。看上去难看,吃起来香,有营养。"他解释说,日常餐桌上经常食用的精白米外表洁白透明,是因为在加工时经过了碾压、抛光处理,在去除稻糠的同时,将米的精华胚芽部分也除掉了。而胚芽米在加工过程中最大限度地保留了米的胚芽部分,是真正的营养米、健康米。

"真没想到,吃了一辈子大米,却一直没吃到胚芽,太可惜了。"林阿姨让老板给她家送去15公斤,可老板却建议她少买点。"吃胚芽米一定要注意保持新鲜,如果15天没有吃完,胚芽米极易氧化变质。"

店老板名叫刘娟彬,今年22岁,是一个"90"后大学毕业生,刚从福建工程学院计算机系统管理专业毕业。

(摘自《福州日报》2013-11-27)

二、资本和获利能力

如果说市场机会评估只是创业机会评估工作的一个方面,并且很多因素难以量化,那么效益评估就是更为全面的价值评估,它需要对未来企业的收益情况有量化的评估,不论对创业者还是投资者都是非常有益的参考依据。

1. 毛利

单位产品的毛利是指单位销售价格减去所有直接的、可变的单位成本。对于创业机会来说,高额和持久的获取毛利的潜力是十分重要的。

毛利率高的创业机会,相对风险较低,也比较容易取得损益平衡。反之,毛利率低的创业机会,风险则较高,遇到决策失误或市场产生较大变化的时候,企业很容易遭受损失。一般而言,理想的毛利率是40%。当毛利率低于20%的时候,这个创业机会就不值得考虑。例如软件业的毛利率通常都很高,所以只要能找到足够的业务量,从事软件创业在财务上遭受严重损失的风险相对会比较低。

2. 税后利润

高而持久的毛利通常转化为持久的税后利润。一般而言，具有吸引力的创业机会，至少需要能够创造15%以上税后利润。如果创业预期的税后利润是在5%以下，那么就不是一个好的投资机会。

3. 损益平衡所需的时间

损益平衡所需的时间也就是取得盈亏相抵和正现金流量的时间，合理的损益平衡时间应该能在两年以内达到，但如果三年还达不到，恐怕就不是一个值得投入的创业机会，不过有的创业机会确实需要经过比较长的耕耘时间，通过这些前期投入，创造进入障碍的机会，保证后期的持续获利。比如保险行业，前期仅注册资金就需要数亿元，而一般投资回报周期为7到8年，这样的行业一般来说不会适用于第一次创业者。在这种情况下，可以将前期投入视为一种投资，才能容忍较长的损益平衡时间。

4. 投资回报率

考虑到创业可能面临的各项风险，合理的投资回报率应该在25%以上。一般而言，15%以下的投资回报率，是不值得考虑的创业机会。

5. 资本需求量

资金需求量较低的创业机会，投资者一般会比较欢迎。事实上，许多个案显示，资本额过高其实并不利于创业成功，有时还会带来稀释投资回报率的负面效果。通常，知识越密集的创业机会，对资金的需求量越低，投资回报反而会越高。因此在创业开始的时候，不要募集太多资金，最好通过盈余积累的方式来创造资金。而比较低的资本额，将有利于提高每股盈余，并且还可以进一步提高未来上市的价格。

6. 策略性价值

能否创造新创企业在市场上的策略性价值，也是一项重要的评价指标。一般而言，策略性价值与产业网络规模、利益机制、竞争程度密切相关，而创业机会对于产业价值链所能创造的加值效果，也与它所采取的经营策略与经营模式密切相关。

7. 退出机制

所有投资的目的最终都在于更大的回收。从某种意义上看，投入就是为了退出。因此退出机制与策略就成为一项评估创业机会的重要指标。企业的价值一般也要由具有客观鉴价能力的交易市场来决定，而这种交易机制的完善程度也会影响新企业退出机制的弹性。由于退出的难度普遍要高于进入，所以一个具有吸引力的创业机会，应该要为所有投资者考虑退出机制，以及退出的策略规划。

三、竞争优势

1. 可变成本和固定成本

成本优势是竞争优势的主要来源之一。成本可分为固定成本和可变成本，从另一个角度，又可分为生产成本、营销成本和销售成本等。较低的成本给企业带来较大的竞争优势，从而使得相应的投资机会较有吸引力。一个新企业如果不能取得和维持一个低成本生产者的地位，它的预期寿命就会大大缩短。

2. 控制程度

如果能够对价格、成本和销售渠道等实施较强的或强有力的控制，这样的机会就比较有吸引力。这种控制的可能性与市场势力有关，例如，一个对其产品的原材料来源或者销售渠道拥有独占性控制的企业，即使在其他领域较为薄弱，它也仍能够取得较大的市场优势。占有市场份额40%、50%甚至60%的一个主要竞争者通常对供应商、客户和价格的制定都拥有足够的控制力，从而能够对一个新企业形成重大的障碍，在这样一个市场上创办的一家企业将几乎没有自由。

3. 进入障碍

如果不能把其他竞争者阻挡在市场之外，新创企业的欢乐就可能迅速消逝。这样的例子可以在硬盘驱动器制造业中发现。在20世纪80年代早期到中期的美国，该行业未能建立起进入市场的障碍，到了1983年底，就有约90家硬盘驱动器公司成立，激烈的价格竞争导致该行业出现剧烈震荡。因此，如果一家企业不能阻止其他公司进入市场，或者它面临着现有的进入市场的障碍，它就没有吸引力。

四、管理班子

企业管理队伍的强大对于机会的吸引力是非常重要的。这支队伍一般应该具有互补性的专业技能，以及在同样的技术、市场和服务领域有赚钱和赔钱的经验。如果没有一个称职的管理班子或者根本就没管理班子，这种机会就没有吸引力。

第三节　市场机会分析方法

创业是一个系统工程，它要求创业者在上述准则下全面识别和评估创业机会，其中对市场机会的分析与评估对初创者尤为重要。

经过创业机会的识别过程后，创业者找出了有可能进入某个细分市场的机会，但是，这并不表示所有这些可能的市场机会都是创业企业应该进入的机会，创业企业还必须有一个对进入机会进行评估和选择的阶段，即检验市场机会要素是否与创业企业能力和资源相匹配，是否真的值得创业企业把其作为目标市场。

一、市场进入机会的吸引力

创业机会评估与选择的目的就是找出对创业企业最有价值的市场机会，所以需要对市场进入机会吸引力进行评估。市场营销机会对创业企业的吸引力即是创业企业利用该机会可能创造的最大效益，所以评估市场机会吸引力也就是评估市场需求规模和机会的发展潜力等方面。

1. 市场需求规模评估

市场需求规模的评估主要是分析市场机会当前市场需求总容量的大小，即分析市场机会产生的目标市场是否拥有足够的消费者，形成的市场规模有多大，创业企业进入此目标市场后可能达到的最大市场份额有多大。一种产品或一项服务，如果没有足够的市场容量，对创业企业来讲肯定是不构成市场机会的。

在预测市场需求时，主要考虑二个变量：

1）愿意并有能力购买的潜在消费者数量；

2）愿意并有能力购买的潜在消费者的购买次数。

市场规模等于这两个变量的乘积。通过市场容量的预测，如果确定市场容量足够大，创业企业进入后能使自身获取较高的盈利，对创业企业来说是个机会，反之则只能放弃。

2. 机会的发展潜力评估

了解市场机会需求的发展趋势及增长速度情况，主要看是否有比较大的潜在增长空间。如果潜在增长空间比较小，即使当前市场规模比较大，有时也要放弃，因为它不能支持创业企业的持续成长。但是，即便创业企业此次面临的机会所提供的市场规模很小，利润也不高，但若其市场潜在规模或企业的市场份额有迅速增大的趋势，则该市场机会仍对创业企业具有相当大的吸引力。

二、市场机会的可行性

只有吸引力的市场机会并不一定是企业实际的发展良机，必须具有较强的进入可行性才是对创业企业具有高价值的市场机会，创业企业必须通过一定方法评估获取成功利用市场机会的可能性。

1. 关键成功条件评估

关键成功条件评估就是分析开发利用某市场机会而要求企业创办的必要成功条件，这些关键条件包括创业企业的经营目标、经营战略、市场定位、营销策略、经营规模、资源状况等内容，企业的经营目标又可具体划分为经营宗旨、发展目标、长期规划等，创业企业只有具备这些关键条件，才具有成功开发利用市场机会的可能性，如果创业企业不具备市场机会需要的这些成功条件，则只有放弃这种机会。一般来说，关键成功条件包括企业的多个方面，具体到不同行业和不同产品又有所不同。

2. SWOT 分析法

SWOT 分析法是创业企业进行市场进入机会评估的重要方法之一。通过评价企业的优势（Strengths）、劣势（Weaknesses）、竞争市场上的机会（Opportunities）和威胁（Threats），用以对创业机会进行深入全面的评估和选择分析。从整体上看，SWOT 可以分为两部分：第一部分为 SW，主要用来分析内部条件；第二部分为 OT，主要用来分析外部条件。利用这种方法可以从中找出对自己有利的、值得去选择创业机会的因素，以及对自己不利的、要避开的东西，发现存在的问题，找出解决办法，并明确做出是否创业的抉择。根据这个分析，可以将问题按轻重缓急分类，明确哪些是目前急需解决的问题，哪些是可以稍微拖后一点儿的事情，哪些属于战略目标上的障碍，哪些属于战术上的问题，并将这些研究对象列举出来,依照矩阵形式排列,然后用系统分析的思想,把各种因素相互匹配起来加以分析,从中得出一系列相应的结论,而结论通常带有一定的决策性,有利于创业者做出较正确的决策和规划。

进行 SWOT 分析时,主要有以下几个方面的内容:

1)分析环境因素

运用各种调查研究方法,分析出企业所处的各种环境因素,即外部环境因素和内部能力因素。外部环境因素包括机会因素和威胁因素,它们是外部环境对企业的发展直接有影响的有利和不利因素,属于客观因素,内部环境因素包括优势因素和弱点因素,它们是企业在其发展中自身存在的积极和消极因素,属主动因素,在调查分析这些因素时,不仅要考虑到历史与现状,更要考虑未来发展问题。

优势,是组织机构的内部因素,具体包括:有利的竞争态势;充足的财政来源;良好的企业形象;技术力量;规模经济;产品质量;市场份额;成本优势;广告攻势等。

劣势,也是组织机构的内部因素,具体包括:设备老化;管理混乱;缺少关键技术;研究开发落后;资金短缺;经营不善;产品积压;竞争力差等。

机会,是组织机构的外部因素,具体包括:新产品;新市场;新需求;外国市场壁垒解除;竞争对手失误等。

威胁,也是组织机构的外部因素,具体包括:新的竞争对手;替代产品增多;市场紧缩;行业政策变化;经济衰退;客户偏好改变;突发事件等。

2)构造 SWOT 矩阵

将调查得出的各种因素根据轻重缓急或影响程度等排序方式,构造 SWOT 矩阵,在此过程中,将那些对公司发展有直接的、重要的、大量的、迫切的、久远的影响因素优先排列出来,而将那些间接的、次要的、少许的、不急的、短暂的影响因素排列在后面。

3)制定行动计划

在完成环境因素分析和 SWOT 矩阵的构造后,便可以制定出相应的行动计划。制定计划的基本思路是:发挥优势因素,克服弱点因素,利用机会因素,化解威胁因素;考虑过去,立足当前,着眼未来。运用系统分析的综合分析方法,将排列与考虑的各种环境因素相互匹配起来加以组合,得出一系列公司未来发展的可选择对策。

【案例】 SWOT 分析法运用实例

1. 沃尔玛(Wal-Mart)SWOT 分析:

优势——沃尔玛是著名的零售业品牌,它以物美价廉、货物繁多和一站式购物而闻名。

劣势——虽然沃尔玛拥有领先的 IT 技术,但是由于它的店铺布满全球,这种跨度会导致某些方面的控制力不够强。

机会——采取收购、合并或者战略联盟的方式与其他国际零售商合作,专注于欧洲或者大中华区等特定市场。

威胁——所有竞争对手的赶超目标。

2. 星巴克 SWOT 分析:

优势——星巴克集团的盈利能力很强,2004 年的收入超过 6 亿美元。

劣势——星巴克以产品的不断改良与创新而闻名(译者注:可以理解为产品线的不稳定)。

机会——新产品与服务的推出,例如在展会销售咖啡。

威胁——咖啡和奶制品成本的上升。

3. 耐克SWOT分析:

优势——耐克是一家极具竞争力的公司,公司创立者与CEO菲尔·奈特(Phil Knight)最常提及的一句话便是"商场如战场"(Business is war without bullets)。

劣势——耐克拥有全系列的运动产品(译者注:可以理解为没有重点产品)。

机会——产品的不断研发。

威胁——受困于国际贸易。

(摘自《锐得营销》杂志2005年)

SWOT分析法的优点在于考虑问题全面,是一种系统思维,而且可以把对答式的"诊断"和"开处方"紧密结合在一起,条理清楚,便于检验。通过此分析,创业者和创业企业能客观评价资源自身以及存在市场机会的相关因素,即便企业正面对着市场上极具吸引力的市场机会,但是如果企业自身的劣势与来自企业外部环境的威胁是不可克服的,则这样的市场机会就不能成为创业企业的机会。但是如果创业企业自身的劣势和外部环境的威胁是可以成功避免的,那么企业可以发挥自身的优势努力把市场机会转化为企业自身的机会并有效利用之。必须注意的是SWOT分析法具有很强的主观性,因此不要过多地依赖它,不同的人会得出不同的SWOT结论,我们可以将SWOT分析法作为参考,但不能作为惟一的方法。

三、市场进入机会的综合评估

通过市场进入机会的吸引力评估和市场进入机会的可行性评估后,创业者或创业企业就可以对潜在进入市场做一个综合的量化评估,作为能否进入一个新市场的重要参考因素。表4-1所示为一个创业者对其准备进入的新市场所做的一个综合性的量化评估。

表4-1 市场进入机会综合分析评价表

评价项目	权重值(1)	评分值(2)					加权得分 (1)×(2)
		10	8	6	4	2	
市场需求总量	0.20		√				1.60
市场发展潜力	0.15	√					1.50
市场开发难度	0.05			√			0.30
市场进入障碍	0.10				√		0.40
市场现有渠道可利用性	0.05	√					0.50
潜在竞争强度	0.05				√		0.20
销售能力	0.15			√			0.90
营销成本费用	0.10					√	0.20
盈利能力	0.15		√				1.20
……	……	……					……
合计	1.00						6.80

注:产品开发难度、市场进入障碍、潜在竞争强度、营销成本费用几项,评分值得分越低,说明对创业企业进入市场越不利。

从表4-1所示的综合分析评价表可知，最后得以进入市场的综合得分为6.8分（满分10分），该创业企业要想进入该市场还需要再做一番仔细斟酌。

本章小结

■ 本章关键词：

创业机会选择，创业机会评估，SWOT分析法，市场机会分析

■ 问题思考：

1. 创业领域的选择应考虑哪几方面的因素？
2. 创业机会的选择应该从何着手？
3. 创业机会的效益评估从哪几个方面来进行？
4. 如何选择创业机会？

■ 参考文献

①王辉耀主编，陈海著. 创业中国. 北京：中央编译出版社，2005年版.

②丁栋虹著. 创业管理. 北京：清华大学出版社，2006年版.

③李蔚，牛永革编著. 创业市场营销. 北京：清华大学出版社，2005年版.

④樊一阳，叶春明，吴满琳编著. 大学生创业学导论. 上海：上海财经大学出版社，2005年版.

05 竞争策略与市场定位

如果我能最终成功，最重要的肯定是因为我的理想。这个理想非常大，99%是完成不了的，明知道它不可为，所以会付出格外的努力。

——MYsee 总裁 高燃

本章概要

几乎 90%以上的创业梦想最后都落空，创业最终获得成功的概率大约不到 1%。成败之间，除了不可控制的机运因素之外，影响创业成功的因素中离不开市场竞争。本章重点介绍创业机会中市场竞争对手分析和企业的竞争优势分析方法，目的是知己知彼，能较科学地制定竞争的策略，并确定市场的合适定位，为创业打下坚实的基础。

实例思考

北京有家集餐饮和娱乐为一体的"蒙乐园"是一位大学生创办的。内蒙古杜姑娘在中国人民大学一分校经济管理系毕业后，找不到留京机会却又非常留恋京城良好的人文、社会环境，决定独自在京城尝试新的突破。她先找到位于人民大学旁边的一家小饭店，要求打工，主动开出了让对方不忍拒绝的条件：只求管吃管住，不要工钱，店主夫妇自然高兴地满口答应。杜姑娘则由此熟悉了餐饮行业的明沟暗渠，渐渐习惯了与各种人物打交道，正如一颗种子不声不响地完成了发芽前的一切准备。2 年后，杜结束了无偿打工的生活，在亲朋好友的资助下，准备了 4 万元的启动资金，在北京安定门附近租了一家餐馆，正式开始了创业。她巧妙地抓住了众多东北同乡的客居心理，主营东北家常饭菜，从饮食上给旅居京城的东北同乡们以家乡的感受和家庭温暖，菜价则始终定位在大多数人能够接受的经济实惠的水平上，只有少数几个大菜拉开了档次。经过了 4 年的探索，杜在北京开始筹建一家真正具有蒙古民族风格、集餐饮与娱乐为一体的大型娱乐城"蒙乐园"，并给管理者配给一定的股份，生意由此迅速火爆起来，"蒙乐园"也成为京城非常有名的娱乐城。

（摘自《点击创业》，梅薇薇、梅雨霖著，——广州：暨南大学出版社，2005 年版）

思考：

1. 杜姑娘如果没有在小饭店打工的经历，自己直接创办餐馆，能成功吗？
2. "蒙乐园"如果走大众化的餐饮路线，会有今天的成功吗？

创业机会选择与评估工作完成之后，创业者对于市场机会应该已经有了一个初步的把握。如果我们已经证明，这部分市场的机会是真实存在的，并且其规模大到足以让我们采取行动的话，那么我们接下来的工作就是要对创业市场进行全面分析，其包括：创业宏观环境分析、创业市场竞争环境分析、创业市场主体分析、创业市场类型分析等，本章重点分析创业市场竞争环境，从而确定新创企业正确的市场定位。

第一节 创业市场竞争分析

谁是你的竞争对手？那些已经出现在市场上，正在开展业务的竞争者固然是你的竞争对手；那些潜在的，未来有可能与你展开竞争的更是你的竞争对手。理论上，任何人都可能成为你的竞争者，但是事实上，只有掌握相关资源、与目标市场有一定联系的企业才是最重要的潜在竞争对手。我们除了对竞争对手进行分析外，还需对自己的市场竞争优势进行充分的剖析，才能“知己知彼”，找出自己潜在的优势和劣势，制定有效的竞争性市场营销策略，给竞争对手施以更有效的市场营销攻击，同时也能防御较强竞争者的“攻击”。

一、竞争者分析

竞争者分析，顾名思义，就是对现在的和潜在的竞争对手的各项关联指标进行分析，我们主要从以下几个方面来展开：

1. 竞争对手的市场占有率分析

市场占有率通常用企业的销售量与市场的总体容量的比例来表示。竞争对手市场占有率的分析目的是为了明确竞争对手及本企业在市场上所处的位置，分析市场占有率不但要分析在行业中竞争对手及本企业总体的市场占有率的状况，还要分析细分市场竞争对手的市场占有率的状况。

分析总体的市场占有率是为了明确本企业和竞争对手相比在市场中所处的位置：是市场的领导者、跟随者还是市场的参与者。

分析细分市场的市场占有率是为了明确在哪个市场区域或是哪种产品是具有竞争力的，在哪个区域或是哪种产品在市场竞争中处于劣势地位，从而为企业制定具体的竞争战略提供依据。

2. 竞争对手的财务状况分析

竞争对手财务状况的分析主要包括盈利能力分析、成长性分析和负债情况分析、成本分析等等。

竞争对手盈利能力分析：盈利能力通常采用的指标是利润率。比较竞争对手与本企业的利润率指标，并与行业的平均利润率比较，判断本企业的盈利水平处在什么样的位置上；同时要对利润率的构成进行分析，主要分析主营业务成本率、营业费用率、管理费用率以及财务费用率，看哪个指标是优于竞争对手的，哪个指标比竞争对手高，从而采取相应的措施提高本企业的盈利水平。比如，本企业的营业费用率远高于竞争对手的营业费用率，这里就要对营业费用率高的具体原因作出详细地分析，营业费用包括：销售人员工资、物流费用、广告费用、促销费用以及其他（差旅费、办公费等），通过对这些具体项目的分析找出差距，并且采取相应的措施降低营业费用。

竞争对手的成长性分析：主要分析的指标是产销量增长率、利润增长率，同时对产销量的增长率和利润的增长率做出比较分析，看两者增长的关系，是利润的增长率快于产销量的增长率，还是产销量的增长率快于利润的增长率，一般来说利润的增长率快于产销量增长率，说明企业有较好的成长性。但在目前的市场状况下，企业的产销量增长，大部分并不是来自于自然的增长，而主要是通过收购兼并的方式实现，所以经常也会出现产销量的增长率远大于利润的增长率的情况。故在作企业的成长性分析的时候，要进行具体的分析，剔除收购兼并因素的影响。

3. 竞争对手的产能利用率分析

产能利用率是一个很重要的指标，尤其是对于制造企业来说，它直接关系到企业生产成本的高低。产能利用率是指企业发挥生产能力的程度。很显然，企业的产能利用率高，则单位产品的固定成本就相对低。分析的目的，是为了找出与竞争对手在产能利用率方面的差距，并分析造成这种差距的原因，有针对性地改进本企业的业务流程，提高本企业的产能利用率，降低企业的生产成本。

4. 竞争对手的学习与创新能力分析

目前企业所处的市场环境是一个超竞争的环境，企业的生存环境在不断地变化着，在这样的状况下，很难说什么是企业的核心竞争力。企业只有不断地学习和创新，才能适应不断变化的市场环境，所以学习和创新成了企业主要的核心竞争力。对竞争对手学习和创新能力的分析，可以从如下的几个指标来进行：

1)推出新产品的速度，这是检验企业科研能力的一个重要的指标。

2)科研经费占销售收入的百分比，这体现出企业对技术创新的重视程度。

3)销售渠道的创新，主要看竞争对手对销售渠道的整合程度。销售渠道是企业盈利的主要的通道，加强对销售渠道的管理和创新，更好地管控销售渠道，企业才可能在整个的价值链中(包括供应商和经销商)分得更多的利润。

通过对竞争对手学习与创新能力的分析，才能找出本企业在学习和创新方面存在的差距，提高本企业的学习和创新的能力。只有通过不断地学习和创新，才能打造企业的差异化战略，提高企业的竞争水平，以获取高于行业平均利润的超额利润。

5. 对竞争对手的领导人进行分析

领导者的风格往往决定了一个企业的企业文化和价值观，是企业成功的关键因素之一。一个敢于冒险、勇于创新的领导者，会对企业做大刀阔斧的改革，会不断地为企业寻求新的增长机会；一个性格稳重的领导者，会注重企业的内涵增长，注重挖掘企业的内部潜力。所以研究竞争对手的领导人，对于掌握企业的战略动向和工作重点有很大的帮助。

对竞争对手领导人的分析包括：姓名、年龄、性别、教育背景、主要的经历、培训的经历、过去的业绩等等，通过这些方面的分析，全面地了解竞争对手领导人的个人素质，以及分析他的这种素质会给他所在的企业带来什么样的变化和机会，当然这里还包括竞争对手主要领导人的变更情况，分析领导人的更换为企业的发展所带来的影响。

对竞争对手的分析，每一项都应该有其针对性。有的企业在对竞争对手进行分析的时候，往往把所能掌握的竞争对手的信息都罗列出来，但之后便没有了下文，所以要明确对竞争对手分析的目的是什么。按照战略管理的观点，对竞争对手进行分析是为了找出本企业与竞争对手相比存在的优势和劣势，以及竞争对手给本企业带来的机遇和威胁，从而为企业制定战略目标提供依据，所以对于竞争对手的信息也要有一个遴选的过程，要善于剔除无用的信息。

二、市场竞争优势分析

市场竞争优势分析主要是指企业的资源分析，包括自身资源和市场资源，主要可以从效率、品质、创新方面，企业的价值链方面，核心竞争能力方面，企业内部特异能力等方面来进行分析，下面就新创企业特别要重视的两项能力进行阐述：

1. 核心能力分析

核心能力是指居于核心地位并能产生竞争优势的要素作用力，具体地讲是组织的学习能力和集体知识能力，通常指企业的知识、管理方式、商誉、企业文化。

核心能力的评价标准和特点通常有：

1)可占用性程度比较低：主要指企业竞争优势赖以建立的专长被企业内部私人占有的程度比较低。

2)持久性好：企业的核心专长建立在各项资源之上，如建立在管理制度上而不是管理技术上；建立在产品设计与构思上而不是生产上，只有这样，才会持久发展。

3)可转让性或模仿性比较低：主要指专长的可转移性和可复制性低。

核心能力是一种能用于不同产品、不同企业的具有关键性的技术或技能的能力，一旦企业掌握了一系列的能力，它能比竞争对手更快地引进使用核心能力的不同新产品。核心竞争能力能使企业比其他竞争对手做得更好，它能应用于多种产品，而竞争对手却不能很快地模仿它。

2. 内部特异能力分析

特异能力是一项具有重要竞争意义的活动，在这项活动中，企业要比其他竞争对手做得出色。每一家企业都有某项具有重要竞争意义的活动比其他所有的活动都要做得好，因此我们可以把这项活动叫做核心竞争能力。企业的某项核心能力是不是特异能力，取决于在同竞争对手相比较时这项核心能力的良好程度，企业内部所评价出来的做得最好的活动如果不是在市场竞争中做得相当出色，就不能称之为特异能力，例如，绝大多数零售商都认为自己在产品选择和店内商品采购方面有核心能力，但是很多把其战略性的目标建立在这些核心能力之上的企业都遇到了麻烦，因为他们的竞争对手在这些领域内做得更好。因此，核心能力只有在成为特异能力时才能成为竞争优势的基础。特异能力在战略制定中的重要意义在于：

1)能给公司带来具有某种宝贵竞争价值的能力。

2)具有成为公司战略基石的潜力。

3)可能为公司带来某种竞争优势。

如果一家企业在那些竞争活动中拥有特异能力，如果它的竞争对手没有与这种特异能力相抗衡的能力，同时，如果竞争对手模仿这种特异能力的成本很大，需要花费很多时间，那么，这家企业就容易建立其竞争优势。因此，特异能力是一种有着特别价值的资产，很可能成为企业在竞争中取得成功的关键因素。

三、基本竞争策略

每个企业都会有很多优势和劣势，任何的优势和劣势都会对相对成本优势和相对差异化产生作用，对于竞争者的发现和辨别是企业确定竞争策略的前提。降低成本、实施产品或服务差异化可以使企业提高顾客价值和顾客满意度，可以使企业比竞争对手更好地应对各种竞争，能使新创企业获得较好竞争位置的三种基本竞争战略是：

1. 总成本领先战略

总成本领先战略是指通过有效途径对成本加以控制，使企业的全部成本低于竞争对手的成本乃至行业最低成本，以获得同行业平均水平以上的利润，这种低成本可以抵御来自竞争对手的攻击，可以抵御买方和供应方力量的威胁，可以抵御来自替代品的威胁等等。格兰仕就是成功采用总成本领先战略的典范，格兰仕自进入微波炉行业以来，咬定青山不放松，从未游离于这一战略。为了使总成本绝对领先于竞争者，格兰仕壮士断腕，先后卖掉年赢利上千万元的金牛型产业——羽绒厂、毛纺厂，把资金全部投入到微波炉的生产中，仅用了五年的时间，就打败所有竞争对手，成为世界第一。

2. 差异化战略

为使企业的产品与竞争对手的产品有明显的区别和形成与众不同的特点，必须采取差异化战略，这种战略的重点是创造被全行业和顾客都视为独特的产品和服务以及企业形象。实现差异化的途径多种多样，包括产品设计、品牌形象、保持技术及性能特点、分销网络、顾客服务等多个方面。农夫山泉运动盖是最典型的差异化战术制胜的案例，在运动盖横空出世之前，虽然也有繁若星辰的瓶装水制造厂家，但是产品大多雷同，没有强烈的与众不同的诉求点。农夫山泉进行了长时间的市场调研，推出了运动型包装的农夫山泉，瓶盖的设计摆脱了以往的旋转开启方式，改用所谓"运动盖"直接拉起的开瓶法。瓶杯采用显眼的红色，加印一张千岛湖的风景照片，这"水的纯净、亮跟红色的差异性"使农夫山泉在众多品牌饮用水中脱颖而出，抓住了顾客的目光，赢得了市场。

3. 集中战略

集中战略是指企业把营销的目标重点放在某一特定的顾客群体上，运用一定的营销策略为它们服务，建立企业的竞争优势及其市场地位。集中战略的核心是集中资源于特定顾客群体，取得在局部市场上的竞争优势，集中战略可以是总成本领先，也可以是产品差异化，或是二者的折中结合，这样可以使企业盈利的潜力超过行业的平均水平。

上述三种战略是企业应付日益严峻的竞争环境的基本战略，但是不能同时并用，一般来说，一段时期只能运用一种战略，三者的关系如下：

1）总成本领先战略和差异化战略的市场范围宽泛，而集中战略的市场范围狭窄。

2）总成本领先战略主要凭借成本优势进行竞争；差异化战略则强调被顾客认识的惟一性，通过与众不同的产品特色形成竞争优势；而集中战略强调市场的集约、目标和资源的集中，以便在较小的市场形成优势。

第二节　市场定位策略及步骤

商场犹如战场，众多品牌的不断涌现，特别是产品间的差异性越来越小，同质性越来越高，市场争夺日益困难。同时，消费者在商品的汪洋大海之中显得无所适从，从而使不少公司更因无法博得“上帝”的欢心而处心积虑、冥思苦想。到底如何才能在竞争中脱颖而出，获得成功呢？惟一的办法就是要尽力造成差异，追求与众不同，让消费者易于将其与其他品牌分开来，在其心中占有一席之地，击中消费者的心。这就是营销理论和实务中所称的定位。

新创企业所有的市场机会分析、规划工作最后都必然落脚于市场进入，而市场细分、目标市场选择及市场定位则是市场进入的核心，是企业市场成功的基础，下面就市场定位作一阐述。

一、企业如何进行市场定位

在每个行业中，企业总是有几个可选的定位可以占据。因此，战略的精华在于选定一个企业可以据为己有的定位。一个战略定位只是企业对下列三个问题的总结：目标客户是谁？应提供给他们什么样的产品和服务？应如何提供？一个企业如能选择一个独特的战略定位——即与它的任何一个竞争者不同的定位，它就能获得成功。

一个优异战略定位的第一要素是对“我们做的是什么业务？”这个问题做出明确的回答。杰出的战略定位的第二个要素在于找到“谁、什么、如何”三个问题的答案。谁是我们的目标客户？我们应该向他们提供什么产品和服务？我们应该如何有效地去做？“谁”和“什么”基本上是战略性的问题。对这些问题的回答将界定企业所参加的游戏。杰出的战略定位的第三个也是最后一个要素是开发必要的企业能力和适宜的组织环境（或内容）以支撑所做出的选择。

【案例】　新百伦的市场定位策略

美国运动服饰制造商 NewBalance（以下简称新百伦）2013 年在中国的 142 座城市铺设了 886 家门店，比前一年增加了 313 家，今年至目前销售额亦同比翻番。在各大本土品牌延续关店基调的情况下，新百伦的表现格外抢眼。行业一片惨淡，新百伦却逆市崛起，成了行业黑马。

相比 1980 年耐克进入中国，新百伦晚了很多。2003 年，新百伦进入中国市场，相比阿迪达斯、耐克等国际一线运动品牌，新百伦更强调运动鞋的舒适性。在进入中国之初，新百伦并没有获得很好的市场回应，而彼时，耐克和阿迪达斯都已经在中国具备忠实并不断增长的消费群体。

2008 年北京奥运会后，众多运动品牌陷入高库存困境，新百伦却等来了 2010 年国内跑步运动逐渐兴起的转折点。

新百伦正是抓住了机遇，顺应变化，市场由大众品类进入小众品类时代，不断细分，而新百伦刚好进入了最大的细分市场。

新百伦的产品迎合年轻人喜欢潮流的口味，品类不多，但足够抓眼球。此外，借助明星效应以及“总统慢跑鞋”的称谓亦是其营销上的一大亮点。

首先，其抓住细分品类的消费趋势变化，产品作出调整，迎合市场需求；其次，相比耐克、阿迪达斯，新百伦中国市场的门店以及销售基数也比较小；此外，消费者对跑步这项运动的重视以及参与程度较以前有所增加也是一个因素。

和耐克、阿迪达斯试图在足球、篮球、跑步等品类全面出击相比，新百伦长期专注于跑步这项运动，令其在跑步热潮中表现突出。“本土很多品牌在多个领域都有涉足，针对单独品类的几乎没有。”

目前，跑步已经成为最为火热的全民运动方式之一。数据显示，去年全国马拉松参赛人数超过50万人次，刷新了纪录。而赞助大型跑步赛事恰是新百伦关注的一大重点。据了解，2013年新百伦已经在北京和上海举行了两场ColorRun比赛。

（摘自《财新网》新百伦逆市新开313家门店 细分优势助在华“NB”）

二、产品定位原则

消费者购买产品，追求的绝不是产品本身，而是某种需要和欲望的满足，强调的是产品的实质性，即产品提供给消费者的一种效用和利益。为了拥有竞争优势，企业对自己的产品或服务要比竞争对手对他们的产品或服务了解得更好，要让你的产品或服务项目在客户眼里必须有明显的特色或优点。定位的目的就在于树立一种市场上的形象或感知——你的产品或服务的某些东西是有特色的。

1. 差异化，打造竞争性卖点

产品定位时既要考虑产品某个因素与消费者偏好紧密结合，形成与同质产品明显的差异，也可以考虑产品若干因素与市场的组合，形成产品整体的特色。

有一则矿泉水广告颇令人耳目一新：“农夫山泉有点甜。”广告画面一出现就抓住观众，它采用了故事情节型的诉求方式，通过学生在课堂上拉动瓶盖发出独特的声响而引起老师不满，来表现农夫山泉瓶型的独特。那句出现在广告最后的传播语“农夫山泉有点甜”是真正的USP。农夫山泉出其不意地从另一个角度挖掘了矿泉水特质——不是无味，而是略甜。农夫山泉以“有点甜”为卖点，把自己和所有其他矿泉水都区别开来，在短短几年时间内已成为国内最著名的饮用水品牌。

农夫山泉巧借“申奥”东风，创造与众不同。2001年1月1日至7月30日，公司从每一瓶销售的农夫山泉产品中提取一分钱，作为捐赠款，代表消费者来支持北京申奥事业。“农夫山泉有点甜”的差异化策略，与体育这个健康媒介的长期合作，使农夫山泉品牌不断深入人心，并使品牌的无形资产持续增值并发扬光大。

2. 以消费者为导向

企业定位技巧再高明，其成功的关键还是迎合消费者的心理，使传播的信息真正成为消费者的关心点，并让消费者感到真正的满意。

2004年上半年手机市场一片低迷声中，夏新手机却脱颖而出。据初步统计，“五一”黄金周夏新手机销售额至少比往年同期增长20%。作为在家电和通讯行业打拼了二十多年的夏新自从2001年进军IT，大家都在质疑夏新是如何在竞争更加激烈的IT市场立足的。

夏新手机对技术研发优势和用户应用需求的准确把握：如夏新 A6 超大的液晶屏显示、完备的功能体系；棱角分明、简洁干练的机身线条；在外观设计中还融入中国文化的元素，手机翻盖上工艺精美的腾龙图案交相映衬，将中国传统与国际品位演绎得恰到好处。A6 手机的修改功能及其所体现的时尚生活理念，巧妙迎合追求时尚消费者对个性化产品的认同从而引发购买欲望。

创新的服务方式，拉近了与消费者的距离。2003 年 11 月夏新公司在全国聘请了 100 名"服务监督员"，定期听取意见和建议，以提高产品品质和改进服务，深度把握客户需求，为产品定位提供重要参考。

三、产品定位策略

市场定位，就是要加深消费者对企业和产品的认知，使企业和产品能在消费者心目中抢占有利位置。要使消费者有购买需求时就能及时想到本企业的产品，在市场定位的时候就要考虑：别人不做的，我做；别人没有的，我有；别人做不到的，我做得到。从上述思想出发，企业或产品在市场上的定位常用的几种策略：

1. 产品差异定位法

任何企业生产的产品和提供的服务都不可能完全一样，因此企业定位可以从产品和服务的差异点出发，我们应考虑本企业所销售的产品，有什么显著的差异性。如果差异之处明显，就更容易吸引消费者的注意。可以产生差异的地方很多，如产品、服务、人员和形象。产品差异性有时很容易被模仿，特别是表层的差异性，有时很快就会消失，但产品特征如果真正是产品本来就有的特征，就不容易模仿了，而且消失的时间也长。海尔集团在产品同质化的时代，开展了全方位的售后服务，大大吸引了人们的注意力，反价格战的浪潮提升了自己的产品价格，一举奠定了海尔在中国市场的领导地位。产品定位始于差异性，而这些差异性对目标市场都是有意义的。

2. 主要属性/利益定位法

采用主要属性/利益定位法就是要研究企业提供产品的利益在目标市场中的重要性如何。因为产品提供的价值大多包括多个层次，处于不同角度思考的人对产品价值理解可能大不相同。摩托罗拉是我国手机市场的首先进入者，20 世纪 90 年代中期的市场占有率曾超过 50%，但正是由于企业的成功经验，该企业一直坚持认为人们购买手机重视的是产品功能，即手机的沟通价值，因此在产品的形式部分一直没有进行深入开发。而诺基亚作为一个市场后来者，在关注核心产品开发的同时，也注意形式产品的开发，因此在摩托罗拉一年推出几种产品的时候，诺基亚一年可以推出十几种甚至几十种产品，大大适应了中国手机消费者追求时尚的心理，后来者居上，成为我国手机市场的主力军。在零售业中，最重要的消费者特征，其莫过于品质、选择性、价格、服务及地点等，关注消费者特征是企业生存发展的基本要求，如果率先塑造，并且确实掌握，产品的利益与企业收益是息息相关的。

3. 顾客定位法

我们应找出产品的确切的使用者/购买者，这样会使定位在目标市场上显得更突出，在此目标组群中，为他们的地点、产品、服务等，特别塑造一种形象。金利来靠一句"金利来领带，男人的世界”而风靡全国，成为我国专为男人打造服饰的著名品牌，而太太药业专为妇女提供药品，定位于妇女健康而取得了巨大成功。

4. 使用定位法

使用定位是通过将自己的产品使用地点或使用时间作特别传播而定位。有时可用消费者如何及何时使用产品，将产品予以定位。柯达把自己定位于“记录激动一刻”而占领了各种特殊场合使用胶卷的市场，把人们的激动和欢乐都转变成可以记录、可以触摸的照片。而柯达的主要竞争对手富士则把自己定位在旅游市场，结果把人们外出旅游的珍贵记忆变成了时时刻刻可以历历在目的东西。

5. 分类定位法

这是非常普遍的一种定位法。产品的生产并不是要和某一事实上竞争者竞争，而是要和同类产品互相竞争。当产品在市场上是属于新产品时，不论是开发新市场，或为既有产品进行市场深耕，此方法特别有效。一句“七喜，非可乐”把七喜与所有可乐区别开来，虽然与所有可乐竞争，但由于开发出了一种新的定位观念而使七喜成为可乐之外最有影响力的软饮料。

6. 针对特定竞争者定位法

这种定位法是直接针对某一特定竞争者，而不是针对某一产品类别。可口可乐和百事可乐之间的竞争就比较典型，由于可乐市场基本被可口可乐和百事可乐所垄断，因此他们之间必然要采取相互针对的竞争定位法，可口可乐推出的传播口号为“这才是可乐”，强调他是可乐的发明者，是正宗的可乐，给消费者以某种暗示。百事可乐则针对可口可乐在市场中存在时间比较长、产品有些老化、消费者年龄偏大的特点，推出“百事可乐年轻人的选择”这一竞争理念。挑战某一特定竞争者的定位法，虽然可以获得成功（尤其是在短期内），但是就长期而言，也有其限制条件，特别是挑战强有力的市场领袖时，更趋明显。市场领袖通常不会松懈，他们会更巩固其定位。

7. 比附定位法

企业通过各种方法和同行中的知名品牌建立一种内在联系，使自己的品牌迅速进入消费者的心中，占领一个牢固的位置，借名牌之光而使自己品牌生辉，这就是比附定位策略。

比附定位一般有三种形式：

1）甘居“第二”，就是明确承认同类中另有最负盛名的品牌，自己只不过是第二而已。这种策略会使人们对公司产生一种谦虚诚恳的印象，相信公司所说是真实可靠的，同时迎合了人们同情弱者的心理，这样较容易使消费者记住这个通常难以进入人们心智的序位。

2）攀龙附凤，其切入点亦如上所述，首先是承认同类中已卓有成就的品牌，本品牌虽自愧弗如，但在某地区或在某一方面还可与这些最受消费者欢迎和信赖的品牌并驾齐驱，平分秋色。如内蒙古的宁城老窖，宣称是“宁城老窖——塞外茅台”。

3）高级俱乐部，公司如果不能取得第一名或攀附第二名，便退而采用此策略，借助群体的声望和模糊数学的手法，打出人员限制严格的俱乐部式的高级团体牌子，强调自己是这一高级群体的一员，从而提高自己的地位形象。如可宣称自己是××行业的三大公司之一，50家大公司之一，10家驰名商标之一等等。美国克莱斯勒汽车公司宣布自己是美国“三大汽车公司之一”，使消费者感到克莱斯勒和第一名、第二名公司一样都是知名轿车了，从而收到了良好的效果。

8. 基于应变的重新定位法

1)重新定位是集中到一个观点,甚至是一个词上,而这个观点或词应该能够使消费者在头脑中形成关于公司的概念:我们来看一下通用汽车公司的困境。1921 年,小阿尔弗·P.斯隆就任后,发现七种汽车品牌都在中档市场进行竞争,他非常明智地取消了其中两种品牌,把剩下的品牌重新定位在不同的价位。他获得了巨大的成功,这五种汽车品牌使通用汽车公司的市场份额增加到 50%。但在小阿尔弗雷德死后,那五种品牌都丧失了焦点或定位。通用汽车公司近十年来丧失了 11%的市场份额,这就毫不奇怪了。

2)应变:凤凰卫视董事长刘长乐在一次美国工作旅行后,发现美国电视网中大多数赚钱的节目都是早晨新闻,如 NBC 的《今日》节目每年收入三亿美元。刘长乐敏感地意识到这个时间对于电视台的重要。他决定办一个早间新闻节目。当时的方式就是报纸来后,主编快速地与陈鲁豫看完报纸,排一个顺序单,就开练了。这样的不得已而为之的方式,却成全了一个新式的陈鲁豫,创造了一种电视的表述方式:说新闻。凤凰卫视敏锐地发现了市场变化的萌芽,智慧地将自己的新闻类节目定位为时事,取得了令人瞩目的成功。

四、市场定位的步骤

实战中,市场定位应将产品固有的特性、独特的优点、竞争优势等,和目标市场的特征、需求、欲望等结合在一起考虑。具体步骤如下:

1. 分析本企业与竞争者的产品。分析本身及竞争者所销售的产品,是市场定位的良好起点。

2. 找出差异性。比较自己产品和竞争对手的产品,对产品目标市场正面及负面的差异性,这些差异性必须详细列出适合所销售产品之营销组合的关键因素。有时候,表面上看来是负面效果的差异性,也许会变成正面效果。

3. 列出主要目标市场。

4. 指出主要目标市场的特征。写出简单扼要的目标市场的欲望、需求等特征。

5. 与目标市场的需求。接着就是把产品的特征和目标市场的需求与欲望结合在一起。有时候,营销人员必须在产品和目标市场特征之间,画上许多条线,以发觉消费者尚有哪些最重要的需求/欲望,未被公司产品或竞争者的产品所满足。

【案例】 小米策略:做"发烧友手机"

中国手机市场是一个典型的低端产品主导的市场,根据手机调研机构 thinkbank 的零售监测数据,价格 1000 元以下的手机占整个市场的比重高达 70%。2000 元及以上的高端市场的比重虽然只有不到 10%,但产品差异化的空间更大,同时利润更高,竞争对手又相对较少,因此高端市场机会更多。小米公司也想加入这场竞争。

接下来小米公司创始人雷军要解决的问题是,在这个年销售规模 2 亿台的大市场里,小米手机要面向哪个(或哪几个)消费群,传递什么样的独特价值主张?即便是 OPPO、步步高、朵唯等手机行业的后来者也都是凭借独特的市场定位在激烈的竞争中逐渐站稳了脚跟。小米也不例外,精挑细选之后它选择了一小撮特殊的用户作为其核心人群——手机发烧友。

在中国手机市场，小米是第一个站出来旗帜鲜明地要服务于手机发烧友的品牌，这种市场定位策略和由此而产生的品牌联想就相当于给小米手机贴上了"发烧友手机"的标签。

一切准备就绪，2011 年 8 月 16 日，小米营销在北京 798 艺术区这个特立独行的地方揭开大幕。在小米手机的发布会上，雷军用四个核心特点来阐述小米手机的核心价值主张：双核处理器、大屏幕、信号好和大容量电池，这四个特点集中体现了小米对手机发烧友核心需求的回应。随后小米手机便迅速在发烧友中升温，有人将小米手机与 iPhone 相比，并将雷军戏称为"雷布斯"。

（摘自深圳新闻网 http://www.sznews.com 2011-12-06）

本章小结

■ 本章关键词：

市场竞争，竞争策略，市场定位

■ 问题思考：

1. 对竞争对手的分析应从哪几方面着手？
2. 创业者应在哪几方面强化竞争意识？
3. 市场定位的理念是什么？
4. 市场定位的方法和步骤如何？

■ 参考文献

①杜跃平主编. 创业管理. 西安：西安交通大学出版社，2005 年版.

②梅薇薇，梅雨霖著. 点击创业. 广州：暨南大学出版社，2006 年版.

③李蔚，牛永革编著. 创业市场营销. 北京：清华大学出版社，2005 年版.

④刘俊成，袁庆华编著. 企业创新理念. 北京：中国广播电视出版社，2003 年版.

06 创业风险评估与防范

创业意味着风险，所有创业的人都会承受一定的风险，关键是谁能通过风险。这有如古代神话中所讲述的，如果您要拿到山上的宝葫芦，您就要通过多少关，打败多少妖怪。在穿越风险的过程中，有的人积累了知识，有的人积累了经验，但我认为更重要的是积累了心理的素质。

——零点调查集团董事长 袁岳

本章概要

事实上，几乎很少有新创企业能清醒地认识到他们创业风险的根本来源和真实原因。那些不成功的创业案例中，如果创业者能在创业前和创业中以比较客观的方式进行风险分析、管理和控制，那么许多创业的悲剧就不至于一再发生，创业成功的概率也可以因此而大幅提升。本章介绍了大学生创业前期和创业中如何识别企业面临的各种风险，对创业的风险因素进行综合评估，以分析并且认清每一个决策背后的潜在风险所在，并且选择最合适的方式加以规避和控制。

实例思考

常某下海前在重庆一家公交公司做秘书，日子过得很安逸。一次同学会，他发现同学都已下海经商，心也活了，回去后把自己准备创业的想法和公司老总谈了，老总觉得常某这个人不错，就让其承包了公交公司下属的一家贸易公司。对于做贸易之类的生意，常某认为自己正合适——无非就是摸关系，趟路子，吃吃喝喝。他满腔热情，充满动力，全身心地投入。当时重庆的房地产刚刚热闹起来，建材需求量增大，常某在这方面动起了脑筋，拿到了不少单子，有了最初的原始积累，如一张建材采购的批条，一转手可卖几万元，没有资金压力，钱也来得轻松。一年后，到了1996年下半年，建材市场开始规范，大量建材上市，这套操作模式就行不通了，批条难拿也不值钱了，这给了常某毁灭性的打击，公司倒闭了。但常某不甘心，他很快花低价接手了一家公司，在城南租了一个大大的店面，搞涂料批发，但当时施工工程多在城北，常某由于对这行不熟，看着别人赚钱，惟他无利可图，8个月后就转手撤场了，只得再回建材企业打工。很快他熟悉了企业的运作，正好此时有一个建筑工程要分包，常某经过初测，若分包（土石方处理），投入不大，周期只有几个月，扣除各种开支，还有15万左右可赚，时间短，不费力，而且一赚就是15万。常某再次辞职，当了包工头，找了一支施工队合作，常某出项目，对方出人力和设备，双方按比例分成。很快，土石方处理2个多月就完成了工期，但当时约定要等整个建筑工程结束后才可付款，结果原来计划8个月完工的工程因为种种原因竟拖了三年，工程款不能按时结算，合作伙伴还带着刀子上门逼债，为了还债，常某变得一无所有。

（摘自《创业培训核心教程》，北京劳动和社会保障局编写）

思考：

1. 常某失败的最主要原因是什么？说明了什么问题？
2. 常某的创业模式有无普遍性？分析这种创业模式的利弊。

在市场机会和竞争都明确之后，接下来我们需要做的就是对风险进行评估。在现代商业理论中，对风险的评估和控制属于一门非常高深和繁杂的学科，涉及包括数学在内的许多方面。对于创业者，要进行规范化的风险评估是有一定困难的，而且创业所涉及的领域往往是那些新兴的、处在发展阶段的市场，而这部分市场的不确定性更高，要对其做出风险评估的难度也就更大。但是一个好的创业者不一定必须是风险评估的专家，比规范化的评估流程更重要的，是创业者必须在头脑中具有充分的风险意识，也就是说，要能够分析并且认清每一个决策背后的潜在风险，并且选择最合适的方式加以规避和控制。

第一节　创业风险的内涵

一、创业风险含义

创业风险是指创业投资行为给创业者带来某种经济损失的可能性，风险是一种概率，在未演化成威胁之前，并不对创业活动造成直接的负面影响，所以说，风险是一种未来的影响趋势。风险与收益一般是成正比例关系，即风险越大，获利可能性越高。任何一家运营中的企业每天都会面临着一定的风险，新创企业自然也不例外。风险是可以被感知和认识的客观存在，无论从微观角度还是宏观角度，都可以进行判断和估计，从而对创业风险进行有效的管理。因此，新创企业在开办之初就要查找并确认企业可能存在的各种风险，制订并执行各种有效的应付风险的对策，把风险损失限制在企业所能承受的最小范围内。

二、创业风险的来源

创业环境的不确定性，创业机会与创业企业的复杂性，创业者、创业团队与创业投资者的能力与实力的有限性，是创业风险的主要来源。研究表明，创业的过程往往是将某一构想或技术转化为具体的产品或服务，在这一过程中，存在着几个基本的、相互联系的缺口，它们是形成上述不确定性、复杂性和有限性的直接影响因素，也就是说，创业风险在给定的宏观条件下，往往就直接来源于这些缺口：

1. 融资缺口

融资缺口存在于学术支持和商业支持之间，是研究基金和投资基金之间存在的断层。其中，研究基金通常来自个人、政府机构或公司研究机构，它既支持概念的创建，还支持概念可行性的最初证实；投资基金则将概念转化为有市场的产品原型（这种产品原型有令人满意的性能，对其生产成本有足够的了解并且能够识别其是否有足够的市场)。创业者可以证明其构想的可行性，但往往没有足够的资金将其实现商品化，从而给创业带来一定的风险。通常，只有极少数基金愿意鼓励创业者跨越这个缺口，如富有的个人专门进行早期项目的风险投资，以及政府资助计划等。

【案例】 民间融资风险

对于大部分中小企业来说，也许上市和银行贷款都是无路可走的，那么民间吸金只能成为最终选择。浙江民间借贷、拆借业务一向活跃，走在绍兴、台州、温州、杭州的大街上，不时可见挂着“典当”、“投资”等招牌的一些从事金融业务的钱庄。

2010 年一项针对民间借贷的调查显示，目前温州企业运营资金构成中，自有资金、银行贷款、民间中小企业融资的比例，已从 2006 年的 60：24：16，转变为 54：18：28，在被调查的企业中，有一半以上企业曾有过民间中小企业融资行为。据浙江省政府金融办估计，目前浙江民间资本的具体规模应在 1500 亿至 2000 亿元之间，其中温州约有 400 亿至 500 亿元，宁波约 400 亿元。

然而，近年来，由于“地下钱庄”引发了多起影响恶劣的社会事件，故广受诟病。2008 年 6 月，浙江省银监局的一份调研报告公布了因资金问题而倒下的中小企业的“死亡名单”。名单显示，在台州市 15 例因经营失败企业主逃逸的案例中，多数涉及民间借贷。这些民间借贷纠纷，绝大部分涉及浙江商人们赖以发展的两个金融工具——高利贷和担保圈。据记者调查，民间贷款高的有达月息 15％的，换算成年利率就是 180％，而现行的商业银行贷款年利率为 6％多。

以血缘、亲缘和朋友圈为纽带结成的中小企业融资担保网络，“你中有我，我中有你”的连环担保圈盘根错节，把无数企业的资金链环环相扣地拴在一起。一旦有一家出事，就会影响一片。

(摘自《财新网》)

2. 研究缺口

研究缺口主要存在于仅凭个人兴趣所做的研究判断和基于市场潜力的商业判断之间。当一个创业者最初证明一个特定的科学突破或技术突破可能成为商业产品基础时，他仅仅停留在自己满意的论证程度上。然而，这种程度的论证后来不可行了，在将预想的产品真正转化为商业化产品(大量生产的产品)的过程中，即具备有效的性能、低廉的成本和高质量的产品，而从市场竞争中生存下来的过程中，需要大量复杂而且可能耗资巨大的研究工作(有时需要几年时间)，从而形成创业风险。

【案例】 高科技也会有高风险

铱星移动通信系统是美国铱星公司委托摩托罗拉公司设计的一种全球性卫星移动通信系统，它通过使用卫星手持电话机，透过卫星可在地球上的任何地方发送和接收电话信号。从高科技而言，铱星机会的确是一个美丽的故事，它开创了全球个人通信的新时代，被认为是现代通信的一个里程碑，使人类在地球上任何“能见到的地方”都可以相互联络，然而，如此高的“科技含量”却好景不长，价格不菲的“铱星”通信在市场上遭受到了冷遇，用户最多时才 5.5 万，而据估算它必须发展到 50 万用户才能盈利。由于巨大的研发费用和系统建设费用，铱星背上了沉重的债务负担，整个铱星系统耗资达 50 多亿美元，每年的维护费用就要几亿美元，2000 年 3 月，铱星背负 40 多亿美元的债务正式破产。谁也不能否认铱星的高科技含量，但用 66 颗高科技卫星编织起来的世纪末科技童话在商用之初却将自己定位在了“贵族科技”，铱星手机价格每部高达 3000 美元，通话费用极其昂贵，而事实上，随着地面网络的广覆盖，移动电话的国际漫游已成为可能，卫星移动电话的市场无疑在被不断地压缩，用户群的规模也相应地不断减少，没有了市场，也就没有了收益，也就失去了控制自己命运的能力，最终只能以失败而告终。

（摘自《市场营销学案例集》第二集，曾晓洋、胡维平主编，——上海：上海财经大学出版社 2005 年版）

3. 信息和信任缺口

信息和信任缺口存在于技术专家和管理者（投资者）之间。也就是说，在创业中，存在两种不同类型的人：一是技术专家；二是管理者（投资者）。这两种人接受不同的教育，对创业有不同的预期、信息来源和表达方式。技术专家知道哪些内容在科学上是有趣的，哪些内容在技术层上是可行的，哪些内容根本就是无法实现的。在失败类案例中，技术专家要承担的风险一般表现在学术上、声誉上受到影响，以及没有金钱上的回报。管理者（投资者）通常比较了解将新产品引进市场的程序，但当涉及具体项目的技术部分时，他们不得不相信技术专家，可以说管理者（投资者）是在拿别人的钱冒险。如果技术专家和管理者（投资者）不能充分信任对方，或者不能够进行有效的交流，那么这一缺口将会变得更深，带来更大的风险。

4. 资源缺口

资源与创业者之间的关系就如颜料和画笔与艺术家之间的关系。没有了颜料和画笔，艺术家即使有了构思也无从实现。创业也是如此，没有所需的资源，创业者将一筹莫展，创业也就无从谈起。在大多数情况下，创业者不一定也不可能拥有所需的全部资源，这就形成了资源缺口。如果创业者没有能力弥补相应的资源缺口，要么创业无法起步，要么在创业中受制于人。

5. 管理缺口

管理缺口是指创业者并不一定是出色的企业家，不一定具备出色的管理才能。进行创业活动主要有两种：一是创业者利用某一新技术进行创业，他可能是技术方面的专业人才，但却不一定具备专业的管理才能，从而形成管理缺口；二是创业者往往有某种“奇思妙想”，可能是新的商业点子，但在战略规划上不具备出色的才能，或不擅长管理具体的事务，从而形成管理缺口。

三、创业风险特征

创业风险通常具有以下几个方面的特征：

1. 客观性

创业的风险是客观存在的，是不以人的意志为转移的，无论创业者是否意识到，它都会客观地存在于一定的市场环境中，企业的内外部环境的发展变化具有不确定性，因而创业风险也是无处不在、无时不有地客观存在着。如产品都有其生命周期，在每个阶段都会客观存在着风险，如果产品的结构、质量、更新换代速度等方面与市场需求脱节，产品缺乏竞争力，就会被市场淘汰，企业也可能被迫停止运行，如 ST 厦华（600870）作为国内家电行业较早尝试多元化经营的企业,早在1999年就提出把手机、电脑两大业务列为和彩电生产并重的支柱产业,但由于市场和产品的原因,公司着力培育的新产业不仅没能贡献出利润,反而成为公司连续两年巨额亏损并最终被“ST”的主要原因。正因为如此,客观性特征就要求创业者能采取正确的态度,承认和正视风险,积极应对风险。

2. 不确定性

创业风险最主要的特征是不确定性,也即难以预知。创业风险会随着环境的变化而产生,并随着环境的变化而消失的,如国家政策的变化,遭受意外事故(战争的爆发,台风的袭击),人为失职破坏等,虽有其发生的具体原因,但发生的时间是难以预计的,这种难以预知性便造成了风险的不确定性。客观条件的不断变化导致的不确定性是风险的客观体现,所以风险是创业过程中各种不确定性因素的伴随物。不确定性有多种表现形式,包括不幸事件发生与否的不确定性;损失发生的不确定性;可测定的不确定性。

3. 潜在性

风险不仅具有随机性,同时它也包含于投资过程中的某些确定事物中,并通过它们的发生而起作用。从创业的规律来看,其风险具有潜在性,不是显现在表面的东西,但并不是说风险是不可认识的。认识到这点,对于预防风险就具有重要意义。如企业的信誉在很多情况下就超过了产品对消费者的影响力,企业如果在产品或服务等方面与消费者发生纠纷甚至造成消费者重大损失,就会使企业的整体形象严重受损,企业信誉度大大降低,导致企业陷入危机,人们所熟悉的“瑞典红牛饮料事件”、“三株口服液事件”就都属于这类情况。

4. 损益双重性

风险和机会其实是一个事物的两个方面,在一定范围内,风险会随着创业环境的变化而产生,但也会随着时间的推移而减弱和消失甚至演变为机会。风险对于创业收益不是仅有负面影响,如果正确认识并且充分利用风险,反而会使风险很大程度地受到控制,并转化为新的创业机会。如2000年1月中美史克公司由于感冒咳嗽药处方中含有PPA(苯丙胺)成分而遭遇“PPA禁令”,公司的主导产品康泰克被停止使用和销售,中美史克为此蒙受的直接经济损失高达6亿多元人民币,但经过及时的信息沟通、媒体关系管理和新产品的开发,PPA事件289天后,新康泰克以“国家药监局验证通过新康泰克、新配方,不含PPA。OK!确认无误!”“新康泰克还是早一粒,晚一粒。远离感冒困扰”的广告语重返感冒药市场,并迅速获得了大额订单,中美史克公司有效控制并处理了重大危机,并占领了市场更多的份额。风险的双重性说明,对待风险不应该消极地预防,更不应该惧怕,而是要将风险当作是一种经营机会,敢于承担风险,在与风险的斗争中战胜风险。

5. 可测性

虽然风险具有不确定性和潜在性,但创业者可以根据以往发生的一系列类似事件的统计资料进行分析,对某种风险发生的概率及其造成的经济损失程度做出客观判断,从而对可能发生的风险进行预测和预防。例如,根据许多企业使用人才的经验分析,新招聘入职的人员会面临3个“三”流失高峰的风险,即新入职人员在三周内、三个月内、三年期的流失率最高,那么企业除了在这三个时期要针对流失人员的具体情况作出相应的措施外,还要根据企业经营状况作好适当的人员储备,以保证企业的正常运营不会因人员的变动而发生变化。风险的测量过程就是对风险的分析过程,它对风险的控制与防范、决策与管理具有举足轻重的作用。

6. 相关性

创业者面临的风险与其投资创业行为及决策是紧密相关的。同一风险事件对不同的创业者会产生不同的风险，同一创业者由于其决策或采取的策略不同，也会面临不同的风险结果。如20世纪80年代，全球范围的兼并、收购热潮，使众多的大公司、跨国公司实现了多元化经营，在随后几年里，这些扩张性公司中很多公司没有达到预期效果，有的甚至发现自己进入了一个完全陌生的行业，既做不好新行业的经营，又耗费资源和时间，最终以失败而告终。但也有公司成功了，企业规模得到了较大的扩张，多元化经营使得企业在市场竞争中游刃自如，有效地提升了企业的效益。决策是创业者根据状态自主选择的结果，决策是否正确，直接影响着创业者面临的风险及其程度。

第二节　创业风险的分类

人类社会所面临的风险多种多样，不同的风险有着不同的性质和特点，它们形成的过程、发生的条件和对人类造成的损害也是不一样的。在企业中，不同性质和来源的风险相互作用，并由此决定了企业所面临的总体风险，识别企业所面临的总体风险对实现企业的战略目标具有重要的战略意义，因此必须对种类繁多的风险按一定的方法进行科学分类，以便对各种风险进行识别、测定和管理。

一、按风险产生的原因划分

按风险产生的原因划分，可分为主观创业风险和客观创业风险二类。

1. 主观创业风险：在创业阶段，由于创业者的身体与心理素质等主观方面的因素导致创业失败的可能性。

2. 客观创业风险：在创业阶段，由于客观因素导致创业失败的可能性，如市场的变动、政策的变化、竞争对手的出现、创业资金缺乏等。

二、按创业风险的内容划分

按创业风险的内容划分，可分为技术风险、市场风险等六类。

1. 技术风险：由于技术方面的因素及其变化的不确定性而导致创业失败的可能性。

2. 市场风险：由于市场情况的不确定性导致创业者或创业企业损失的可能性。

3. 政治风险：由于战争、国际关系变化或有关国家政权更迭、政策改变而导致创业者或企业蒙受损失的可能性。

4. 管理风险：因创业企业管理不善产生的风险。

5. 生产风险：创业企业提供的产品或服务从小批试制到大批生产的风险。

6. 经济风险：由于宏观经济环境发生大幅度波动或调整而使创业者或创业投资者蒙受损失的风险。

三、按创业过程划分

创业活动须经历一定的过程，一般而言，可将创业过程分为四个阶段：识别与评估机会；准备与撰写创业计划；确定并获取创业资源；新创企业管理。相应的，创业风险也可分为四类：

1. 机会的识别与评估风险：在机会的识别与评估过程中，由于各种主客观因素，如信息获取量不足，把握不准确或推理偏误等使创业一开始就面临方向错误的风险。另外，机会风险的存在，即由于创业而放弃了原有的职业所面临的机会成本风险，也是该阶段存在的风险之一。

2. 准备与撰写创业计划风险：创业计划往往是创业投资者决定是否投资的依据，因此创业计划是否合适将对具体的创业产生影响。创业计划制定过程中各种不确定性因素与制定者自身能力的限制，也会给创业活动带来风险。

3. 确定并获取资源风险：由于存在资源缺口，无法获得所需的关键资源，或即使可获得，但获得的成本较高，从而会给创业活动带来一定风险。

4. 新创企业管理风险：其主要包括管理方式，企业文化的选取与创建，发展战略的制定、组织、技术、营销等各方面的管理中存在的风险。

第三节　创业风险管理

市场经济中企业的出生率高，倒闭率也高。企业的经营管理风险随时无处不在，小企业更是如此。

风险管理就是组织对面临的各种风险进行识别、评估、分析，确定恰当的风险控制方法并予以实施，以确定的管理成本替代不确定的风险成本，并以最小经济代价获得最大现实保障的活动。风险管理的核心是对风险进行识别和处理。小企业的风险有外部环境因素影响造成的，也有自身存在的内部风险。据德国一家研究所调查得知：小企业的主要问题是对企业内部风险不能及时发现，等到发现时，往往来不及采取应对措施。随着小企业的成长发展，往往会出现七种风险，即：开业后的头3年可能出现开业风险和现金风险；开业后3～7年可能出现赋权风险和领导风险；开业后7～10年可能出现财务风险和脉冲风险；开业10年后可能出现管理上的接班风险，下面我们就开业后的头3年可能出现的开业风险和现金风险作一阐述。

一、开业风险

有些容易在开业阶段发生的风险称开业风险。它有两个特征：一，在所有风险中它是最早到来的；二，它是许多企业最终倒闭的根源。有研究表明，在小企业创业的第一年，有90%的小餐馆、60%的其他小企业破产（主要指的是企业经营不下去了），开业初期究竟有哪些风险呢？

1. 开业风险的主要类型

最易出现的开业风险有：

1)经营者对市场上出现的暂时需求匆忙作出反应，或者看到别人赚了大钱，就盲目跟着上。学习固然是重要的，但片面追随是危险的。

2)因为成本因素或规模的吸引力问题，创业初期不可能做到较细致的专业分工，因而要求小企业的雇员们一定要是“多面手”，这一点是难以做到的，而事实上多数创业者也缺乏全面管理的能力。

3)没有建立必要的财务会计的管理系统，企业的重大决策缺乏可靠依据。

4)草率估算或低估企业的资金需求，特别是现金流预计不足。

5)错误选择设备和技术，要么偏重于价格低廉，要么偏重于高档、先进，唯独不注意设备、技术的适用性。

6)优柔寡断、坐失良机。

2. 防范的对策

1)在你最熟悉的行业办企业。这主要指的是创业者和创业团队必须对所在领域十分熟悉，包括技术水平、市场现状与前景、竞争状况等。

2)制定符合实际的，而不是过分乐观的计划。没有乐观的态度创业者是不会创业的，但乐观的态度源自于实际的考察，而实际情况往往不是那么简单。你必须将众多的影响因素考虑进来，考虑的影响因素越多，你就应该越冷静，制定的计划也越周密和慎重。

3)反复审查项目建议，删除其中过热的设想，这一点其实就是上一个问题的细化。

4)在预测资金流动时，对收入要谨慎一点，对支出要留有余地。

5)一般要留出所需资金10%的准备金，以应付意外，这就是现金流的问题。文中所说的10%只是个经验数据，究竟应该多少要经过细致的测算。

6)没有足够资金不要勉强上项目，遇到问题要及时调整。

7)对你行将投入的领域再次进行考察，主要是考察那些客户，包括中间商和最终客户，多听听他们的意见。

二、现金风险

现金(包括银行存款和货币资金)，是一个企业的“血脉”。没有现金的存量和流通，必将影响企业的赢利能力和偿债能力，从而影响企业的信用等级和资金周转，甚至资不抵债，走向破产。创建企业从一开始就要注意资本结构，这种资本结构必须符合你创建企业的资金需求，而这种资金需求则必须与你创建的是何种行业、何种产业相吻合。如果创建的是一个生产型企业，就应该考虑到机器设备购置、用于生产周转的原材料储备、半成品存量及销售过程中的成品储备、销售资金的结算。生产型企业如果没有充裕的现金流量保证，就可能因原材料的缺乏而陷入困境；如果创建的是一个服务型企业，除了必备的办公用具及相关设备外，房租及工资费用也是极为重要的一部分，因此，服务型企业的现金流量必须保证人力资源的配置成本和日常的开支。

1. 现金风险的主要成因

根据我们的调查，产生现金风险的主要原因还是主观上的，是由创业者的决策失误造成的。

1)过分注意利润和销售的增长，忽视现金管理。注重利润和销售的增长是天经地义的事，但若片面追求而不顾必备的条件，就有可能出现现金危机，最后反而使利润和销售走下坡路。

2)固定资产投资过多，导致资金沉淀。生产类和科技开发类企业常会犯这类错误，许多企业在这方面存在幻想，认为“凡是投入，必有产出”，殊不知，投入并不全指资金，特别是固定资产。

3)企业融资计划短期性严重，后续跟进工作不够充分。

4)创业初期资本空虚、仓促开业。

5)只看眼前形势，盲目扩张；对资金使用管理不善。

2. 防范的对策

1)充分注意开业的风险，看准市场，不能盲目投入。

2)企业应研究投入资金的回报率，包括借入资金和自有资金。资金的年回报率应该掌握在15%以上，风险才会较小。

3)企业应该学会研究销售利润率和现金流量的关系，在销售和销售利润率十分理想的情况下，如果应收账款占销售收总量很大，则预示着现金风险的到来，预示着坏账损失的到来。

4)应该严格控制原材料、生产的成品、商品的存量，加速流动资产周转，保证经营现金的流量。

5)企业应该约束投资冲动，慎重对待扩张、多种经营及类似的投资决策，在确有剩余现金时才确定投资。

6)应该学会作财务预算，经常进行本企业发展的可行性评估，防止各种现金风险的产生。

【案例】 “碧绿液”的大手笔

“碧绿液”是法国最有名的矿泉水，不仅畅销法国，而且还远销美国和日本。1989年2月初，美国食品卫生部门突然宣布，在抽样检查中发现一些“碧绿液”矿泉水含有超过规定2～3倍的苯，长期饮用有致癌危险！消息一经传出无疑是对“碧绿液”声誉当头一棒！面对这种情况，一般公司无非是收回那些不合格的产品并向消费者致歉，以息事宁人，大事化小。然而，出人意料的是，“碧绿液”公司董事长立即举行记者招待会，宣布就地销毁已销往世界各地的1.6亿瓶矿泉水，随后用新产品加以抵偿。如此一来，公司的直接损失将达2亿法郎以上！当时人们大惑不解，就为几十瓶矿泉水不合格而大动干戈，岂非得不偿失？殊不知，这正是公司董事长摆脱声誉危机的巧妙手段。

“碧绿液”公司销毁全部产品的特大新闻在美国乃至全世界传播开来，“碧绿液”的牌子顷刻间家喻户晓。谁都期待着新产品上市后去品尝一下，产生了比直接花2亿法郎做广告还要大得多的号召力。到“碧绿液”新产品上市的那一天，巴黎大小报纸都有整整的一个版面为之刊登了一幅广告。画面上依然是人们熟悉的那只葫芦的绿色玻璃瓶。在电视屏幕上，观众在白色背景下也看到了这只小绿瓶，只见一滴矿泉水从瓶口淌出，犹如一滴眼泪。画外音是一个委屈的小姑娘在呜咽，一个慈父般的声音在劝慰她："不要哭，我们仍旧喜欢你。"小姑娘回答说："我不是哭，而是高兴啊！"

（摘自大学生读书站，2006 年）

第四节 创业风险的控制

风险无处不在，一旦发生难免造成损失，因此，最有效的办法是能够控制风险的发生或将损失降到最小。风险控制是指通过不同的方法和措施，使因风险而发生的损失最小，常用的方法有：回避风险、转移风险、损失控制和自留风险。

一、回避风险

回避风险是指对所有可能发生的风险尽可能地规避，以直接消除风险损失。它包括了避开风险的两种方式：先期回避和中途放弃。这两种方式都是基于承担或继续承担风险的成本将大大超过回避的可能费用这样一种认识。

1. 先期回避是最完全彻底的回避，也是较常见的一种回避方式。如：一家化工企业曾计划在某小镇的郊区进行新产品试验，但这一计划有可能导致该镇居民财产的巨大损失，因此企业必须购买保险以预防这种可能性，但联系后只有少数保险公司愿意承保，而且保费大大高于公司愿意支付的数额，结果该公司决定取消这项试验计划，回避了赔偿巨大财产损失的风险。

2. 中途放弃不如先期回避那样常见，但这种情形确实存在。如：某制药企业从报告中得知其所生产的某药品有新发现的严重毒副作用后，立即停止生产该药品。

回避风险具有简单、易行、全面、彻底的优点，能从根本上排除风险来源和风险因素，将风险的概率保持为零，从而保证企业的安全运行，是一种有效的、普遍应用的方法，但也有其局限性。该方法通常用于风险损失程度大、发生频率高的风险，或者应用其他风险控制技术的成本超过其产生的效益时，否则不宜采用。

二、转移风险

转移风险是指一些单位和个人为避免承担风险损失，而有意识地将损失或与损失有关的财务后果转嫁给另外单位和个人去承担。转移风险有非保险转移和保险转移两种。

1. 保险转移是指向保险公司交纳保险费用并同时将风险转移给保险人。在这种转移中，保险人有条件地同意接受由损失引起的财务负担，因此投保人将损失的财务后果转嫁给了保险人。保险能提供有效的损失补偿；分散风险；进行风险控制，起到监督作用。但保险又并非万能的技术，一般仅适用于只有损失机会而无获利可能，并且有可能进行预测的纯粹风险。

2. 非保险转移的受让人不是保险人，而且大部分转移是通过针对其他事项的合同中的条款来实现的。在有关非保险转移的合同中，多数是为了转移财产直接损失或收益损失的财务后果，有些则处理人身损失，大多数是转移对第三者所负的经济责任。一般通过以下两种途径转移风险：

1）转移风险源

转移风险源的所有权或管理权就可以部分或全部地将损失风险转移给他人承担。如出售承担风险的财产，同时将与财产有关的风险转移给购买该项财产的经济单位或个人；财产租赁可以使财产所有人将自己所面临的风险部分地转移给租借人；建筑工程中，承包商可以利用分包合同转移风险。

2）通过契约责任转移

企业管理人员可以在签订合同中树立转嫁风险意识，将合同标的可能产生的风险，在签订合同中，尽可能转嫁给签订合同的对方。但鉴于风险的关联性，特别是大型企业设计面广，协同配合、同步建设、综合平衡等问题很复杂，风险集中，关联性极强，不同风险之间呈现出一定的灾害链，构成相关分布，所以应在签订相关契约时明确提示合约伙伴应用保险这一转嫁工具。

非保险转移作为一种风险财务技术，自有它重要的作用，但也有局限性，不能完全依赖这类转移方式。

三、损失控制

损失控制是指在风险发生时或在损失发生后，为了缩小损失程度所采取的各种措施，其主要是要减少损失发生的机会或降低损失的严重性，使损失最小化。损失控制主要包括预防损失和减少损失两方面的工作。

1. 损失预防

损失预防是一种事前的、积极的风险控制技术，即采用各种措施努力消除造成风险的一切原因，以达到减少损失发生次数或使损失不发生的目的。损失预防活动是将注意力放在：

1）消除或减轻风险因素；

2）改变或改善存在风险因素的环境；

3）抑制风险因素和环境的相互作用。

例如：针对风险因素的损失预防活动，见表 6-1。

表 6-1　针对风险因素的损失预防活动

风险因素	损失预防活动
洪水	筑堤坝，水资源管理
污染	实施关于使用和处理污染物质的管理条例
放射性物质	建造适当的屏蔽和容器
烟雾	下达烟雾禁令，没收致烟物质
酒后开车	禁酒，实行禁令，监禁
结冰的人行道	铲除，撒盐，加热走道

由表 6-1 可以看出，所有那些损失预防活动无不针对具体的原因，确实找出隐藏在事物背后的危险因素，采取相应预防措施，才能有效地控制风险，防止损失的产生。

2. 损失减少

损失减少是一种事后的风险控制技术，它试图通过一系列措施来降低损失的严重程度，使发生损失的影响减到最小。它和损失预防对策不同，更关注的是风险的结果和后果。

一种广泛采用的减少损失方法是"挽救"，完全损失的情况是较少发生的，因此我们可以采取挽救措施尽可能减少损失。如：一座被水淹过的物资仓库，可能有某些储存品经干燥等有关技术处理后仍可投入使用；一片被冰雹损毁了作物的农田，经过抢种、补种仍有可能获得收成，这些都是挽救措施的例子。

四、自留风险

自留风险是指企业既不回避也不转移风险，而自行承担风险及损失发生后的直接财务后果。自留是处理风险最普通的方法，以这种方式处理风险并不是因为没有其他的处置办法，而是出于经济性的考虑。该方法主要应用于风险发生概率低、风险损失程度小的风险的控制。

自留可能是有意识的，也可能是无意识的；可能是有计划的，也可能是无计划的。当创业者未意识到风险的存在，或低估了潜在损失的严重性，因而未作风险处理准备时，自留是被动的，它必然会对企业产生不利的影响，因此我们必须避免被动自留风险，而采取主动自留风险。企业选择风险自留作为风险控制的措施通常有以下几种情况：

1. 该风险是不可保的。比如说一些巨灾损失，如地震，洪水等等。在这种情况下，企业采取风险自留的管理措施往往是出于无奈。

2. 与保险公司共同承担损失。比如保险人规定一定的免赔额，以第一损失赔偿方式进行赔偿，采用共同保险的方式作为一定的补偿，保险人会让渡一部分保费，也就是收取比较低的保险费。

3. 企业自愿选择自留的方式承担风险。对于某种风险，该企业认为自留风险较之投保更为有利。企业通常考虑的因素有：企业自留风险的管理费用小于保险公司的附加保费；企业预计的期望损失小于保险公司预计的期望损失；企业自留的机会成本比投保的机会成本大。

风险自留作为风险转移的补充措施，有着它在资金运用上独特的作用：

1. 和保险理赔相比，既减少了繁琐的手续又节省了时间，因为预先提留的风险基金可以使得经济单位在损失发生后迅速得到补偿；

2. 使费用开支减少，不必支付保险费、佣金、管理费等费用；

3. 企业在较长时间内积累的损失补偿基金使它获得一笔储蓄，除可获得利息外，如能灵活、合理地在损失补偿前运用这笔资金，还可获得一定的收益；

4. 损失补偿基金可以保证企业赢利的稳定，一旦损失发生，动用基金来弥补损失可以避免利润的大幅度下降。

风险自留在费用的筹措和开支上存在着一定的局限性，使得它的应用有了一定的限度，新创企业只有从其内外环境条件和经营活动实际出发，对各种风险控制方式加以比较、分析和权衡，并综合运用，才有可能提高风险管理的效能。

机会、竞争、风险，这就是创业机会评估中最核心的三大问题。创业者的灵光一现，只有经过了这三道关口的折磨和考验，并且"顺利毕业"之后，才能具备足够的价值和依据来进行下一步的行动。因此，尽早地确立创业机会评估的思想，掌握相关的方法和技巧，对于创业者的事业发展具有非常重要的意义。

本章小结

■ 本章关键词：

创业风险，创业风险特征，创业风险管理，创业风险控制

■ 问题思考：

1. 创业风险的来源和分类如何？
2. 如何进行创业风险的管理？
3. 创业风险的控制方法有哪几种？
4. 初次创业者的哪种模式容易失败？

■ 参考文献：

①李蔚，牛永革编著.创业市场营销.北京：清华大学出版社，2005年版.

②杜跃平主编.创业管理.西安：西安交通大学出版社，2005年版.

③北京劳动和社会保障局编写.创业培训核心教程.2005年版.

④洪锡熙主编.风险管理.广州：暨南大学出版社，1999年版.

⑤〔美〕希斯著，王成等译.危机管理.北京：中信出版社，2003年版.

⑥韩国义编著.创业学.武汉：武汉大学出版社，2007年版.

⑦姜彦福，张帏主编.创业管理学.北京：清华大学出版社，2005年版.

第三篇

创业计划书
——准备创业

07 创业计划书的规划

没有创业计划你不能够筹集到资金……就它本身而言，一份创业计划书就是一项艺术性的工作。它表达企业和赋予企业人性化的证明。而每个都是一个独立的艺术品。每个都是企业家个性的反映。就像不能复制别人的浪漫方式，你也需要寻求区别你的计划与众不同之处。

——约瑟夫·R. 曼库索(Joseph R. Mancuso)

《如何写作一个制胜的商业计划》作者

本章概要

在创业者完成创意形成、机会评估等基础工作后，应积极投入制订完整的创业计划工作。通过创业计划书的规划与撰写向现实的和潜在的合作伙伴、投资者、员工、客户及供应商等全面阐述公司的创业机会，阐述创立公司、把握创业机会的措施及实施过程，说明所需的资源，揭示风险和预期回报。另一方面，一份综合的创业计划也是创业者对创业项目在发展方向问题上的综合意见和反思的结果，它是决定企业基本运作的主要工具，也是管理企业的主要文件。

实例思考

在宁波高教园区内的某个茶座里，小谢正用复杂的心情与朋友们谈论着他的宏图大计。小谢是温州人，家乡是我国某种著名保健药材 A 的最重要的种植、生产与销售中心。从小到大，小谢耳濡目染的都是 A 药材方方面面的信息，而一闲下来也在父亲与叔叔开办的药材加工厂帮帮忙。

进入大学后，小谢对经营 A 药材的兴趣也愈来愈大，大二下学习暑期实践，小谢在老师的指导下，拉扯了一帮同学在全省走南闯北地搞了一次对 A 药材市场、经营系统市场调研与分析，调研报告最终获得了学院的大学生科研成果优胜奖。通过调研与分析，小谢认为从全省乃至全国角度而言，A 药材的需求量非常大，市场前景非常好；但另一方面，A 药材市场与产业链显得混乱无序，鱼目混珠、以次充好的现象层出不穷，市场与行业存在巨大的整合空间与规范需求，这将给 A 药材行业的部分优质企业带来巨大的发展机遇。

在调研分析资料的基础上，小谢与父亲、叔叔进行了大量的沟通。应该说，父亲与叔叔对小谢的结论与思路相当地认可，对家里的“首位大学生”表现出相当的欣慰与期望。接下来，小谢面临如何实践思路与想法的问题。家里的企业虽然具有一定经济基础与本地影响力，但要做到整合市场、规范行业谈何容易！产品、品牌本身并不具备鲜明的差异性与竞争优势，终端市场、渠道的开拓与培育还处于起步阶段，现有经营团队虽然具有深厚的从业经验，但也存在文化水平低、家族性质强、互补性不足等重大的缺陷。如何进行产品的深度研发？如何构建差异化？如何培育市场？如何开拓渠道？如何整合供应商？如何培育品牌？要什么样的人才？如何吸引人才？当然，还有一个最重要的问题，如何说服外界资金方能够投资合作。没有外来资金的介入，可以说什么都是空中楼阁。

小谢一方面仍在积极地与人探讨、推广自己的项目，另一方面，他感觉要做的事太多了、太复杂了，自己愈来愈失去方向与激情了。他决定要根据基本的商业经营逻辑，系统地、全面地审视与规划自己的创业项目……

（资料来源：由创业者毕业院校整理提供）

思考：

1. 小谢该怎样规划自己的创业项目？

2. 小谢如何能够吸引外来资金的投入？

凡事都需要一个周密的计划，才能接近成功。毕竟“一夜暴富”的神话只是个别的。对创业者来说，计划尤其重要。当创业的想法还只是脑中的“蓝图”时，只有把“蓝图”实实在在地画在纸上，写成计划书，才真正算是迈开了创业的步子，否则“蓝图”将永远停留在脑中。

第一节　创业计划书概述

一、创业计划书概念与作用

创业计划书，也被称为商业计划书，是详述筹建企业的书面文件，是对与创业项目有关的所有事项进行总体安排的文件。创业计划覆盖了创业企业的各个方面：项目、市场、研发、制造、管理、关键风险、融资、阶段或时间表等。所有这些方面的描述展现了这样一幅清晰的画面：本企业是什么；企业的发展方向是什么；企业家怎样达到他的目标。总之，商业计划是企业家成功创建企业的路线图。

对于大学生创业者而言，由于存在行业、经验、资源等经验缺乏的客观情况，因此，创业计划书的规划与撰写对于大学生而言就显得尤为重要，对深入分析创业项目、理清创业思路、指导创业行为都具有重大的实践意义，很大程度上关系到创业项目的成败与否。

大学生创业初期，虽然头脑酝酿一个创业项目，但不是很成熟，可以通过编制创业计划书，减少盲目性和冲动。应该说，编制一份翔实、可行的创业计划书对一个大学生创业项目而言有着关系成败的关键意义。

首先，对创业者而言，一个创业项目在头脑中酝酿时，往往比较有把握，但从不同角度仔细推敲时，可能有不同的结果。通过编制创业计划书，创业者对创业活动可以有更清晰的认识，深入探讨项目的可行性。可以说，创业计划首先是把计划中的项目推销给创业者自己，使创业活动能有条不紊地进行。

其次，创业计划书是筹措资金的重要工具。投资者不是慈善家，投资者投资的目的在于获取投资带来的收益。投资者对于投资项目的选择也是十分谨慎而苛刻的。由于投资者的时间精力都有限，对于任何潜在投资项目他们不可能身体力行地去考察。因此，作足表面文章就是十分必要的了。具体说来，对于投资者而言，大学生创业者的商业计划书明确了企业经营的构想和策略、产品市场需求规模与成长潜力、财务计划、投资回收年限以及风险等要素的阐述与评估，是创业者向投资者传递信息的关键媒体。

再次，创业计划书可以为企业的发展提供指导作用。创业计划的内容涉及创业的方方面面，可以使创业者对产品开发、市场开拓、投资回收等一些重大的战略决策进行全面的思考，并在此基础上制订翔实清楚的营运计划，周密安排创业活动，发挥指导作用，降低创业风险。就像盖房子之前要画一个蓝图，才知道第一步要做什么，第二步要做什么，或是同步要做些什么，别人也才知道你想要做什么。大环境和创业的条件都会变动，事业经营也不只二三年，有这份计划书在手上，当环境条件变动时，就可以逐项修改，不断地更新。

最后，创业计划书帮助创业者把创办的企业推销给潜在的合伙人、银行家、供应商、销售商以及行业专家、政府行业管理部门、新闻媒体。从这种意义上说，创业计划书还担负潜在资源积聚与整合的功能。对于大学生创业而言，创业计划书还是争取各类政府优惠与扶持政策待遇必不可少的通行证。

二、创业计划书的特征

作为创业的纲领性文件，创业计划书具有如下基本特征。

1. 开拓性

创业计划书最鲜明的特点是具有创新性。这种创新性是通过其开拓性表现和反映出来的，而开拓性最本质的体现在于对新项目、新内容、新的营销思路和运作思路的整合上，这也是创业计划书不同于一般的项目建议书的根本之处。

2. 客观性

创业计划书的客观性是创业计划书的又一个十分重要的特点。这种客观性突出表现在创业者提出的创业设想和创业商业模式，是建立在大量的、充分的市场调研和客观分析的基础之上的，是项目具有实战性和可操作性的基础。

3. 整体性

创业计划书的整体性要求创业者把严密的逻辑思维融汇在客观事实中体现和表达出来。通过项目的市场调研、市场分析、市场开发及生产安排、组织、运作，以及全程的接口管理、过程管理和严密的组织，去把你提出和设计好的商业模式付诸实施，把预想的效益变成切实的商业利润。因此，创业计划书的每一个部分都是为着这个整体目标服务的。每一个部分又是这个整体目标的一种论据，一种支撑。

4. 实战性

创业计划书的实战性是指创业计划书具有可操作性。写在计划书上的商业模式不仅是可以运作的，而且是必须运作进行实战的。这种实战性尽管没有设计出每一个运作细节，但是项目运作的整体思路和战略设想应该是清晰的。实战的过程中尽管可能做出若干调整，但项目的鲜明商业特点和可操作性是不能，也不会变化的。

5. 增值性

创业计划书是一类与国际接轨的商业文件，有着十分鲜明的商业增值特点，主要体现在：创业计划书的创新性以及创收点、创业计划书鲜明的证据支持以及包括投资分析、创收分析、盈利与回报分析在内清晰的商业价值观。

【案例】 校园眼镜店：一个始于创业计划书的成功行动

小杨是天津工业大学的硕士研究生，她与天津科技大学的几个同学成立的公司，叫"上海平远眼镜有限公司"。除了眼镜批发配送外，公司还在天津科技大学的新校区开了第一家零售店，经营状况很好。

其实最早的想法只是为了参加挑战杯创业大赛。但经过市场调研、反复论证，他们被自己的创业计划书打动了：做眼镜中间商是完全可以实现的创业设想。创业团队在调研中发现，眼镜行业市场巨大，且正处在高速成长期。创业团队在调研中还发现，就是这么一个非常普及的小产品，到目前还没有公认的品牌（除一些太阳镜外）。调查问卷的结果坚定了他们的想法：创造自己的眼镜品牌。

2006年9月，平远眼镜第一分店在科技大学的新校区开张纳客。20万元的资金是以合资形式注入的，选址在新校区也是他们动了一番脑筋后定的。大学生是眼镜消费的主要人群，但是各种眼镜店已经把坐落在城市中的大学包围，只有新校区一般都在市郊，眼镜市场是空白。他们聘请了一位专业配镜师。开店一个多月后，同学们不仅认可这个店了，公司开展的配送中间业务也打开了市场。目前甘肃、陕西、江苏、安徽都已经有"平远"的产品，连一向挑剔的零售商竟然都说："你们的产品质量真好。"小杨说这是严把进货关得来的。

现在团队拟定了针对风险投资的融资方案：现自有运营资金50万元，吸收风险资金200万元，计划投资回收期为10个月，第2年预计盈利512万元，第5年预计盈利1434万元，风险投资者在第5年撤出风险投资的前提下将获得1450万元的投资回报。

目前，风险融资方和他们达成了初步的合作意向，而在南京、天津等地大学城的新的零售分店也在积极筹备中。

（摘自《校园眼镜店：一个始于创业计划书的成功行动》，《中国青年报》网络版，2004.11.9，节选改编）

第二节 规划创业计划书

一、创业计划书的框架结构

一份详细的创业计划书的框架通常由九部分构成。表7-1提供了一份标准计划书的大纲，在实际撰写过程中，可以根据具体情况与撰写风格进行适当、灵活的调整，第八章将详细阐述创业计划书的具体组成内容及编写方法。

表 7-1 创业计划书大纲

1. 执行摘要 2. 企业描述 A. 企业的一般描述 B. 企业理念 C. 企业的发展阶段(针对已创办企业) 3. 产品与服务 A. 产品/服务的一般描述 B. 产品/服务的竞争优势 C. 产品/服务的品牌和专利 D. 产品/服务的研究和开发情况 E. 开发新产品/服务的计划和成本分析 4. 市场分析与营销策略 A. 市场调研和分析 B. 营销计划策略	5. 产品实现 A. 产品生产制造方式 B. 生产设备情况 C. 质量控制 6. 管理团队 A. 管理机构 B. 关键管理人员 C. 激励和约束条件 7. 财务计划 A. 企业过去三年的财务情况(针对已创办企业) B. 未来三年的财务预测 C. 融资计划 8. 关键风险、问题和假设 9. 附录

二、创业计划书的推介

创业计划书一旦准备就绪,接下来的主要挑战就是如何将计划书介绍、推广、投送给相关者。在大部分情况下,口头介绍是推荐给潜在投资者最普遍也是最关键的一步。事实上,大学生创业者应该清晰地认识到:口头表达能力不仅对推介创业计划书与筹集资金至关重要,实际上,它还是创业者在注入新产品开发、买卖交易、巩固合作关系、招聘员工等一系列活动达成协议的基本工具。

创业计划书的推介主要包括前期准备、演示创业计划以及访谈三个基本环节。

1. 前期准备

口头表达与书面表达存在巨大的差异,其要点是快速地切入主题,恰当地解释创业项目,语言内容需要好好地予以斟酌,同时不乏风趣灵活,结构上需要体现较强的系统性与逻辑性,同时在表达过程中可以自由添加或改变某些点作为介绍的拓展,一份背下来的介绍是无法激发投资者激情与兴趣的。

创业者在做创业计划推介准备时,首先要训练自己言简意赅的表达能力,训练自己用一分钟来表达、阐述创业企业的性质与职能。正如《创业的艺术》作者盖伊·川崎说:"如果一位企业家来找我,一开始就知道谈论他想如何筹集资金;如果一个非营利机构的负责人来找我开口就要赞助,那么我根本就没有耐心从头到尾听完他们的谈话,我希望他们能够利用头15分钟时间,向我简述他们的人生故事;如果你不这么做,你的听众不可避免地会产生这样的疑问:'他的公司是做什么的呢?'"现实推介过程中,创业者往往会用自传式篇幅与方式来介绍企业,想当然地认为只要自己说这么一通开场白,听众自然会明白新创公司从事的行业与提供的产品或服务。大学生创业者可以利用定时器，训练自己在一分钟内阐述公司性质与目前状况，并请听众写出一句表达你公司性质与职能的话，把他们的答案收集起来，与自己说的内容进行比较，通过对比结果修正自我表达方式与内容。

在前期准备中，创业者还应积极了解与分析推介对象。大学生创业者往往认为出色发言的基础在于激起听众热情的能力。实际上，出色发言的基础源于推介前对推介对象所进行的调研。首先，创业者应了解究竟什么对推介对象来说比较重要。可以通过事先向"主办者"或"中介方"提出诸如：最想了解公司的三件重要事情是什么？什么促使对方对创业项目产生兴趣？可能会问什么特殊、尖刻的问题？会议参与人员年龄多大、背景与特长如何等。创业者还可以通过网络搜索、资料收集、业内打听等方式清晰地了解公司背景、管理者背景等方面信息；并通过换位思考、团队讨论的方式，群策群力、集思广益地梳理各种可能性，为推介工作做好前期调研工作。

创业者还应该依照"10/20/30"原则做好推介内容、长度和文字表现的准备工作。"10/20/30"原则指通过 10 张幻灯片、20 分钟时间、30 磅的文字字体来指导推介演讲。

演讲过程中，推荐使用较少的幻灯片，大约 10 张。表面上看起来少了一些，但是你挑选出来的 10 张幻灯片具有真正的实质内容。你可以再稍微增加几张，但一次演讲的幻灯片绝不能超过 20 张。你需要的幻灯片越少，你讲述的内容越引人注目。创业者可以用标题、问题、解决方案、商业模式、项目优势与独特性、市场营销、竞争、管理团队、财务计划及主要指标以及目标实现时间与资金的使用作为幻灯片的核心标题，进行内容的组织。

一般推介会议时间多为一个小时，因此，创业者应该在 20 分钟内完成陈述与演讲。这样，一方面可以加强创业者对推介会议的时间控制；另一方面，也可以让与会人员有更充足的时间进行交流与讨论。创业者应在推介前，通过内容提炼、积极准备与反复预演，训练自己在介绍活动中将陈述内容集中在 10 张幻灯片和 20 分钟时间以内。

而严格意义上的幻灯片文字内容不能用太小的字，因为，这一方面说明你将过多的细节内容写在了幻灯片上；另一方面，也将给风险投资商带来阅读上的麻烦，特别是一些上了年纪的投资商（由于行业的关系，这些人占很大的比率）。因此，创业者应该认识到使用幻灯片的目的是为了吸引听众，而不是为了让听众阅读更多的信息。创业者应该通过口头表达的方式对内容做进一步的阐释及补充。由于人们阅读的速度比讲话的速度快，所以大篇幅的内容与细节在创业者讲完之前已经被阅读完毕，自然无法激起风险投资商的倾听兴趣了。

在演示创业计划之前，创业者还应该完成会场布置与设备准备。创业者必须事前检查、确认相应设备如手提电脑、投影仪等是否到位，并检查它们的兼容性与使用可靠性。创业者备份演讲文稿并检查演讲文稿是否能在手提电脑、投影仪等设备中正常运行，同时还应准备打印机，以备万一设备出现问题的情况下，将需讲述的内容打印出来。这些工作需要创业者在演示前一天准备就绪，并于演示当天提前检查。创业者必须认识到倘若会议一开始陷入乱糟糟的地步，再想把它好好地恢复起来几乎是不可能的事情。

2. 演示创业计划

演示创业计划是创业者展示自己能力的大好机会，同时也是创业投资者考察创业者的关键阶段。尽管项目好坏才是创业投资者考虑的主要方面，但是大多数情况下，创业投资者不会将资本交给一个连自己创意都表达不清楚的人。

在做好包括推测对方可能提出的问题、如何应付展示期间可能出现的意外以及确定展示重点等信息调查与前期准备工作后，创业计划书进入实质演示阶段。

演示开始后，可以通过诸如“我能够占用各位多长时间？”“各位最需要我回答的三个问题是什么？”“我可以先完成我的演示内容，然后再回答大家的问题吗？如果各位认为确实需要提出问题，也可以随时打断我”等开场白，表达对推介对象的尊重与双向交流的意愿，加上事先布置的讲台，可以营造良好的开端并积极带动投资者参与的积极性。再次，在演示过程中，应该保持条理清晰的风格，要有针对性，突出市场前景以吸引投资者的注意力。如果没有特殊要求，演示者不要过分强调技术因素或故意使技术环节复杂化。

此外，创业者还需要注意掌握以下几个细节：包括在演示前不要发放有关管理经营费用的材料；在演示中用热情洋溢的语言表达；积极与投资者实现互动，但不要与投资者发生争执；如果对于投资者的提问没有事前妥善处理，可以用“另外，需要补充的是……”进行弥补；演示即将结束时，插入一些表格资料向与会者说明公司的财务状况；在演示休息时间，在投资者离场后，简短总结演示的效果以及需要改进之处；演示期间积极记录、演示后重新整理会议记录与讲演内容等。

创业演示过程中还应该注意的一个问题是不要出现喧宾夺主的情况。大学生创业者心中往往抱有这样的念头：投资者、客户与合作伙伴想让更多的人参与进来，而众人的参与体现出了所谓的团队精神！在这种推理下，创业团队相信来自他们公司的四五个人应该参加推介会议，而且他们每个人在会议上都应当扮演一个角色，只有这样才能表明团队精神得到了贯彻。这种逻辑下的推介会往往会呈现“轮流坐庄”、“救驾”不断的局面。实际上，这是一种糟糕的举动，恰恰给推介对象一种创业团队缺乏凝聚力的印象。在演示会中，创业领袖（核心）或公司 CEO 应占全部讲话的 80%以上，其他高层人员（不应该超过 2 位）可以在 20%会议时间讲述一两张幻灯片内容或回答提问，这些内容与问题都应该是他们各自专业领域的内容。如果创业领袖或 CEO 不能在会上利用大部分时间亲自发言，那么他就应当提前进行演练，直至自己能够轻松地在会议上唱主角。否则，公司就应该换另一个创业领袖或 CEO 了。

3. 访谈

访谈也是创业计划推介的重要环节。对于通过初步审查的创业项目，下一步就是与创业者直接交流。由于创业者的素质是决定创业能否成功的关键，所以必须要对创业者进行访谈，以达到以下三个目的：一是面对面地考察创业者的综合素质；二是根据审查创业计划的情况，核实创业项目的主要事项；三是了解创业者愿意接受何种投资方式和退出途径、投资者能以何种程度参与企业决策与监控。

为了取得良好的访谈与计划推介效果，首先，创业者要制定谈判计划，包括明确谈判的最低目标、中间目标以及最高目标；拟定谈判的进程；选择合适的谈判时间和地点；确定参与谈判人员及分工。其次，做好谈判的心理准备，即准备应对大量提问、应对投资者对管理的查验、准备放弃部分业务以及准备做出妥协。再次，掌握一定的谈判技巧，比如展示自己实力时采取暗示的办法，为了增强谈判的吸引力要给对方心理上更多的满足感，谈判中多听、多问、少说等等，创业者可以在日常生活中积累这些技巧，必要时也可以进行相关知识的培训。

本章小结

■ 本章关键词：

创业计划书，创业计划书作用，创业计划书框架，关键要素，撰写原则

■ 问题思考：

1. 如何理解创业计划书的概念与作用？

2. 创业计划书的框架结构是怎样的？

3. 如何与投资者商谈创业计划书？

■ 参考文献：

①〔美〕杰弗里·蒂蒙斯，小斯蒂芬·斯皮内斯著. 创业学. 北京：人民邮电出版社，2005 年版.

②李志能，郁义鸿，罗伯特·D. 西斯瑞克编著. 创业学. 上海：复旦大学出版社，2005 年版.

③〔美〕Donald F. Kuratko Richard M Hodgetts 著. 创业学—理论、流程与实践. 北京：清华大学出版社，2006 年第 6 版.

④〔美〕川崎著. 创业的艺术. 北京：当代中国出版社，2005 年版.

⑤葛建新主编. 创业学. 北京：清华大学出版社，2005 年版.

⑥徐剑明著. 自主创业实务. 北京：中国人民大学出版社，2007 年版.

08 创业计划书的编写

预则立，不预则废。

——孔子

本章概要

选定了创业目标，确定创业的动机在资金、人脉、市场等各方面的条件都已准备妥当或已经累积了相当实力，这时候，就必须提出一份完整的创业计划书，创业计划书是整个创业过程的灵魂，在这份白纸黑字的计划书中，详细记载了一切创业的内容，包括创业的种类、市场分析、营销规划、产品实现、融资与财务分析、风险评估、内部管理规划等，这些都是创业过程中不可或缺的元素。具体如何系统地、规范地撰写创业计划书以及如何向潜在利益方推介已完成的创业计划书，都是创业者接下来必须面临的紧迫任务与重大挑战。

实例思考

10个四川大学学生组建的一个创业团队，在第五届"'挑战杯'中国大学生创业计划竞赛"中获得金奖，并赢得2200万元的风险投资。

四川大学2003级本科生刘宗锦是这个创业团队的领头人。着手撰写创业计划时，她怎么也想不到会带领一支主要由硕士、博士组成的团队去参加全国大赛，并最终获得大赛金奖。

"我是学企业管理的，参加这项活动可以锻炼自己的实战能力。"就是抱着这样的目的，刘宗锦在川大蓝色星空BBS上发帖，希望能找到人和她一起组队参加此项比赛。

让刘宗锦没有想到的是跟帖的人很踊跃。财务管理2006级硕士生严林娟等不同专业的9个川大学生迅速和刘宗锦集合在一起，组成了一个年轻人的创业团队，并取名为"UP团队"。

刘宗锦成功组建了这个创业团队后，首先要做的是寻找项目。而为了寻找到合适的项目，团队成员几乎浏览了所有的科技网站，并一次次前往成都各大科研院所寻找项目。最后，在一名老师的引导下，他们去了川大国家大学科技园，并在科技园孵化部经理王黎明的推荐下，选择了一个已进入"中试"的项目——"食用菌废弃物循环利用项目"。

"食用菌废弃物循环利用"是四川大学公共卫生学院教师宋戈扬的专利项目，川大科技园已经对此项目进行中度试验，并且有实验基地。刘宗锦等人拿到这个项目后，这些来自医药企业管理专业、市场营销、卫生检验等专业的学生们开始做起第一份、也是获得金奖的创业计划书。

（摘自《四川大学学生创业计划"卖"2200万元》，西部时报，2006.10.27，节选改编）

思考：

1. 创业计划书的内容如何撰写？

2. 如何使自己的创业计划书脱颖而出？

3. 如何向潜在的利益体推广介绍自己的创业计划书？

创业之初，创业者制作创业计划书可以使创业者理清自己的创业思路。一个项目在脑海中酝酿时，经常非常美妙，创业者会有抑制不住的创业冲动。在这时候，创业者可以尽情地把这个思想以创业计划书的形式写出来，然后使头脑冷静下来，把反面的理由也写进去，从正反两个角度反复进行推敲，就可以发现自己的创业理想是否真正切实可行，是否具有诱人的商业前景。通过制作创业计划书，创业者会对自己的创业有比较清晰的认识。

在我国，首次大学生创业计划大赛在1998年5月清华大学举办。此后，大学生创业计划大赛在国内地方或高校迅速普及。1999年由共青团中央、中国科协、教育部和全国学联共同主办、清华大学承办的首届"挑战杯"大学生创业计划竞赛在清华大学成功举办。此后，上海交通大学、浙江大学、厦门大学分别成功举办了第二届、第三届和第四届"挑战杯"中国大学生创业计划竞赛，并发展成具有标杆性、代表性的大学生创业计划大赛。以创业计划书撰写为主要内容的各类地方、高校创业计划大赛极大地激发了在校大学生的创新意识和创业精神，也成为我国大学生的创业素质教育与创业能力培训的重要载体。

第一节　编写要素与格式规范

如何写创业计划书？成功创业计划书的关键内容又是什么？回答这个问题，一定是站在潜在投资者的角度，采取换位思考的方式予以确定的。应该说，投资者对项目最关心的问题集中在项目是否能够成功、能否保障自我资金的回报与安全两个方面。那些既不能给投资者以充分的信息也不能使投资者激动起来的创业计划书，其最终结果只能是被扔进垃圾箱里。

我国传统文化将成功归因于天时、地利、人和三大要素，而且"天时不如地利，地利不如人和"。同理，成功的创业计划也可以积极围绕产品、市场与竞争、团队三个关键要素展开：即是否具备产品优势的天时、是否具备市场环境与竞争优势的地利以及是否具备成功实现创业活动人力资源的人和。另外，出色的创业计划书还应该考虑撰写结构、文字组织等方面对潜在投资者的影响。

一、编写创业计划书的关键要素

1. 产品与服务

在创业计划书中，应提供所有与企业的产品或服务有关的细节，包括企业所实施的所有调查。这些问题包括：产品正处于什么样的发展阶段？它的独特性怎样？企业分销产品的方法是什么？谁会使用企业的产品，为什么？产品的生产成本是多少，售价是多少？企业发展新的现代化产品的计划是什么？等等。制订创业计划书的目的不仅是要出资者相信企业的产品会在世界上产生革命性的影响，同时也要使他们相信企业有证明它的论据。创业计划书应通过言简意赅的语言对产品进行阐述，要让出资者有相逢恨晚的感觉与冲动。

【案例】“藏经阁”——一个职高女生的创业故事

淘宝网上有个好评率100%的小店名叫“藏经阁”，点击进入小店，可以看到不少待出售的国画作品和一些手绘的扇面、衣服、水壶等。在有关店铺介绍中，写着这样一句话：“MM还是学生，请大家多支持！”

小店的老板名叫吴晶洁，曾是一名杭州江干职高2003电脑美术2班的学生。上学期，学校开设了装饰画课程，老师在教学中要求学生设计一件属于自己的文化衫。当时吴晶洁就想到，既然能穿着自己设计的衣服走在大街上，那么也许别人也会喜欢上这种手绘的风格。于是她萌生了在网上开家手绘店的念头。

2005年6月15日，吴晶洁在淘宝网上开出了自己的小店，与此同时，她开始在衣服、裤子、鞋子甚至是水壶、花盆上画画，然后把照片拍下来传到网上。从注册开店至今，网上记录藏经阁已经成功交易了16笔。小吴说实际成交量远不止这些。

这一年她是高三学生，学习任务重，她的精力要投入到报考中国美院的学习中。对于小店的未来，吴晶洁也有自己的打算，她说现阶段开店的目的不是为了赚钱，而是锻炼自己。但小店她会继续开，今后不乏扩大规模的打算。当年暑假就有一位义乌的老板要请她加工3000把工艺扇面，因为学习她推掉了订单。“我们吴晶洁这次考了全年级第一，老师对她期望很大，等她考上大学后我们会好好经营这家小店。”吴妈妈谈起女儿，脸上的自豪藏都藏不住。

（摘自《职高女孩淘宝网上的小店开“火”了》，每日商报，2005-11-3，节选改编）

2. 市场与竞争

创业计划书要给投资者提供企业对目标市场的深入分析和理解。要细致分析经济、地理、职业以及心理等因素对消费者选择购买本企业产品这一行为的影响，以及各个因素所起的作用。创业计划书中还应包括一个主要的营销计划，计划中应列出本企业打算开展广告、促销以及公共关系活动的地区，明确每一项活动的预算和收益。

【案例】白领看准午休市场商机

白领小王中午12点走进办公室，被眼前的一幕吓了一跳：平时空旷的办公大厅，横七竖八放置着十几把沙滩椅，整个办公区俨然成了一个“度假区”。午休，最多三个小时，但也蕴藏巨大的商机，尤其在人们越来越重视养生的背景下。

白领赵小姐在沈阳一家外资公司任会计，忙起来加班到凌晨三四点也是常事，颈椎和腰椎都落下了毛病，白天经常疲倦，中午更是想睡觉，头脑也是昏昏沉沉。

无独有偶，经常加班的小帆最近爱上了午睡，他从网上订购了专业设备：一把折叠式加长躺椅，一个遮光眼罩、隔音耳塞和便携式午睡枕。

像小赵和小帆这样的年轻白领，在网上被称为“午休一族”，对于他们来讲，中午是一天中惟一可以好好放松的时光。

白领们的需求，就是商家眼中的商机。午休市场的热度持续增加，网上销售各种“午休装备”的小店也跟着火了起来。

一家销售这种躺椅的网店，30天售出的躺椅达到884件，店主也因此拥有了两个皇冠的销售信誉。除了折叠椅，遮光眼罩、隔音耳塞的销路也非常不错。一款写着“打卡叫我”的遮光眼罩，在网上具有超高人气，不少白领集体团购，一次就买了二三十个。“利用午休时间睡一觉真是不错的养生方式，”白领小帆说，“以前一到中午，不是打牌就是坐在那儿玩游戏，下午反倒更累了。有了午休装备之后，谁都愿意在中午好好休息一下。”

（摘自《大学生创业网》）

在市场营销环节中，创业者将不可避免地面临竞争对手的挑战。因此，在创业计划中，创业者应细致分析、阐述竞争对手的情况。竞争对手都是谁？他们的产品是如何工作的？竞争对手的产品与本企业的产品相比，有哪些相同点和不同点？竞争优势在哪里？竞争对手所采用的营销策略是什么？等等。创业计划书要使它的读者相信，本企业不仅是行业中的有力竞争者，而且将来还会是确定行业标准的领先者。在创业计划书中，企业家还应阐明竞争者给本企业带来的风险以及本企业所采取的对策。

【案例】 稻盛和夫:拯救日本航空的五个秘密

2012年，日本经济界发生了一件堪称惊天动地的大事，那就是日本航空公司破产后，实现了再上市。破产企业再上市，并不是新鲜事。但是，作为日本第一大航空公司，在距离破产仅两年半后就成功实现了再上市，却是一个奇迹。

全球的目光都投向了这家公司:是谁对它施展了奇异魔术？这位经营天才，不是一位腰缠万贯的基金老板，而是一位80岁的老人，他的名字叫“稻盛和夫”。

2009年，正当他潜心佛学、安度晚年之际，日本航空公司负债1.5235万亿日元（约1220亿元人民币）宣告破产。

是什么让日本航空在短短的时间里凤凰涅槃获得重生？稻盛和夫说，如果一定要说到秘密的话，这秘密有5个。

第一，是零工资的奉献给了全体员工很大的精神鼓励。“我接受政府的邀请出任公司董事长时，已是快80岁的老人，在许多的员工眼里，我是他(她)们的爷爷、父亲或叔叔，我一生与日本航空公司没有什么关系，却愿意不领一分钱的工资为日本航空公司的重建奉献最后的力量，给了全体员工一个很好的榜样。”

第二，按照政府再生支援机构的重建要求，日本航空要裁一部分员工，但是，同时也要保护更多的员工能够继续留在公司里工作。“我之所以答应政府的邀请到日本航空公司来担任董事长，是认识到不能让它倒闭，不能让它影响日本经济，尽可能地保住更多人的工作机会。”

第三，担任董事长后，做的第一件事，就是要明确日本航空公司的经营目标，并将这一目标反复向全体员工传达，让每一位员工时刻牢记自己要做什么，公司要做到什么。“这一做法，与我创建和经营京瓷公司、KDDI公司一样。我觉得，只有把员工的幸福放在第一位，大家团结一心，经营者与员工的心灵产生共鸣，企业才能走出困境，才能获得健康发展。”

第四，在日本航空公司，用稻盛和夫的经营哲学和人生观，对企业进行了改革，尤其是对“官僚体制”进行了彻底的改革。“我首先对企业的经营服务意识进行了改革。制定了40个项目的服务内容，让员工和我一起拥有共同的价值观，拥有共同的经营理念，做到‘物心两面’一致，形成了日本航空公司新的企业理念。”

第五，对于公司内部经营体制实施了改革，实行了航线单独核算制度，并确定了各航线的经营责任人。“统计工作实施速报制，各个部门的数据做到即有即报，公司详尽的经营报告做到了一个月内完成，以便让经营班子随时掌握公司的经营实况。” （摘自《第一财经日报》）

3. 管理团队

把一个思想转化为一个成功的风险企业，其关键的因素就是要有一支强有力的管理队伍。这支队伍的成员必须有较高的专业技术知识、管理才能和多年工作经验。在创业计划书中，应首先描述一下整个管理队伍及其职责，然后再分别介绍每位管理人员的特殊才能、特点和造诣，细致描述每个管理者将对公司所作的贡献。创业计划书中还应明确管理目标以及组织机构图。对于大学生创业团队而言，人力资源往往是创业要素中较常见的短板，因此，对于大学生创业团队而言应一方面积极展示学生创业团队的创业热情、专业背景以及团队成员的互补与实践经验；另一方面，也应积极开拓人力资源途径，吸引优秀人才的加盟。

【案例】 杭州高博的精英团队

2001 年，李慧回到故土杭州。经过几个月的考察，2001 年底，高博技术与战略研究所(杭州)有限公司在杭州东部软件园成立，李慧架起了通往杭州和波士顿之间的桥梁！

李慧曾任某知名民营企业高级管理投资顾问、浙江省某风险投资公司总经理，后前往美国波士顿 RIVIER 学院攻读 MBA。取得学位后，年轻的李慧在波士顿开了一家咨询公司。稳定的工作、丰厚的收入并没有熄灭李慧心中早就酝酿着的回国发展的念头。当时，把国外先进技术、人才引进国内的工作，已经在全国各地开展得如火如荼，但是真正能把一流人才引进来的却不多。而李慧在波士顿的公司其中一项业务就是为来美考察的国内人员牵线搭桥，介绍美国成熟公司高层管理人员与国内同行加强信息交流。当时杭州市的不少部门都曾与她有过合作。他们都向她提出建议，要做就做得彻底一些，把“桥”搭到中国来！

数位奋斗在波士顿的海外学子加入了李慧的海归创业团队。“我们都在波士顿工作、生活过，被彼此之间合作的愉快氛围所吸引，共同的志向所驱动，才回到杭州，组成了一个团队。”说起和自己一起创业的 4 人海归团队，李慧掩不住内心的自豪和喜悦，她极力推荐我们去采访团队的其他成员。

“在国内创业初期的待遇显然与在美国工作没法比，但却更有价值，因为做好一个项目可以长久地影响一家企业，甚至影响整个社会。”公司副总裁张希军博士道出了和李慧等四人一起回来的原委。他们出于共同的目标，放弃了在美国的优越待遇，带着学成的知识和在大公司积累的经验，回到国内从头开始。

因为 4 人有不同学术、工作背景的优势互补，加上各自在杜邦、朗讯、阿尔卡特等国际大公司的工作经历，以及对国内环境的熟识，他们的合作如鱼得水。公司创办后，几乎没有经历一般企业都曾有过的初创尴尬，就迅速走上正轨。虽只有两年时间，但他们向外的事业触角已从最初的美国波士顿，扩大到了北美、欧洲、澳洲等多个国家，正向着更广阔的天地伸展。

(摘自《一个海归团队在杭州的创业》，市场营销案例杂志，2006.12，节选改编)

4. 出色的计划摘要

创业计划书中的计划摘要也十分重要。它必须能让读者有兴趣并渴望得到更多的信息，它将给读者留下长久的印象。计划摘要将是自主创业者最后撰写的内容，但却是出资者首先要看到的内容，它将从计划摘要中摘录出与筹资最相关的细节，包括对公司内部的基本情况、公司的管理队伍等情况的简明而生动的概括。如果公司是一本书，它就像是这本书的封面，做得好就可以把投资者吸引住。它会给风险投资家这样的印象："这个公司将会成为行业中的巨人，我已等不及要去读这个计划的其他部分了。"

二、创业计划书的格式规范

在撰写创业计划书过程中，一方面要积极关注创业计划书的核心要素；另一方面，由于创业计划书面对的读者往往是具有专业背景的投资专家，因此，创业者也需同时关注创业计划书的书写格式与规范。

1. 要简洁明了

商业计划应当简洁明了。人们在阅读一份自己特别感兴趣的商业计划时，应能立即找到问题及其解决办法，因此对于那些可能会引起读者兴趣的主题都应该全面而简洁地阐述。一般说来，商业计划最佳长度为25～35页。

2. 写作风格要掌握适中

好的商业计划既不要太平淡无奇，引不起读者的胃口，又不要太花里胡哨，过于煽动性。计划书要有冲击力，能够抓住投资者的心，不等于煽情。一定要记住，商业计划书既不是动员报告，也不是文艺作品，它是一篇实实在在的说明书。

3. 尽量客观

商业计划应当客观，应当用事实说话。凡是涉及数字的地方一定要定量表示，提供必要的定量分析。一切数字要尽量客观、实际，切勿凭主观意愿的估计。有些人在讲述他们的创意时会得意忘形。的确，有些事情需要以一种充满激情的方式讲述，但你应该尽量使自己的语气比较客观，使投资者有机会仔细地权衡你的论据是否有说服力。在商业计划书中，创业家应尽量陈列出客观、可供参考的数据与文献资料。像广告一样的商业计划并不能起到很好的吸引投资者的作用，反而会引起别人的逆反心理，引起投资者的怀疑、猜测，而使他们无法接受。

4. 让外行也能看懂

商业计划应当做到让外行也能看懂。一些风险企业家认为他们可以用大量的技术细节、精细的设计方案、完整的分析报告打动读者，但这样做的效果并不好。因为往往只有少数的技术专家参与商业计划的评估，许多读者都是全然不懂技术的门外汉，他们更欣赏一种简单的解说，也许用一个草图或图片作进一步的说明效果会更好。如果非要加入一些技术细节，可以把它放到附录里面去。

5. 保持写作风格一致

商业计划的写作风格应一致。一份商业计划，通常由几个人一起完成，但最后的版本应由一个人统一完成，以避免写作风格和分析深度不一致。商业计划是企业的敲门砖，不仅要以一种风格完成，而且应该看起来很统一、很专业。例如，标题的大小和类型都应该和本页的内容和结构相协调，另外也要注意可以恰当地使用图片，并图文并茂。

第二节 编制的基本步骤

成功创业计划书的撰写不是一蹴而就的事情，创业者需做好大量的前期准备工作，并在写作过程中遵循一定的写作步骤与写作原则。

首先，成功的创业计划应有周详的前期准备与启动计划。由于创业计划涉及的内容较多，编制之前必须进行充分的准备、周密的安排。第一，通过文案调查或实地调查的方式，准备关于创业企业所在行业的发展趋势、同类企业组织机构状况、行业内同类企业报表等方面的资料；第二，确定计划的目的和宗旨；第三，组成专门的工作小组，制订创业计划的编写计划，确定创业计划的种类与总体框架，制订创业计划编写的日程安排与人员分工。

在前期准备完成后，接下来是创业计划初步草拟阶段。主要是全面编写创业计划的各部分，包括对创业项目、创业企业、市场竞争、营销计划、组织与管理、技术与工艺、财务计划、融资方案以及创业风险等内容进行分析，初步形成较为完整的创业计划方案。

在完成创业计划书的草拟后，创业者应广泛征询各方面的意见，进一步补充、修改和完善草拟的创业计划，即创业计划书的完善阶段。编制创业计划的目的之一是向合作伙伴、创业投资者等各方人士展示有关创业项目的良好机遇和前景，为创业融资、宣传提供依据。所以，在这一阶段要检查创业计划是否完整、务实、可操作，是否突出了创业项目的独特优势及竞争力，包括创业项目的市场容量和盈利能力，创业项目在技术、管理、生产、研究开发和营销等方面的独特性，创业者及其管理团队成功实施创业项目的能力和信心等，力求引起投资者的兴趣，并使之领会创业计划的内容，支持创业项目。

创业计划书撰写的最后阶段为定稿阶段，创业者在这一阶段定稿并印制成创业计划的正式文本。

由于创业计划书的专业性因素影响，撰写优秀的创业计划书对于相当部分的大学生创业团队而言存在一定的难度。因此，大学生创业团队经常会考虑聘用一个外部专业人士来准备商业计划，以便可以专心从事融资和企业创建工作。但聘请外部专业人士并不是好主意，大学生创业者或创业团队应该亲自书写整个计划。一方面，在制定并撰写商业计划的过程中，可以检验不同的战略和战术所产生的后果以及创建企业对人员和财务的要求，不然事情一旦发生，就悔之晚矣。另一方面，商业计划一个很重要的结果是使创业团队处于同一个发展阶段，统一创业思路与行动纲领。由于创业计划涉及的内容很多，大学生创业者应积极按照创业计划书撰写的基本步骤，做好计划工作，使写作过程有条不紊地进行，团队内部成员各负其责，最后由组长统一协调定稿，以免零散、不连贯、文风相异。

第三节 具体编制方法

每一份商业计划需要强调和突出的重点有所不同，因此商业计划并没有规定硬性的格式，但是人们经过不断地实践总结，在商业计划的制定过程中也逐步形成了约定俗成的基本格式。一般说来，一份完整的商业计划大致包括以下几个主要的部分：

一、计划摘要

计划摘要列在创业计划书的最前面，它是浓缩了的创业计划书的精华。计划摘要涵盖了计划的要点，以求一目了然，以便读者能在最短的时间内评审计划并作出判断。

计划摘要一般要包括以下内容：公司介绍、主要产品和业务范围、市场概貌、营销策略、销售计划、生产计划、管理者及其组织、财务计划、资金需求状况等。

在介绍企业时，首先要说明创办新企业的思路，新思想的形成过程以及企业的目标和发展战略。其次，要交代企业现状、过去的背景和企业的经营范围。在这一部分，要对企业以往的情况做客观的评述，不回避失误。中肯地分析往往更能赢得信任，使人容易认同企业的创业计划。最后，还要介绍一下自主创业者自己的背景、经历、经验和特长等。企业家的素质对企业的成绩往往起关键性的作用。在这里，企业家应尽量突出自己的优点并表示自己强烈的进取精神，以给投资者留下一个好印象。

在计划摘要中，企业还必须回答下列问题：企业所处的行业，企业经营的性质和范围；企业主要产品的内容；企业的市场在哪里，谁是企业的顾客，他们有哪些需求；企业的合伙人、投资人是谁；企业的竞争对手是谁，竞争对手对企业的发展有何影响。摘要要尽量简明、生动。特别要详细说明自身企业的不同之处以及企业获取成功的市场因素。

二、企业描述

企业描述是创业企业或创业者拟创企业总体情况的介绍，其主要内容包括：企业定位、企业战略及企业的制胜因素等。

企业定位是指创业企业的行业选择、业务范围以及经营思路的确定，是创业企业的现实状况的必要说明，也是计划书其他部分的基础。

企业战略是公司生产、销售策略的总体概括。创业者应该对如何成功地经营创业企业并使之与众不同有一个指导性的原则。

在这部分，要对创业企业的历史、现状及未来的发展有完整而清晰的阐述，要重点说明创办新企业的思路、新思想的形成过程及企业的目标和发展战略。

在这部分，要对企业以往的情况作客观的评述，不回避失误。中肯的分析往往更能赢得投资者的信赖，从而使人容易认同企业的商业计划。

三、产品与服务

在进行投资项目评估时，投资人最关心的问题之一就是，风险企业的产品、技术或服务能否以及在多大程度上解决现实生活中的问题，或者风险企业的产品（服务）能否帮助顾客节约开支，增加收入。因此，产品介绍是创业计划书中必不可少的一项内容。通常，产品介绍应包括以下内容：产品的概念、性能及特性；主要产品介绍；产品的市场竞争力；产品的研究和开发过程；发展新产品的计划和成本分析；产品的市场前景预测；产品的品牌和专利。

在产品（服务）介绍部分，企业家要对产品（服务）作出详细的说明，说明要准确，也要通俗易懂，使非专业人员的投资者也能明白。产品介绍要附上产品原型、照片或其他介绍。产品介绍必须回答以下问题：顾客希望企业的产品能解决什么问题，顾客能从企业的产品中获得什么好处？企业的产品与竞争对手的产品相比有哪些优缺点，顾客为什么会选择本企业的产品？企业为自己的产品采取了何种保护措施，企业拥有哪些专利、许可证，或与已申请专利的厂家达成了哪些协议？为什么企业的产品定价可以使企业产生足够的利润，为什么用户会大批量地购买企业的产品？企业采用何种方式去改进产品的质量、性能，企业对发展新产品有哪些计划等等。

产品（服务）介绍的内容比较具体，因而写起来相对容易。撰写过程中应注意几个问题，第一，写作应置于客户的位置，站在客户的角度来评价产品和服务；第二，集中于最重要的产品，突出重点，避免本末倒置；第三，避免过多的技术细节，投资者往往不是技术方面的专家，因此，计划书没有必要进行详细的技术论证，如果必须加入相关技术论证，也要采取通俗易懂的术语，避免过于专业隐晦；最后，还应避免过度地夸大与承诺，企业家和投资家所建立的是一种长期合作的伙伴关系。如果企业不能兑现承诺，不能偿还债务，企业的信誉必然要受到极大的损害，给创业活动造成严重影响。

四、市场分析

当企业要开发一种新产品或向新的市场扩展时，首先就要进行行业与市场分析。如果分析与预测的结果并不乐观，或者分析与预测的可信度让人怀疑，那么投资者就要承担更大的风险，这对多数风险投资家来说都是不可接受的。

市场分析首先要对需求进行预测。市场是否存在对这种产品的需求？需求程度是否可以给企业带来所期望的利益？新的市场规模有多大？需求发展的未来趋向及其状态如何？影响需求的都有哪些因素？其次，市场预测还要包括对市场竞争的情况及企业所面对的竞争格局进行分析。市场中主要的竞争者有哪些？是否存在有利于本企业产品的市场空当？本企业预计的市场占有率是多少？本企业进入市场会引起竞争者怎样的反应，这些反应对企业会有什么影响？等等。

在创业计划书中，市场预测应包括以下内容：市场现状综述、竞争厂商概览、目标顾客和目标市场、本企业产品的市场地位、市场特征等等。创业企业对市场的预测应建立在严密、科学的市场调查基础上。创业企业所面对的市场，本来就有更加变幻不定的、难以捉摸的特点。因此，风险企业应尽量扩大收集信息的范围，重视对环境的预测和采用科学的预测手段和方法。大学生创业者应牢记的是，市场预测不是凭空想象出来，对市场错误的认识是企业经营失败的最主要原因之一。

五、公司组织

有了产品、市场预测之后，创业者下一步要做的就是结成一支有战斗力的管理队伍。企业管理的好坏，直接决定了企业经营风险的大小。而高素质的管理人员和良好的组织结构则是管理好企业的重要保证。

因此，风险投资家会特别注重对管理队伍的评估。企业的管理人员在专业、经验，乃至性格上都应该是互补型的，而且要具有团队精神。一个企业必须要具备负责产品设计与开发、市场营销、生产作业管理、企业理财等方面的专门人才。在创业计划书中，必须要对主要管理人员加以阐明，介绍他们所具有的能力，他们在本企业中的职务和责任，他们过去的详细经历及背景。此外，在这部分创业计划书中，还应对公司结构做一简要介绍，包括：公司的组织机构图；各部门的功能与责任；各部门的负责人及主要成员；公司的报酬体系；公司的股东名单，包括认股权、比例和特权；公司的董事会成员；各位董事的背景资料。

六、市场营销

营销是企业经营中最富挑战性的环节，影响营销策略的主要因素有：消费者的特点、产品的特性、企业自身的状况、市场环境方面的因素。最终影响营销策略的则是营销成本和营销效益因素。

在创业计划书中，营销策略应包括以下内容：市场机构和营销渠道的选择、营销队伍和管理、促销计划和广告策略、价格决策。

对创业企业来说，由于产品和企业的知名度低，很难进入其他企业已经稳定的销售渠道中去。因此，企业不得不暂时采取高成本低效益的营销战略，如上门推销、商品广告、向批发商和零售商让利，或交给任何愿意经销的企业销售。对发展企业来说，它一方面可以利用原来的销售渠道，另一方面也可以开发新的销售渠道以适应企业的发展。

七、生产计划

创业计划书中的生产制造计划应包括以下内容：产品制造和技术设备现状；新产品投产计划；技术提升和设备更新的要求；质量控制和质量改进计划。

在寻求资金的过程中，为了增大企业在投资前的评估价值，自主创业者应尽量使生产制造计划更加详细、可靠。一般的，生产制造计划应回答以下问题：企业生产制造所需的厂房、设备情况如何；怎样保证新产品在进入规模生产时的稳定性和可靠性；设备的引进和安装情况，谁是供应商；生产线的设计与产品组装是怎样的；供货者的前置期和资源的需求量；生产周期标准的制订以及生产作业计划的编制；物料需求计划及其保证措施；质量控制的方法是怎样的以及相关的其他问题。

八、财务计划

财务计划需要花费较多的精力来做具体分析，其中就包括现金流量表、资产负债表以及损益表的制备。流动资金是企业的生命线，因此企业在初创或扩张时，对流动资金需要有预先周详的计划和进行过程中的严格控制；损益表反映的是企业的赢利状况，它是企业在一段时间运作后的经营结果；资产负债表则反映在某一时刻的企业状况，投资者可以用资产负债表中的数据得到的比率指标来衡量企业的经营状况以及可能的投资回报率。

财务计划一般要包括以下内容：创业计划书的条件假设；预计的资产负债表；预计的损益表；现金收支分析；资金的来源和使用。可以这样说，一份创业计划书概括地提出了在筹资过程中自主创业者需做的事情，而财务规划则是对创业计划书的支持和说明。因此，一份好的财务规划对评估风险企业所需的资金数量，提高创业企业取得资金的可能性是十分关键的。如果财务规划准备得不好，会给投资者以企业管理人员缺乏经验的印象，降低风险企业的评估价值，同时也会增加企业的经营风险。那么如何制订好财务规划呢？这首先要取决于风险企业的远景规划是为一个新市场创造一个新产品，还是进入一个财务信息较多的已有市场。

着眼于一项新技术或创新产品的创业企业不可能参考现有市场的数据、价格和营销方式。因此，它要自己预测所进入市场的成长速度和可能获得的纯利，并把它的设想、管理队伍和财务模型推销给投资者。而准备进入一个已有市场的风险企业则可以很容易地说明整个市场的规模和改进方式。风险企业可以在获得目标市场信息的基础上，对企业头一年的销售规模进行规划。

企业的财务计划应保证和创业计划书的假设相一致。事实上，财务规划和企业的生产计划、人力资源计划、营销计划等都是密不可分的。要完成财务规划，必须要明确下列问题：

1)产品在每一个时期的出货量有多大？

2)什么时候开始产品线扩张？

3)每件产品的生产费用是多少？

4)每件产品的定价是多少？

5)使用什么分销渠道，所预期的成本和利润是多少？

6)需要雇佣哪几种类型的人？

7)雇佣何时开始，工资预算是多少？

九、关键风险、问题和假设

创业计划总会包括相关的一些隐含的假设，因此，创业计划必须描述一些有关所在行业、公司、人员、销售预测、客户订单、创立企业的时机和融资的风险及其负面结果的影响。

识别并讨论创业项目中的风险，可以证明创业者作为一名经理人的技能，并能增加创业者和创业项目在风险投资者或私人投资者心目中的可信度。主动分析与讨论风险也有助于创业者对创业项目完成风险评估与对策研究，“未雨绸缪”方能降低创业风险。

创业者应首先客观地讨论创业计划中的假设和隐含风险，如市场假设、竞争假设、销售假设、研发风险以及生产能力风险等；在风险与假设评估的基础上，创业者还应指出哪些假设或风险对企业成功与否最关键，并描述将采取哪些措施将不利于企业成长的各种影响降到最小。

第四节　创业计划书的自我评估

创业者精心构思的创业计划书，很可能将面临投资专家的所谓“5分钟阅读法”：首先，投资专家通过阅读计划摘要判断企业性质和行业；然后，通过对负债额、投资需求、资产净值等信息的阅读判断计划的资本机构；第三步，通过阅读资产负债表判断创业企业的资本流动性、净值以及负债与权益比例；第四步，通过对创业团队成员背景资料的阅读判断创业团队的才能，这往往是最重要的部分；第五步，确定创业企业的独特特色，找出项目与众不同之处；最后，从头到尾快速阅读一遍，翻阅整个计划的图、表、例证以及计划的其他部分。

"知己知彼，百战不殆"，在了解投资者的评价、行为模式的基础上，大学生创业者应采取积极的应对措施。因此，在创业计划书写完之后，创业者对计划书自我评估、检查一遍，评估计划书是否能准确回答投资者的疑问，争取投资者对创业项目的信心。对计划书的评估、检查可以从以下几个方面展开：

1)创业计划书是否显示出你具有管理公司的经验。如果你缺乏能力去管理公司，那么一定要明确地说明，你已经雇佣一位合适的经营人才来管理企业。

2)创业计划书是否显示了你有能力偿还借款。要保证给预期的投资者提供一份完整的比率分析。

3)创业计划书是否显示出你已进行过完整的市场分析。要让投资者坚信你在计划书中阐明的产品需求量是确实的。

4)创业计划书是否容易被投资者所领会。创业计划书应该备有索引和目录，以便投资者可以较容易地查阅各个章节。此外，还应保证目录中的信息流是有逻辑的和现实的。

5)创业计划书中是否有计划摘要并放在了最前面，计划摘要相当于公司创业计划书的封面，投资者首先会看它。为了保持投资者的兴趣，计划摘要应写得引人入胜。

6)创业计划书是否在文法上全部正确。如果你不能保证，那么最好请人帮你检查一下。计划书的拼写错误和排印错误能很快就使企业的机会丧失。

7)创业计划书能否打消投资者对产品/服务的疑虑。如果需要，你可以准备一件产品模型。

创业计划书中的各个方面都会对筹资的成功与否有重大影响。因此，如果你对你的创业计划书缺乏成功的信心，那么最好去查阅一下计划书编写指南或向专门的顾问请教。

本章小结

■ 本章关键词：

创业计划书内容，创业计划书推介

■ 问题思考：

1. 成功项目计划书关键要素有哪些？
2. 创业计划书的主要内容有哪些？
3. 如何自我评价创业计划书？

■ 参考文献：

①〔美〕杰弗里・蒂蒙斯，小斯蒂芬・斯皮内斯著. 创业学. 北京：人民邮电出版社，2005年第6版.

②李志能，郁义鸿，罗伯特・D・西斯瑞克编著. 创业学. 上海：复旦大学出版社，2005年版.

③〔美〕Donald F. Kuratko Richard M Hodgetts 著. 创业学—理论、流程与实践. 北京：清华大学出版社，2006年第6版.

④〔美〕川崎著. 创业的艺术. 北京：当代中国出版社，2005年版.

第四篇

创业资源配置
——走向创业

09 创业融资渠道

钱就像人的第六感觉，没有了它，其他五种感觉也无法得以充分利用。

——Human Bondage公司总裁 萨默塞特·莫姆

本章概要

每个创业者在计划创业时，都会面对这样一个问题：要多少创业资本以及到哪里去筹集创业资本？创业者常常不太清楚适于创业项目的资本来源和融资组合。因此，掌握资金的来源渠道以及融资方的偏好与期望对创业者而言显得至关重要。如果不理解这些，创业者在寻找启动资金时就显得很茫然。商业贷款、政府资助、租赁融资、私募筹款、风险投资、首次公开发行等等，这些都是寻找资金的主要术语。但是，这些术语的确切意思是什么？创业者在申请这些资本时期望什么？抑或创业者又到哪里去找这些资本来源？本章讨论的重点就是受创业者偏好的这几种资金来源，各资金来源的特点与偏好。

实例思考

1998年，马化腾和另外一位股东成立了深圳腾讯计算机系统有限公司，同年，腾讯模仿ICQ的中文网寻呼机诞生，并在此基础上准备研发属于自己独立知识产权的QICQ，也就是后来席卷中国的QQ；当时，QQ当时并没有直接为马化腾带来任何经济效益，甚至想靠QICQ顺手牵羊捞点“外快”都不可能，IT界的精英们也根本看不起这个“小玩意儿”，认为整天摆弄这个没多大出息。当时，马化腾自己对QQ的市场潜力也没有足够的认识，而是抱着试试看的心态把QQ放到互联网上供用户免费使用。但市场环境发生了重大的变化，网吧1999年在国内雨后春笋般地出现以后，QICQ独特的离线消息功能和服务器端信息保存功能，在实用性上要比只有本地保存功能的ICQ更受用户欢迎，这个不被人看好的QQ在不到一年就发展了500万用户。大量的下载和暴增的用户量使马化腾兴奋的同时，也让腾讯难以支撑，面对资金已经耗尽，员工面临无法开支的局面，怎么办？

当时，网易首席执行官丁磊是马化腾的哥们，马化腾决定虚心向丁磊学习。马化腾在充分分析与总结QQ项目的产品定位、市场竞争、团队优势等关键因素的基础上，准备了6个版本、20多页的商业计划书，开始了漫长的寻找国外风险投资的旅途。功夫不负有心人，就在马化腾已经快要绝望的时候，IDG和盈科数码以各占腾讯20%股份的代价向腾讯投资220万美元。“当20万兆的IBM服务器放在公司桌上的时候，我心里别提有多美了！”当马化腾讲述这一情景的时候，脸上依然露出孩子般天真、灿烂的微笑。

从此，腾讯正式开始了大踏步地前进。

（摘自《马化腾和他的QQ帝国》，新西部，2006.12，节选改编）

思考：

1. 马化腾是怎样融资成功的？

2. 什么是风险投资？为什么要融资？

关于大学生自主创业，李岚清同志在第三次全国教育工作会议上强调："需探索鼓励高校毕业生自主创业的有效途径和相应的政策措施，通过政府设立贴息贷款或借助社会风险投资等方式，扶持大学生开办、承包和改造企业，特别是小型科技民营企业。"在实践过程中，虽然政府、学校、社会各界做出了积极努力，但大学生自主创业表现出的最大的困难还是怎样获得资金。因此，全面地了解融资概念、融资机构与市场、企业财务知识与相关信息，这是大学生创业者必须面临的现实、紧迫的挑战。

第一节　创业融资概念

一、融资内涵

融资，或资本的融通，是指为支付超过现金的购货款而采取的货币交易手段或为取得资产而集资所采取的货币手段，有广义与狭义之分。广义的融资指资本在持有人之间流动，以余补缺的一种经济行为，它是资本双向互动过程，不仅包括资本的融入，也包括资本的融出，即它不仅包括资本的来源，也包括资本的运用。狭义的融资主要是指资本的融入，也就是通常所说的资本来源。具体是指企业从自身生产经营现状及资本运用情况出发，根据企业未来经营策略与发展需要，经过科学的预测和决策，通过一定渠道，采用一定方式，利用内部积累或向企业的投资者或债权人筹集资本，组织资本供应，保证企业生产经营需要的一种经济行为。

二、融资方式

"巧妇难为无米之炊"，对新创企业的大学生创业者而言，对融资方式的了解与认识比任何时候都更加紧迫、更加深刻。对大学生创业者而言，对融资方式的考察应着眼于债务融资与股权融资的比较、内部融资与外部融资的差异上。

1. 股权融资与债权融资

企业的全部资本，按属性不同可以分为股权资本和债权资本两种类型。这是由企业资本的所有权决定的。正确认识这两类资本的内容和属性，有利于安排它们之间的比例关系。

所谓债务融资是指利用涉及利息偿付的金融工具来筹措资金的融资方法，通常也就是贷款，其偿付性只是间接地与企业的销售收入和利润相联系。典型的债务融资一般都需要某种资产用作抵押，也就是通常所说的抵押贷款。

债务融资要求创业者不仅要归还借到的全部资金，而且还要按事前约定的利率支付利息，有时债务融资还附有资金的使用或使用条件的限制。债务融资从时间期限划分还可以分为短期融资与长期融资，创业企业的短期融资往往充当流动资金，而长期融资往往用于购买固定资产。债务融资令创业者持有企业较多的股份，从而在股份权益上获得更大的回报，特别是利率低迷时更是如此。

股权融资无需资产抵押，它赋予投资者在企业中某种形式的股东地位。投资者分享企业的利润，并按照预先约定的方式获得资产的分配权力。与债务融资相比，股权融资筹措资金具有永久性、无到期与归还性以及无固定股利负担等特点，是企业筹措资金、保障经营现金流的重要手段。但因为它牵涉企业最核心的所有权问题，创业者应灵活运用与慎重考虑。

2. 内部融资和外部融资

企业应在充分利用了内部融资之后，再考虑外部融资问题。内部融资是指在企业内部通过留用利润而形成的资本来源。内部融资是在企业内部“自然”形成的，因此被称为“自动化的资本来源”，一般无须花费筹资费用。对于新创企业而言，内部筹资主要来源于创业者自己的积累。对于一个新创企业，启动阶段的利润一般都全部再投资到企业经营中去，创业者很少指望在初期岁月里得到回报。常见的内部融资来源可以是利润、存货抵押、资产出售甚至延期的应付款等。

资金的另一个来源就是企业外部融资。外部融资是指企业在内部融资不能满足需要时，向企业外部筹资而形成的资本来源。处于初创期的企业，内部融资的可能性是有限的；处于成长期的企业，内部筹资往往难以满足需要。因此，企业就需要开展外部融资，需要花费筹资费用。常见的外部融资来源有吸收投资者投入资金、亲友资金、银行借贷、政府资助、私募以及上市等，而对外部融资渠道的评估可以从资金可用的时间长短、资金成本以及公司控制权的丧失程度三个要素展开。

三、融资渠道

资金缺乏是大部分大学生创业者创业过程中面临的主要问题。而由于受融资信息、信用能力等多种因素的影响，相当多的大学生创业者的创业资金主要来源于“父母支持”、“朋友合股”等融资渠道。因此，认识与拓展大学生创业融资渠道是大学生创业活动中现实而且紧迫的要求。

1. 个人资金

个人资金是创业者通过积累、继承而形成的资本，对我国大学生创业者而言，个人资金往往来源于父母的资金支持。与外部资本相比，创业者的自我积累资本具有两个突出优势：一是从企业外部寻找投资者会占用创业者大量的精力、时间，并要花费相应的费用；二是一味地遵循投资者的标准会降低创业者构建新企业时的灵活性，而利用自我积累资本能够使创业者最初的创意得以实施。

尽管有些大学生创业没有动用个人资金就办起了新的风险企业，但这种情况较少。这不仅因为从资金成本或企业经营控制的角度来说，个人资金成本最为低廉而且还因为在试图引入外部资金，尤其是获得银行、私人投资者以及创业资本家的资金的时候，绝对必须拥有个人资本。外部资金的供给者通常认为，如果创业者没有投入个人资金，投资者很可能认为创业者对企业经营不会那么尽心尽力。大学生自有资金往往有限，因此对于大学生创业者而言，个人资金的投入水平，关键在于创业者的投入占其全部可用资产的比例，而不在于投入资金的绝对数量。

2. 亲友资金

对于大学生创业活动而言，新创企业早期需要的资金具有高度的不确定性，但由于需求的资金量相对较少，因此，对银行和其他金融机构来说缺乏规模经济性。除了一些特殊情况，机构的权益投资者和贷款人几乎不涉及这一阶段的新创企业。

在这一阶段，对新创企业而言，亲友资金就是常见的资金来源，出于他们与创业者之间的亲情关系，也由于他们易于接触，他们是最可能进行投资的人。尽管从家人或朋友那里获得资金较为容易，但同所有其他资金来源一样，这种融资渠道既有好处，也有如股权稀释、容易给企业贴上家族企业的标签、形成特权股东等潜在的缺陷。虽然获得的资金金额较少，但如果这是以权益资金的方式注入，家庭成员或朋友就获得了企业的股东地位，享有相应的权益和特权。这可能会使他们觉得他们对企业的经营有直接的投入，从而对雇员、设施或销售收入及利润产生负面的影响。

大学生创业者在引入亲友资金时应深入思考，对任何可能发生的问题防患于未然，通过书面文件、严格企业管理规避亲友融资可能出现的风险，而每一笔亲友投资也应该不是强迫或误导的结果，而是因为他们认为这是一个好的投资机会。

【案例】 亲友融资造就的创业者

柳飞飞，男，浙江工业职业技术学院毕业生，2006 年 7 月毕业于模具专业，该生在学校学习期间喜欢钻研，善于动手，成绩优良；同时也非常善于搞好各方面的人际关系，这些素质能力为以后进入社会，打下了扎实的基础。

该学生经过学校培训后走向工作岗位。经过一年在工厂的刻苦锻炼，现在，他在其家人的帮助下，成立了杭州飞翔汽车零部件制造有限公司，注册资金一百万元，目前柳飞飞同学作为该公司的法人代表，负责生产技术和研发的工作，目前该厂已经在萧山工业区初具规模，二年后将建设成为一个投资一千万元，员工近五百人的现代化技术型企业。

（资料来源：由创业者毕业院校整理提供）

3. 商业贷款

创业商业贷款是指具有一定生产经营能力或已经从事生产经营活动的个人，因创业或再创业提出资金需求申请，经银行认可有效担保后而发放的一种专项贷款。符合条件的借款人，根据个人状况和偿还能力，最高可获得单笔 50 万元的贷款支持；对创业达到一定规模，还可提出更高额度的贷款申请；期限一般为 1 年，最长不超过 3 年。为了支持大学生创业，很多地方政府也指定专门银行，从事与再就业配套的小额贷款，条件比正常贷款业务更优惠；部分金融企业推出的对高校毕业生创业贷款业务，可以高校毕业生为借款主体，以其家庭或直系亲属成员的稳定收入或有效资产提供相应的联合担保，对创业贷款给予一定的优惠利率扶持，视贷款风险度的不同，在法定贷款利率的基础上可适当下浮或小幅度上浮。如浙商银行 2006 年推出了一款专门针对高等院校大学生创业、最高授信额度达 50 万元的创业基金，深受有志于自主创业大学毕业生的欢迎。

商业贷款的优点是利息支出可以在税前抵扣，融资成本低，运营良好的企业在债务到期时可以续贷；缺点是一般要提供抵押(担保)品，还要有不低于 30% 的自筹资金，由于要按期还本付息，如果企业经营状况不好，就有可能导致财务危机。

大学生申请创业贷款的途径主要有三种：直接向银行申请贷款、申请科技型中小企业贴息贷款和利用新的技术成果或知识产权、专利权进行担保贷款。但是因为银行在对个人申请贷款方面的审核非常严格，特别是注重申请贷款人的偿还能力，在大学生刚刚开始创业时，在银行的贷款审核部门看来几乎不具备偿还能力，所以直接向银行申请贷款较为困难。

4. 政府资助

为支持大学生创业，我国各级政府出台了许多优惠政策，涉及融资、开业、税收、创业培训、创业指导等诸多方面。2005 年，上海市教委、科委联合牵头，每年财政拨款 5000 万元设立“上海市大学生科技创业基金”，由高校、区县进行资金配套，同时吸引社会捐款，委托上海市科技投资公司进行财务管理。目前，上海已经初步在复旦大学、上海交通大学、上海大学和上海理工大学、华东理工大学、同济大学等大学设立受理点。上海高校包括科研院所的毕业阶段的在校生、离校应届毕业生都可以在受理点提出资助申请，外地留在上海创业的高校毕业生、上海户籍在外地高校就读回沪创业的毕业生都可以提出申请要求。基金管理部门将对项目申请者先进行项目孵化，资助 5 万元以内的资金；孵化结束后，组织进行审核和专家评估，合格的项目进入创办企业阶段，由基金以直接投资形式进行资助，原则上每个项目的资助金额在 30 万元以内。

“十一五”期间，浙江省也将积极筹建大学生创业基金，鼓励大学毕业生以其科研成果或专利发明申请创业基金资助大学生创业，加速科研成果产业化，打造一批高科技企业，为浙江省的经济和社会发展增添活力和后劲。同时，浙江省六大高教园区也将辟出一定土地，设立大学生科技创业园区，作为大学生科技成果的孵化和转化基地，并成立大学生科技创业管理委员会，对校园企业家进行法律、会计、金融、营销等知识和技能培训，提供包括培训、咨询等相关服务。

5. 私募与上市

大学生创业者可能的创业资金来源还有私人投资者的私募资金，这些私人投资者可以是富有的个人、亲朋等。这些私人投资者在作出投资决策时，常常征询投资顾问、会计师、技术分析专家或律师等，然后才会作出投资决策。在我国私募方面的立法还远没有完善，加上较严格的国家金融监管，私募基金在短时间内很难成为一种有效的大学生创业资金募集方式。

创业企业能够公开上市是许多大学生创业者的梦想与愿景。但实际上，公开上市通常是很艰难的事情。创业者必须仔细评价企业是否已经做好公开发行股票的准备以及企业股票上市的有利之处是否超过其不利之处。在评价上市准备情况时，创业者必须考虑公司的规模、盈余和业绩、市场条件、资金需求的紧迫性以及现有股东的意愿。在利弊分析过程中，创业者应综合考虑公开发行股票的主要优势——新资本、流动性和价值评估、增强了获得资金的能力以及威信，和主要的缺点——融资费用、信息的披露、股权的失控和维持增长的压力等。

2004 年 5 月，中国证监会发布《中小企业板实施细则》，针对创业型企业的中小企业板块在深交所正式开盘，截至 2006 年 12 月，已有 89 家上市公司，总市值达 1641 亿元人民币。

和主板公司的上市条件相比，中小企业板公司的股本规模可以小于 5000 万，但必须大于3000万元；在开盘和收盘的集合竞价方式等方面也有所不同，旨在增强交易本身的透明度，抑制投机。

根据《创业企业股票上市审核规则》，我国创业型企业上市的基本条件包括：

1)申请人为合法存续的股份有限公司；

2)在同一管理层下，持续经营两年以上；

3)最近两年内无重大违纪违规行为，财务会计文件无虚假记载；

4)申请人符合《创业企业股票发行上市条例》规定的融资金额与股权比例条件；

5)申请人符合《创业企业股票发行上市条例》、《公司法》等其他资产金额与比率、上市流程、治理结构、行业与盈利预期等其他相关条件。

同时，中小企业在深交所上市交易大致要经过改制和设立、上市辅导、申请文件的申报与审核以及最后的发行与上市的基本程序。首先，中小企业根据《公司法》的规定，依据自身的状况通过改制或者设立来完成主体资格的转变。拟定改制重组方案后，聘请中介机构对拟改制的资产进行审计、评估；或签署发起人协议和起草公司章程等文件，设置公司内部组织机构，以取得上市资格。在实际操作中，企业虽有多种改制方式，但不管如何改制，都应达到以下要求：具有独立的运营能力，主营业务突出，规范和完善公司法人治理结构，企业改制后的财务制度应符合相关法规、规章的要求。企业在改制的过程中，应重点关注业绩连续计算问题。第二阶段为上市辅导及申报与审批阶段，企业聘请辅导机构对其进行尽职调查、问题诊断、专业培训和业务指导，学习上市公司必备知识，完善组织结构和内部管理，规范企业行为，明确业务发展目标和募集资金投向，对照发行上市条件对存在的问题进行整改，准备首次公开发行申请文件。企业和所聘请的中介机构，按照证监会的要求制作申请文件，保荐机构向证监会推荐并申报，证监会对申请文件进行初审，提交股票发行审核委员会审核，报证监会核准。最后，企业才进入股票发行与上市阶段。中小企业的发行申请经证监会进行核准后，企业应该在指定媒体上刊登招股说明书摘要及发行公告，公开发行股票，提交上市申请，办理股份的托管与登记，挂牌上市。

在创业企业公开上市后，创业企业要保持与金融机构的良好关系，接受证监会、证监会派出机构和交易所对上市公司关于信息披露和实时监控的监管，以保障其上市之后的规范运作。公开发行股票的预测需要很多的计划和考虑，需要大量的财力、物力来完成准备工作。实际上，公开发行股票不是对每一个新创企业都适用的。Chinaren、猫扑网的创始人——千橡集团CEO陈一舟认为：由于大学生创业很多围绕大学校园展开，比如配送行业、电子商务等，眼界较窄、盈利能力较弱。而上市其实是一种融资手段，上市过急过早，可能更容易引来一些对企业发展不利的东西。只有当一个企业不需要大把花钱，手里的项目已经开始赢得丰厚的回报的时候，上市才是最好的。

其他创业融资渠道还包括风险投资、创业租赁等。鉴于其对大学生创业融资的重要性与普遍性，作者将在后续篇幅对其进行单独的阐述与讨论。

三、融资的基本原则

对于新创企业而言，融资是极为重要而复杂的环节。为了有效地筹集资本，企业需要以较低的融资成本付出和较小的融资风险，获取较多的资本，为此需要遵循以下原则：

1. 效益性原则

企业在融资中，需要在充分考虑投资效益的前提下，综合研究各种筹资方式，寻求最优的融资组合以降低资本成本。

2. 合理性原则

创业者应该合理确定资本结构，主要包括合理确定股权资本与债权资本的结构、合理确定长期资本与短期资本的结构。

3. 及时性原则

企业融资必须根据企业资本投放时间安排予以谋划，及时地取得资本来源，使融资与投资在时间上相协调，避免因资金筹集不足而影响生产经营的正常进行，防止资金筹集过多、资金闲置而造成资金使用成本上升。

4. 合法性原则

企业必须遵守国家有关法律法规，依法履行约定的责任，维护利益相关主体的权益，避免非法融资行为。

第二节　如何把握风险投资

近些年来，风险投资逐渐为新创企业熟悉，众多在风险投资支持下成功发展的案例激发了许多人创业的热情。对于创业者来说，要想获得风险投资的资助，首先必须了解风险投资的内涵、运作过程、运作方式以及其他相关知识，“知己知彼”才能无往不胜。

一、什么是风险投资

风险投资，也被称为创业投资，是一种向极具发展潜力的新建企业或中小企业提供股权资本，并通过提供创业管理服务参与投资对象的创业过程，以期在投资对象发育成熟后以股权转让方式实现高资本增值收益的资本运作方式。从字面上讲，风险投资的称谓源于对英文字面的直译，很容易导致误解，认为风险投资是偏好风险、追求高收益的投资。事实上，风险投资追求的风险（Venture）并不是传统意义上的风险（Risk），对于以盈利为目的的投资机构，追求投资的安全性以及合理风险下的投资回报是其关注的问题。从本质上讲，风险投资是一种支持创业活动的投资制度创新。

第一，投资方式以股权投资为主，为新创企业提供“收益共享、风险共担”的长期股权资本；

第二，投资周期较长，风险投资的目的不在于获取近期财务利润，而在于当投资对象的市场评价较高时，通过股权转让活动，一次性地为投资者带来尽可能多的市场回报，即取得中长期资本利润；

第三，它不只是一种投资行为，而是集资本融通、创业管理服务等诸多因素于一体的综合性经济活动，投资后风险投资机构一般要通过参加董事会、派驻财务人员和高层管理人员等方式对投资项目进行项目监管，为新创企业提供增值服务。

【案例】 微米创业季:初创项目找投资的星光大道

2012年,既是就业困难年,也是创业高峰年。点对点为投资人与初创项目牵线搭桥的初创企业帮扶活动,仍然是解决初创企业投资融资问题的最佳途径。微米创业季,正是这样一个由一微米青年创业社交平台和最科技媒体主办的“帮扶微企”活动。

此次活动,以“创业路上,微米伴你,不再孤单”为主题,采用“优质项目筛选→路演→项目推介”的形式,帮助众多默默无闻的初创项目,赢得投资人最大限度的关注,甚至获得最终融资。

一微米青年创业社交平台和最科技媒体,联合数十家知名媒体及赞助商3Gland,为参加活动的创业项目进行报道及支持;邀请了陈良红(安琪创投执行合伙人、天使投资人)和张建春(传媒梦工场投资孵化人)等数位创业导师,无偿帮助创业者完善项目;更有阿米巴投资、浙商创投、鼎聚投资、传媒梦工场等十一家关注中小企业的投资机构,将在这次活动中寻找投资项目。

此次微米创业季活动主要流程分三大阶段:第一阶段,在所有参加活动的初创项目中,选出20个优秀项目进行公示;第二阶段,由创业导师从前一环节留下的优秀项目中,筛选8个最优创业项目,并进行专业的点评指导;第三阶段,改进、完善后的项目参加杭州路演,实现与投资人的面对面对接。

近几年来,帮扶初创企业,正在逐渐引起风险投资人的关注。微米创业季活动对于初创项目与投资人的对接极具优势,比如投资机构的资源强大,拥有最科技扶持计划的50多个合作伙伴,可对优秀项目进行大范围的免费宣传推广,以及长期品牌维护等等。这对众多默默无闻的初创项目来说,无疑是及时寻找投资的星光大道,也给众多初创项目投资人提供了一个“民间选秀”的舞台。

(摘自《最科技》http://www.zuitech.com/)

二、风险投资商的目的

与许多提供给创业者资金的其他渠道相比,风险投资商有自己不同的目标。比如,借贷者关心资金的安全性和偿还性;作为所投资企业的部分所有者,风险投资家最关心的是投资安全性与资本回报。所以,他们常常花很多时间来权衡投资的风险和收益,特别是对产品或服务的潜力以及管理方的能力要素的衡量。

风险投资家希望其投资能够带来巨额回报,具体的期望回报与企业各阶段的经营风险与盈利能力息息相关,符合“高风险、高回报”的基本规则。表9-1列举了投资者的一些基本目标,如在启动阶段,风险投资介入的项目期望年回报率一般要求在60%以上,而投资最终期望回报比例(如项目被收购或上市,风险资本套现退出等)一般要求最终收益达到10～15倍原始投资额。这些目标也具有一定的灵活性,比如,如果公司有很大的市场潜力、很好的现金流或者管理方也对企业进行投资,这时投资盈利目标可以部分降低。不过,考虑风险因素后,20%～30%的投资回报率在他们看来也并不为高。

表 9-1　企业不同阶段投资者投资基本预期目标

企业所处的阶段	投资的期望年均回报率	投资的最终期望回报比例(风险资金退出)
启动阶段	60%以上	10～15 倍原始投资额
首次融资	40%～60%	6～12 倍原始投资额
第二次融资	30%～50%	4～8 倍原始投资额
第三次融资	25%～40%	3～6 倍原始投资额
产品转型	50%以上	8～15 倍原始投资额

资料来源：W. Keith schilit,“如何获得风险投资”(How to Obtain Venture Captial),商业地平线(Business Horizons),1987 · 5～6 月刊

【案例】 给风险投资一个理由

“您好，请多指教!”戴着眼镜、青春阳光的刘远进上身微倾，双手递过名片，上面，他的头衔是诺盟科技有限公司 CEO。他的名片夹在学生证里——2006 年上半年，刘远进还是重庆工学院电子信息与自动化学院大四学生。2005 年底，这位来自四川阆中农村的 22 岁大学生获得了 100 万元风险投资。

2004 年暑假，他决定放弃考研，圆自己创业的梦。等刘远进真正把创业项目——交友网站做起来才发现，自己把一切都想得太简单了，网站页面布局不合理，使用不方便。而最大的拦路虎是：钱。

那个盛夏的一个多月里，他认真准备更详尽的创业计划书，并到处推介，期望能赢得投资者的青睐。在此后的几个月，刘远进把创业信息发布在天涯等大型社区及各大风险投资网上。无数的人向他咨询，但切实的进展却还是没有。就在这时，一个人和他聊了起来，刘远进感到，对方问的和其他人有所不同，很细致，能感觉出来对方对自己的创业方案有认真深入的研究。

谈话逐渐深入，两人开始打电话。直到有一天，刘远进在电话中听到，“我明天飞到重庆来”。双方仅谈判 4 个小时就达成一项让人咋舌的协议。其间，刘远进在半小时内借来一辆车，陪对方去了花鸟市场；随后，在很短的时间内，邀请 20 多个朋友吃饭——对方在巧妙地完成了对他的处世能力和交往圈子的考察后，2005 年 10 月中旬，两人签订合同，刘远进获得了 100 万元风险投资，分期 3 年完成投入。

作为小有成功的过来人，刘远进对立志创业的大学生们想说的是：要赢得投资者的青睐，必须给他一个理由。项目优势是很重要的一个方面，性格优势更是值得关注的一个方面。

(摘自《刘远进：用性格优势赢得 100 万元风险投资》，中国青年报，2006.2.14)

三、风险投资商的评价标准

风险投资商拿到融资申请以后，要对融资项目进行系统的评价，而评价主要集中在两个方面：投资可行性以及创业项目定价。

1. 影响投资可行性决策的因素

影响风险投资对项目可行性决策的因素有很多，包括市场、技术、管理和制度等多方面

的，这些因素相互交织在一起，共同影响着投资决策过程。

根据2004年科技部研究中心创业投资研究所对全国360家创业投资机构的调查，“市场前景”、“管理团队”、“主要投资项目的技术先进性”和“技术成熟度”等是影响中国创业投资机构项目决策的最主要因素。最重要的考虑因素依次是市场、管理团队以及技术。这一调查结果与国外同行的选择有所不同。国外创业投资机构在选择被投资对象时，往往将管理放在第一位。这在某种方面与我国市场环境现状有一定的联系。

美国学者约翰·希尔(John Hall)和查理斯·霍复(Charles W. Hofer)对风险投资家的评价标准进行了调查验证，主要结果汇总于表9-2，为创业者提供参考。

表9-2　风险投资家项目审查标准

风险投资家的审查标准	风险投资公司的要求
在投资阶段和规模方面必须与风险投资公司的借出规则吻合	
拟建企业必须在投资者感兴趣的地理位置	
有风险投资家熟悉的人的推荐意见	
拟建企业的行业必须为投资公司投资的行业	
拟建企业的特点	
拟建项目应在投资5年内增长得具有相当规模	
拟建企业的行业所处的经济环境	
行业必须具有长期增长性和赢利性	
经济环境必须有利于新进入者	
拟建企业的战略计划	
销售渠道的选择必须具有灵活性	
产品必须处于有利的竞争地位	
拟建企业的财务信息	
财务目标应切合实际	
建议书的特点	
必须有充分的信息	
应该有一个适当的长度，有一个实施概要而且要求容易浏览，最好是专业制作	
建议书必须包括资产负债表	
对要强调的关键部分用大写字体或加着重符号	
创业者或创业团队的特点	
必须有相关的经验	
应该有一个平衡的管理团队	
管理方必须愿意与投资伙伴合作	
创业者曾经有过成功创建企业的经历则会受到特别考虑	

【案例】　风险投资下的车盟网

2001年本科毕业的成都小伙石磊，目前正走着和携程创始人沈南鹏相同的人生道路，他创立了目前国内最大互联网汽车服务平台——车盟，在两轮融资中拿到了超过1亿元人民币的风投，并且计划让车盟2008年在纳斯达克上市。

成都四中、清华大学、斯坦福大学，他在学生时代走出了一条让人羡慕的轨迹。2002年，在斯坦福大学攻读硕士的石磊开始了自己的第一次创业，“这是一家比价购物网站Nexttag，我拥有100万美元的期权，但不是公司的核心”。

2003年，石磊回国。在回国后的一年多时间，石磊进过两家跨国企业，先后成为SAP中国区首席运营官助理、波士顿咨询有限公司高级顾问。2004年年底，他和同伴林振各自卖掉了在上海价值150万元的房子，辞去年薪超过100万元的工作，用300万成立了车盟(中国)网络有限公司，采用“电话+鼠标”模式销售汽车保险。那是一段艰难的日子，“要能高能低，事事亲力亲为。”石磊回忆，他常常在一天上午和风险投资的高层会面，下午又要和业务员一起面对客户的电话问讯。幸运的是，公司得到了风险投资的青睐，一共只谈了5家风投，其中有3家最终投资。6个月后，300万的本钱刚烧到一半，第一笔风险投资就正式落定。去年，他又成功进行了第二轮融资。车盟公司前后一共获得上亿元的风险投资。

这当然不只靠运气。风投不只要模式，还要看到团队，看到实实在在运作健康的企业，石磊认为他今天的成就与他在波士顿咨询有限公司的工作经验息息相关，“我太熟悉风投了”。石磊坚信，车盟公司能够成为中国汽车行业的又一个“携程公司”。一旦车盟公司在2008年登陆纳斯达克的计划成功，石磊无疑将成为沈南鹏第二。

(摘自《风投案例：车盟网与石磊》，聚杰风险投资网 http://vc.itjj.net，节选改编)

2. 影响创业投资项目定价的因素

通过科技部研究中心创业投资研究所对我国的创业投资机构就项目定价影响因素的调查结果，显示25.8%的创业投资机构认为首先考虑项目的未来现金流量问题，21.1%的创业投资机构认为应该首先考虑潜在市场竞争，20.1%的创业投资机构认为，合理确定项目的市场价格是对投资项目进行定价时首先考虑的因素。其他影响创业投资项目定价的因素见表9-3。可以看出，我国的创业投资机构是在考虑市场竞争的基础上，追求未来盈利的最大化。

表9-3 影响创业投资项目定价的因素

影响因素	占全部调查对象的比重(%)
项目的未来现金流量	26
潜在的市场竞争	21
项目的市场价格	20
项目的开发成本	16
宏观经济环境	8
一般由双方商定	7
其他	2

资料来源：王松奇主编：中国创业投资发展报告(2003)，北京：经济管理出版社2003年版。

四、风险投资的一般过程

风险企业要成功获取风险资本，首先要了解风险投资公司的基本运作程序。风险投资商往往会收到很多的项目建议书，而投资商经过严格审查、精细筛选，最终挑出个别的优秀项目进行投资,可谓百里挑一。

虽然每一个风险投资公司都有自己的运作程序和制度,但总的来讲包括以下步骤:

1. 初审

风险投资家在拿到创业计划书后,往往只用很短的时间走马观花地浏览一遍,以决定在这件事情上花时间是否值得。因此,第一感觉特别重要,创业计划书及计划本身必须有吸引他的东西才能使之花时间仔细研究。

2. 风险投资家之间的磋商

在大的风险投资公司中,相关的人员会定期聚在一起,对通过初审的项目建议书进行讨论,决定是否需要进行面谈,或者予以回绝。

3. 面谈

如果风险投资家对创业者提出的项目感兴趣,他会与创业者接触,直接了解其背景、管理队伍和企业,这是整个过程中最重要的一次会面。如果进行得不好,交易便告失败。如果面谈成功,风险投资家会希望进一步了解更多的有关企业和市场的情况,或许他还会动员可能对这一项目感兴趣的其他风险投资家。

4. 责任审查

如果初次面谈较为成功,风险投资家接下来便开始对创业者的经营情况进行考察以及尽可能多地对项目进行了解。他们通过审查程序对意向企业的技术、市场潜力和规模以及管理队伍进行仔细的评估,这一程序包括与潜在的客户接触、向技术专家咨询并与管理队伍举行几轮会谈。它通常包括参观公司、与关键人员面谈、对仪器设备和供销渠道进行估价。它还可能包括与企业债权人、客户、相关人员以前的雇主进行交谈。这些人会帮助风险投资家做出关于创业者个人风险的评价。

5. 条款清单

审查阶段完成之后,如果风险投资家认为所申请的项目前景看好,那么便可开始进行投资形式和估价的谈判。通常创业者会得到一个条款清单,概括出谈判将要涉及的内容。整个谈判过程可能要持续几个月。因为创业者可能并不了解谈判的内容,他将付出多少,风险投资家希望获得多少股份,还有谁参与项目,对他以及现在的管理队伍会发生什么。对于创业者来讲,要花时间研究这些内容,尽可能将条款减少。

6. 签订合同

风险资本家力图使他们的投资回报与所承担的风险相适应。根据切实可行的计划,风险资本家对未来 3～5 年的投资价值进行分析。风险投资供求双方基于各自对企业价值的评估,通过讨价还价后,双方进入签订协议的阶段。双方签订代表创业者和风险投资家双方愿望和义务的合同。一旦最后协议签订完成,创业者便可以得到资金,以继续实现其经营计划中拟定的目标。

7. 投资生效后的监管

投资生效后,风险投资家便拥有了风险企业的股份,并在其董事会中占有席位。多数风险投资家在董事中扮演着咨询者的角色,主要就改善经营状况以获取更多利润提出建议,帮助企业物色新的管理人员(经理),定期与创业者接触以跟踪了解经营的进展情况,定期审查会计师事务所提交的财务分析报告。由于风险投资家对其所投资的业务领域了如指掌，所以其建议会很有参考价值。为了加强对企业的控制，在合同中通常加有可以更换管理人员和接受合并、并购的条款。

五、学会与风险投资商打交道

创业者应该以职业的经营姿态去接触风险投资商。因为，风险投资机构收到成百上千的项目经营计划书，往往会走出办公室，与其他投资公司一起工作，或者研究潜在的投资机会，因此，一开始就保持良好的关系是非常重要的。创业者应当联系所有潜在的风险投资商，向他们证实自己的企业正是其投资兴趣所在，然后再递交计划书，附上言简意赅的相应材料。

由于风险投资商收到的投资计划数远远超过其投资能力，大量的计划书将被筛选出局。因此，对受到推荐的计划书，他们给予关注，并投入更多的时间和精力。因此，创业者花时间寻找能够并愿意将自己推荐给风险投资者的推荐人是非常值得的。一般而言，推荐者可能是组合投资公司的经理、会计师、律师、银行家和大学商学院教授。

在实施真正的接触时，创业者应该清楚一些基本的行为准则，可参考表9-4所给的行为指南。

表9-4 创业投资谈判的行为准则

“六要”准则
√要对本企业和本企业的产品以及服务持肯定态度，并充满热情
√要明了自己的交易底价，并在必要时果断离开
√要牢记自己和创业投资者之间要建立的是一种长期合作伙伴关系
√要只对自己可以接受的交易进行谈判
√要了解创业投资者(谈判对象)的个人情况
√要了解创业投资者以前投资过的项目及其目前投资组合的构成
“六不要”准则
×不要逃避投资者所提的问题
×回答创业投资者问题时，不要模棱两可
×不要对创业投资者隐瞒重要问题
×不要期望创业投资者对“是否投资”立即做出决定
×在交易定价上，不要过于僵化死板(要有灵活性)
×不要带律师参加谈判，以免在细节上过多纠缠

资料来源：陈琦伟、冯文伟：创业资本概论，大连：东北财经大学出版社，2002年版。

【案例】 风险投资者周鸿祎

腰包里揣着变卖公司换来的数千万美元，36岁的3721创始人、雅虎中国前总裁周鸿祎摇身一变，再次站在了互联网行业引领风尚的前端——成为一名投资人。

周鸿祎这样形容自己的“天使生活”：充满希望也充满风险，足够刺激也足够超前。不过他认为，虽然“这群人”做投资人很有优势，但国内的“天使投资阶层”应该说还没有完全形成。而真正有价值、可投资的项目太少,也着实让他烦恼。

现在,周鸿祎对外的身份是奇虎的“教练员”。2006 年 3 月,周以“天使投资人”的身份联手美国红杉基金等机构,对奇虎网投资 2000 万美元。当然,他以投资人身份投资的项目,除了奇虎之外还有迅雷、Discuz! 论坛等。

周鸿祎说:“投资的行业是我比较熟悉的行业,这样我才能有判断力和经验去帮助创业公司。”目前他投资的主要方向是互联网服务和软件。当然,其他行业比如说能源、生物,也应该认为充满机遇,但是他不熟悉这些行业,因此基本上不作考虑。

周鸿祎认为一般通过两个原则来判断一个创业企业:第一,产品是否真的能够给客户提供价值。这是个很朴素的判断,但不是很多人都会用。第二,对 CEO 这个人和团队会有判断。他们可以很幼稚,但是看他们有没有潜力,最重要的就是除了一般创业者具有的这种激情、热情、狂热之外,他们是不是有一种很开放的学习心态。

“风险投资商的钱也不是那么容易拿到的,”周鸿祎直言,“很多创业团队不是不好,而是不知道如何沟通,如果他们把沟通环节做好,就能更顺利地拿到投资。”

(摘自《周鸿祎:“天使投资人”的幸福与烦恼》,中国电子商务,2006.6,节选改编)

第三节　融资租赁和经营租赁

租赁,是出租人以收取租金为条件,在契约或合同规定的期限内将资产租借给承租人使用的一种经济行为。现代租赁已经成为企业融资、筹集资产的一种方式,用以补充或部分替代其他融资方式。对于大学生创业而言,租赁是一种实际的、高效率的融资方式。

一、租赁的基本内容

租赁分为融资租赁和经营租赁。

融资租赁是资产的所有者(出租人)与资产的使用者(承租人)就资产的使用所签订的不可撤销的合同约定,它定义了所有相关的条款,包括租金额、租期和付款周期等。一般租赁交易由三方(出租人、承租人和供货商)参与,由两个合同(租赁合同和购买合同)构成。融资租赁交易是一种所有价值和使用价值分别实现,所有权和使用权分离的交易方式。

融资租赁的期限一般在五年以上,又称为财务租赁或资本租赁。与经营租赁相比,融资性租赁有以下特点:第一,承租人提出申请,出租人引进承租人所需设备后将其出租给承租人;第二,租赁合同比较稳定,不得随便变更;第三,租约期满后,可将设备作价转让给承租人,可由出租人收回,也可延长租赁期限;第四,租赁期内,出租人一般不提供设备维修和保养方面的服务。

【创业背景】融资租赁

我国《企业所得税税前扣除办法》第三十九条纳税人以融资租赁方式从出租方取得固定资产,其租金支出不得扣除,但可按规定提取折旧费用。融资租赁是指在实质上转移与一项资产所有权有关的全部风险和报酬的一种租赁。

符合下列条件之一的租赁为融资租赁:

(一)在租赁期满时,租赁资产的所有权转让给承租方;

(二)租赁期为资产使用年限的大部分(75%或以上);

(三)租赁期内租赁最低付款额大于或基本等于租赁开始日资产的公允价值。

经营租赁是由出租人向承租企业提供租赁设备,并提供设备维修保养和人员培训等服务性业务,经营租赁的期限较短。承租企业采用这种租赁方式的目的,主要不在于融通资本,而是为了获得设备的短期使用以及出租人提供的专门性技术服务。从承租企业无须先融资再购买设备即可享有设备使用权的角度来看,经营租赁也有短期融资的功效。

经营租赁的期限一般在五年之内,其主要特点:一是承租人可以随时向出租人提出租赁资产的要求;二是在设备租赁期间,如有新设备出现或不需要租入设备时,承租企业可以按规定提前解除租赁合同,这对承租企业比较有利;三是租赁期满后,租赁资产一般返还给出租人;四是出租人向承租人提供专门服务。

二、融资租赁的程序

不同的租赁业务,具有不同的程序要求。融资租赁的程序包括以下七个方面。

第一,选择租赁公司

企业决定采用租赁方式取得某项设备时,首先需要了解各家租赁公司的经营范围、业务能力、资信情况以及与其他金融机构如银行的关系,取得租赁公司的融资条件和租赁费率等资料,加以分析比较,从中选择合适的租赁公司。

第二,办理租赁委托

企业选定租赁公司后,便可向其提出申请,办理委托。这时,承租企业需要填写"租赁申请书",说明所需要设备的具体要求,同时还要向租赁公司提供财务状况文件,包括资产负债表、利润表和现金流量表等资料。

第三,签订购货协议

由承租企业与租赁公司的一方或双方合作组织选定设备供应厂商,并与其进行技术和商务谈判,在此基础上签订购货协议。

第四,签订租赁合同

租赁合同由承租企业与租赁公司签订。它是租赁业务的重要文件,具有法律效力。融资租赁合同的内容可分为一般条款和特殊条款两部分。

第五,办理验货、付款与保险

承租企业按购货协议收到租赁设备时,要进行验收,验收后签发交货及验收证书,并提交租赁公司,租赁公司据以向供应厂商支付设备价款。同时,承租企业向保险公司办理投保事宜。

第六,支付租金

承租企业在租期内按合同规定的租金数额、支付方式等,向租赁公司支付租金。

第七,合同期满处理设备

融资租赁合同期满时,承租企业根据合同约定,对设备退租、续租或留购。

三、租赁对新创企业的适用性

租赁作为获得资产使用权的方式,对于新创企业以及尚处于发展阶段的中小企业而言具有以下优点。

第一,在租赁活动中,承租人既维持了充裕的周转资本,又拥有资产的使用权,因而使企业能够突破资本短缺的限制,尽快地形成生产能力,同时可以避免设备过时的风险。

第二,租金支付灵活性较大,承租人可以根据租赁资产产生回报的周期与出租人协商安排租金支付,有助于稳定现金流量。

第三,虽然融资租赁可改变账面资本结构,但企业的实际偿债能力未发生重大变化,因此企业可以维持合理的资本结构。

第四,短期租赁对于创业企业尤为合适,比如,在企业筹备初期,可以租赁办公设备、运输工具,暂时解决资本不足的问题,待所需资本逐步到位之后再做购买的打算。此外,在短期租赁中,设备的维修保养工作一般由出租人承担,尤其专业租赁公司拥有一批专业技术人员,这样就能克服新创企业专业技术人员不足的困难,并能节约成本。

四、创业租赁

创业租赁是指专门针对新创企业开展的一种特殊形式的融资租赁方式。当新创企业缺乏资本无力购买所有的设备时,创业租赁便为解决这一难题提供了捷径。在创业租赁合同中,承租人可以在资产使用寿命期间获得设备使用权;而出租人可以以租金形式收回设备成本,并获得一定的投资报酬。创业租赁兴起于 20 世纪 80 年代末,其运作机制起源于融资租赁,但通过创业投资又对一般意义上的融资租赁进行了改造,是一种将一般融资租赁的灵活性与典型意义上的创业投资的高收益性有机结合的一种新型投融资方式。

与一般融资租赁相比,创业租赁主要体现以下六个方面的特征:一是创业租赁的资本金来源是创业投资资本;二是出租方大都是创业投资公司(少数是专门的创业租赁公司,但资本来源提供者仍是创业投资公司);三是承租方是新创企业;四是由于创业租赁风险较一般融资租赁高,因而租金也高;五是为了防范高风险,创业租赁方通常要派一名出租方代理进驻承租方;六是为了获得足够多的风险补偿,出租方除了获得租金外,一般还可以获得认股权,一旦新创企业上市,出租方可以以事先约定的较低价格购买新创企业的原始股,然后再以较高的价格转让,获得股票差价收益。

与典型意义的创业投资相比,创业租赁具有以下三大特点:一是典型意义上的创业投资是一种股权性投资,对新创企业有相当的管理权;创业租赁虽然也可能派代理进驻新创企业,但通常不加入董事会,对新创企业不行使管理权;二是创业投资一旦失败,将血本无归;创业租赁则可以从设备变卖中获得补偿,所损失的仅仅是少量租金,风险相对较小;三是创业投资的期限较长,一般 5～7 年,而创业租赁则通常要在企业相对成熟能够支付租金后才进行,租赁期限通常为 3～5 年。

本章小结

■ 本章关键词：

融资方式，融资渠道，融资原则，风险投资，创业融资

■ 问题思考：

1. 创业融资有哪些融资渠道和融资方式？

2. 什么是风险投资？风险投资的特征与融资评估标准是什么？

3. 什么是创业租赁？创业租赁的特点与优点是什么？

■ 参考文献：

①〔美〕杰弗里·蒂蒙斯，小斯蒂芬·斯皮内斯著．创业学．北京：人民邮电出版社，2005年第6版．

②李志能，郁义鸿，罗伯特·D·西斯瑞克编著．创业学．上海：复旦大学出版社，2005年版．

③〔美〕Donald F. Kuratko Richard M Hodgetts 著．创业学——理论、流程与实践．北京：清华大学出版社，2006年第6版．

④〔美〕川崎著．创业的艺术．北京：当代中国出版社，2005年版．

⑤葛建新主编．创业学．北京：清华大学出版社，2005年版．

⑥徐剑明著．自主创业实务．北京：中国人民大学出版社，2007年版．

⑦范伟军编．创业故事．上海：上海科学技术文献出版社，2005年版．

10 创业融资决策

什么是好的被投资企业？企业处于发展阶段，本身的优势已开始显现，对高科技企业来说，本身要有很好的技术和发展状况，关注员工的要求。公司的管理是很重要的问题，能够适应投资者要求，进行很好的市场研究和组织计划，让投资者学会如何分析判断这些项目，为公司融资打下基础。好企业运行的标准越成熟，越容易赚钱，如果成熟到能上市的程度，就更容易被投资。

——美国巴罗街顾问公司首席执行官　迈克·诺思亚

本章概要

资本是创业者实现自己创业目标的最关键因素。尽管从何处筹资、能否筹集到资本都是无法完全预测的事情，但是，创业者在融资前可以制订科学、合理的融资决策，“有的放矢”地实施融资活动，能够大大提高融资效率。本章将重点讨论融资资源的分析、融资方案的组合以及最终融资决策的制定。

实例思考

1993年在中国大使馆的介绍下，留美多年的田溯宁结识了著名华侨刘耀伦先生。以刘先生50万美元天使投资为基础，田溯宁、丁健等几名中国留学生在美国达拉斯创建了Internet公司——亚信(AsiaInfo)。1995年3月，亚信总部移师北京，积极介入国内Internet网络建设行业。

第一年，亚信营业额就达200多万美元，但由于预垫付款的行规，亚信流动资金出现严重不足。由于缺乏担保资产，亚信无法获得银行贷款，只能将希望寄托于向朋友借款。经刘亚东介绍，万通集团以25万美元换取其8%的股份并加入了亚信的创业团队。八个月后，迫于万通董事会短期盈利的集体压力，万通撤资。一年后，亚信才勉强以50万美元回购了万通国际在亚信的股份。

不规范的融资严重地打击了亚信，亚信创始人将新的融资计划正式纳入日程，而此时，风险投资成为他们首选的融资对象。1997年1月7日，亚信的主要创业者在美国召开了一次会议，大家对公司未来三年的发展规划达成共识。同年6月，亚信邀请美国投资银行Robertson Stephens & Company作为融资中介，一边完善商业计划书，研究公司的市场、竞争、产品、核心竞争力等；同时，积极与近十家风险投资机构进行融资意向联系。最后，亚信落定Warburg Pincus(华平)、ChinaVest(中创)、Fidelity(富达)三家作为联合投资者，促成了当时亚洲最大的一次技术融资。此轮投资的具体投资额1800万美元，主要是根据亚信近期业务发展的实际需要确定的，其中华平占1000万美元，中创占600万美元，富达占200万美元。投资方式为一次性注入。

"融资就是卖血,这是很痛苦的。"亚信创建人之一赵耀这样描述道。虽然融资在一定程度上给公司和管理团队带来了冲击,但创业者还是希望借机向经验丰富的风险投资学习,从而改善亚信内部的管理。事实上,亚信也的确接受了风险投资人的大部分建议。融资后,在风险投资协助之下,亚信很快完成了引进CFO、完善员工期权计划、业务战略调整以及市场营销框架四项关键工作,使亚信脱胎换骨而发展成一个规范化的现代高新技术企业,成为国内IT业的代名词。

但与此同时,处于起步状态的软件业务还需要不断投入资金,公司当年200%增长的资金需求使得亚信融资的步伐并没有就此终止。1999年4月,公司高层开始考虑挂牌上市的问题。对于当时的IT企业,IPO(首次公开上市)是比较通行的方式,为保险起见,亚信决定以新一次融资作为上市的铺垫,并如愿找到了一个战略型创投公司Intel Capital。

亚信明晰的财务状况和管理制度加速了融资调查的进行,谈判后,双方很快达成协议,Intel投资2000万美元,获得对方8%的股份。这次迅速融资,亚信仅花费了20万美元费用。假设最初投资计划不变,亚信单依靠这笔资金可以支撑到2000年底,也就是公司预期盈利的时间。

2000年3月3日,亚信在美国NASDAQ成功上市。时机把握得相当好,亚信估价12亿美元,当日超额认购50倍,共计融资1.38亿美金。由此,风险投资机构的股权成为流通资本,随时可以变现退出。

(摘自《亚信走过最完整的融资历程》,新财富,2004.6,节选改编)

思考:

1. 创业企业不同阶段的资金需求特点?
2. 创业企业融资的资本结构由什么构成?
3. 基于亚信的案例,对融资风险以及如何制定较合理的融资方案提出自己的看法。

从亚信的案例可以看到,创业融资一方面可以给创业企业解决资金的困难,带来短期内的形势好转,但另一方面也可能造成企业未来现金流的危机或者经营自主权的丧失。因此,创业者首先应对自我创业目的进行充分地审视,在其基础上对企业融资行为做出科学、理性的规划与决策,才能规避为了眼前利益的融资失误而造成企业未来经营过程中的经营风险和股权风险。

第一节 创业融资规划

一、融资决策核心问题

创业者在进行融资策略决策前,应清晰融资策略中需解决的核心问题,即"什么时候需要钱""需要多少钱""需要什么样的钱",这些问题是融资规划与决策的关键,直接关系创业融资活动的风险与成败。

1. 什么时候需要钱

创办企业当然需要资本，但不能因为“需要钱”而使自己的思路混乱，首先应该考虑融资后的投资收益状况。因此，在融资决策中首先要考虑是否真正需要融资。因为融资需要付出成本，既有资本的利息成本，也有昂贵的融资费用和不确定的风险成本。因此，只有在严谨论证自我融资意向之后，确信利用筹集的资本所预期的总收益大于融资总成本，才有必要考虑融资，争取做到“好钢用在刀刃上”。另外，融资需要有时间规划，过早的融资可能给企业造成较大的资源压力与经营风险，同样融资过晚也会造成因融资难度、谈判被动性造成企业经营与股权的风险。

2. 需要多少钱

由于资本的筹集与使用都具有成本，因此，企业筹集的资本应避免过于盲目，贪多求大。事实上，不合理的融资金额很可能让没有市场经验的新创企业迷失方向乃至“夭折”，因此，创业者在融资时应该量力而行，避免落入“圈钱”的陷阱。

3. 需要什么样的钱

对于新创企业以及成长型企业来说，选择哪种融资方式有着重要意义，因为不同的融资方式具有不同的资本成本与机会成本，以及对企业未来经营管理带来的不同的隐形风险。

【案例】 视美乐的融资陷阱

曾被誉为中国第一家高科技学生创业公司的视美乐，如今几乎销声匿迹。视美乐的创始人之一徐中对外公开表示：“我们几个人当初满怀理想创立了视美乐，希望三五年能够上市，20年能发展成为中国的索尼、爱普生。现在，公司已不是当初所想象的样子了，我们几个都转变了方向，可以说是壮志未酬。”

1999年3月，王科、邱虹云和徐中组队参加了清华大学第二届学生创业计划竞赛，并作为最优秀的5个团队之一参加了全国大学生创业计划竞赛的决赛，获得了金奖。同年5月，视美乐诞生，注册资金50万元，邱虹云任公司总工程师，王科任总裁，徐中任总经理。其核心技术为多媒体超大屏幕投影电视，被专家称为“具有革命意义的产品”。

创业初期视美乐急需大笔资金的注入，因此他们开始了艰难的融资工作。

2000年4月25日，视美乐公司与青岛澳柯玛集团有限责任公司共同组建北京澳柯玛视美乐信息技术有限公司，注册资金3000万元，双方各占50%的股份。原视美乐公司的主要技术人员全部进入澳视公司。

如今，青岛澳柯玛集团控股澳视70%的股份，三位视美乐创始人只作为小股东存在，相继退出了公司管理层。对于过去的创业经历以及后来的退出，这些曾经的创业大学生都不愿意再谈。而随着澳柯玛侵占上市公司资金案发的伤筋动骨，视美乐也从此一蹶不振。

“视美乐的核心问题是资金短缺。”如今在清华大学任教的徐中掩饰不住脸上的伤感，“经验不足也是其中问题之一。尽管当初大学生创业者已经考虑过会遇到的困难，但并不是有预料就意味着能够克服，公司运作是一件很复杂的事情……”

（摘自《视美乐：何时乐起来》，科技与企业，2002.4，节选改编）

二、创业融资规划

制定合理的融资策略是从融资需求的评估、融资方案的制定到融资决策的完整过程。

1. 融资需求

融资需求的评估主要解决的是"需要多少钱"问题。事实上，在企业成立的最初五年中，要确切知道企业到底需要多少资本是不太现实的，因而一些创业者往往是根据同行的经验或主观判断进行资本需求量的最低限额估算。实际上，创业者掌握一些基本的财务知识，将财务报表与创业计划、企业发展战略结合起来，对企业资本需求量进行切实可行的估算还是有可能的。

1)预估销售收入、销售成本、销售费用、利润

对于新创企业来说，预估销售收入是制定财务计划与预计财务报表的第一步。为此，需要立足于市场研究、行业销售状况以及试销经验，利用购买动机调查、推销人员意见综合、专家咨询、时间序列分析等多种预测技巧，按月估计前五年的销售收入。由于新创企业启动成本较大，对于第一年的全部经营费用都要按月估计，逐笔记录支出。

在完成上述项目的预估后，就可以按月预估出税前利润、税后利润、净利润以及第一年利润表的内容，然后就进入预计财务报表过程。

2)预计财务报表

新创企业可以采用销售百分比法预估财务报表。这一方法的优点是，能够比较便捷地预测出相关项目在销售额中所占的比率，预测出相关项目的资本需求量。但是，由于相关项目在销售额中所占比率往往会随着市场状况、企业管理等因素发生变化，因此，必须根据实际情况及时调整有关比率，否则会对企业经营造成负面影响。

3)结合企业发展规划预测融资需求量

上述财务指标及报表的预估是创业者必须了解的财务知识，即使企业有专门的财务人员，创业者也应该大致掌握这些方法。需要指出的是，融资需求量的确定不是一个简单的财务测算问题，而是一个将现实与未来综合考虑的决策过程，需要在财务数据的基础上，全面考察企业经营环境、市场状况、创业计划以及内外部资源条件等因素。

2. 融资方案的制定

融资方案的制定是创业者在融资需求量评估基础上对"什么时候需要钱""需要什么样的钱"等问题的系统判断与实施纲略。在融资方案制定过程中，创业者需关注的最重要因素有财务生命周期、投资者偏好以及自有资金的压力三部分。

1)财务生命周期

从新创企业角度看，新创企业在不同的发展阶段具有不同的资本需求特征，创业者应该充分考虑不同融资方式的特点，针对不同阶段采用不同的融资方式，合理规划企业的资本结构。

根据企业成熟程度，可将新创企业分为以下发展阶段，即种子期、起步期、成长期、成熟期，在每一个发展阶段上，企业的资本需求特征是不同的，因而融资方式也不相同。其融资方式如表 10-1 所示。

表 10-1 新创企业不同发展阶段的融资方式

发展阶段	资本需求特征	主要融资渠道
种子期	资本需求量少，风险大	自有资本、亲朋借贷、国家创业基金、天使基金、租赁融资
起步期	资本需求量大	零阶段风险投资
成长期	资本需求量大，尤其对现金的需求大大增加	风险投资
成熟期	资本需求量稳定	银行贷款、股票融资、债券融资

第一阶段：种子期。此时，资本需求量较少，但是对一家处于种子期的企业进行投资，将面临技术风险、市场风险、财务风险以及创业管理团队尚未形成的风险，因此，以盈利为目的资本通常不敢介入，创业者除了依赖个人的积蓄、家庭财产、朋友借款以及申请国家创业基金以外，只有向风险基金内那些以冒险为目的的“天使资本”求助了。此时对新创企业的投入称为种子资本。

第二阶段：起步期。此时企业已经注册成立，产品(服务)已经开发出来，处于试销阶段。这一期间经费投入明显增加，其活动主要围绕着以下方面进行：根据试销情况进一步完善产品(服务)、确立市场营销模式、完善管理模式、扩充管理团队、筹集起步资本。在这一阶段，企业面临着市场风险、管理风险以及财务风险，资本需求量增大，创业者可以在前期融资的基础上，吸引“零阶段风险资金”，也可以利用短期租赁方式解决生产经营中的资本不足状况。

第三阶段：成长期。在这个阶段，企业已经开始有了营业收入，但在成长阶段的前期，收入仍然少于投入，企业仍处于负的现金流量中，现金需求量增大。而在这一阶段，企业并未建立起稳定的市场声誉，因此向银行贷款依然存在困难，仍然需要创业投资机构的帮助。在成长阶段后期，企业通常可以通过银行贷款补充流动资本，但若想公开上市，有时还需要投资银行对其进行美化投资，以完善其资本结构，并协助完善上市前的各种技术准备和业务公关工作。另外，企业也可以通过融资租赁等方式筹集资本。

第四阶段：成熟期。此时企业在产品营销、服务以及内部管理结构方面都已经成熟，资本需求量稳定并且筹措较以前任何一个阶段都相对容易，企业可以通过股票融资、债券融资以及银行借款等方式筹集进一步发展扩大的资本。

2)投资者偏好

从投资者角度看，投资商一方面对处于不同发展阶段的创业项目有各自投资偏好，另一方面，对创业项目的行业分布也存在投资偏好的差异性。

从我国创业投资项目的行业分布看，软件、一般 IT 行业、医药保健、新材料、制造业等是中国创业投资最为集中的 5 个行业，这些行业一般都具有良好的增长前景，而且也是目前国内外整个产业投资的重点。通信、农业等其他行业的创业投资项目所占比例较小。

从主要行业的创业投资阶段分布看，创业投资对医药保健、生物科技等行业的投资主要集中在种子阶段；而对于软件、计算机硬件、通信和一般信息产业，创业投资主要集中在起步阶段。

总体而言，我国创业投资主要集中在特定行业技术风险、市场风险相对较小的阶段，由此反映出目前在我国创业投资具有承担风险意识较弱或风险规避意识较强的特点，也印证了创业投资机构“不懂不做、不熟不做”的项目投资理念，这是创业投资机构根据目前我国的市场和政策环境所做出的一种适应性选择。

3)融资环境与自有现金的压力

融资过程中最容易犯的错误是低估了融资所需要的时间。创业者越是急需资金，创业者的谈判筹码就越低。因此，创业者如何做到未雨绸缪是制定成功融资方案的关键因素之一，相关因素主要集中在融资环境与自有现金的压力两方面。

融资环境的变化会对新创或小企业融资市场和融资渠道产生重大的影响，主要体现在贷款人和投资者高度谨慎的风险防范态度。而自有现金压力对融资方案的影响主要集中在企业现金流的评估上，这也是创业企业外部融资需求与方案制定的核心。对企业现金流评估主要集中在现金消耗率、OOC时间(现金耗尽期)以及TTC时间(融资到位过程时间)三个因素。如果创业者有一年或一年以上融资过渡时间，创业者的选择权、条件、价格和承诺将大大改善，也就是说，筹资的基本策略是必须“在不急用钱的时候就开始筹钱”。

【案例】 数位红的融资困境

数位红成立于1999年底，是中国最早的手机游戏开发企业之一。数位红在2003年下半年的发展速度是相当快的，但暴露出的问题也相当严重。

现金储备量已经严重不足、人力成本过高、管理型人才的缺乏、市场竞争压力过大、场地拥挤等等都让数位红公司的创始人吴刚喘不过气来。对于上面的问题，最严重的还是现金流的压力问题。因为现金的不足，数位红的市场拓展受阻，手机游戏市场份额从历史最高的12%下降到2004年份额不足2%，而海外市场的开拓也基本停滞。从2003年下半年在数位红最缺现金的时候，数位红开始接触风险投资，最终与盛大网络达成初步融资协议，并签署了投资框架协议，600万人民币现金划到数位红的账上，而这笔钱也因现金流的压力，在2003年春节后用掉了。由于融资要求实在紧迫，数位红与盛大达成的融资条件比较苛刻，600万占数位红35%的股份，并且盛大网络包揽了数位红产品的国内独家销售权。这两个条款，可以说都是致命的，直接导致数位红后来的出售。

在融资后半年，条款的问题逐渐暴露出来：35%股份的出售直接导致盛大在公司重大决策事宜上的一票否决权，在后来，数位红希望再次融资，而盛大网络选择继续跟进，这样一来，管理团队创始人的股份就会被摊薄，进而丧失绝对控股地位，盛大将成为数位红最大的股东。而同时，由于盛大自身的销售渠道与经验并不丰富，导致独家销售的数位红产品无法投入运营，形成现金流。

2004年5月，IDG、EA、3DO等国际投资机构均希望能够投资数位红，国际投资公司提出了非常优厚、灵活性的融资方案，数位红当时也有强烈的意愿，这也对数位红开拓海外市场大有裨益。但盛大对数位红坚持不肯放手，也就是说盛大不放弃一票否决权，将继续保持增资，不被摊薄。谈判卡住了，最终由于签订的合作协议而无疾而终，盛大提出新融资方案全资收购数位红。2004年，数位红被盛大收购，成为盛大网络全额子公司。

(摘自《吴刚总结数位红创业历程：融资鲁莽阻碍企业发展》，搜狐网 www.sohu.com.cn)

第二节　创业融资决策

一、资本结构的种类

资本结构可以从不同角度来认识，于是形成各种资本结构种类，主要有资本的属性结构和资本的期限结构两种。

1. 资本的属性结构

资本的属性结构是指企业不同属性资本的价值构成及其比例关系。企业全部资本就属性而言，通常分为两大类：一类是股权资本，另一类是债权资本。这两类资本构成的资本结构就是该企业资本的属性结构。企业同时有债权资本和股权资本构成的资本属性结构，有时又称为“搭配资本结构”或“杠杆资本结构”，其搭配比例或杠杆比例通常用债权资本的比例来表示。

2. 资本的期限结构

资本的期限结构是指不同期限资本的价值构成及其比例关系。一个企业的全部资本就期限而言，一般分为两类：一类是长期资本，另一类是短期资本。这两类资本构成的资本结构就是企业资本的期限结构。

二、资本结构的决策方法

企业资本结构决策就是要确定最佳资本结构。所谓最佳资本结构是指企业在适度财务风险的条件下，使其预期的综合资本成本率最低，同时使企业价值最大的资本结构。确定企业的最佳资本结构，可以采用资本成本比较法。

例：ABC公司在初创时需资本总额5000万元，有如下三个融资组合方案可供选择，有关资料经测算见表10-2。

表10-2　ABC公司初始融资组合方案资料测算　　单位：万元

融资方式	融资方案1		融资方案2		融资方案3	
	初始融资额	资本成本率	初始融资额	资本成本率	初始融资额	资本成本率
长期借款	400	6%	500	6.5%	800	7%
长期债券	1000	7%	1500	8%	1200	7.5%
优先股	600	12%	1000	12%	500	12%
普通股	3000	15%	2000	15%	2500	15%
合计	5000	—	5000	—	5000	—

假定ABC公司的第一、二、三融资组合方案的财务风险相当，都是可以承受的。下面分两步测算这三个融资组合方案的综合资本成本率并比较其高低，从而确定最佳融资组合方

案即最佳资本结构。

第一步:测算各方案中各融资方式的融资额占融资总额的比例及综合资本成本率

方案一,各种融资方式的融资额比例

长期借款　400/5000＝0.08

长期债券　1000/5000＝0.20

优先股　600/5000＝0.12

普通股　3000/5000＝0.60

综合资本成本率＝6％×0.08＋7％×0.2＋12％×0.12＋15％×0.60＝12.32％

方案二,各种融资方式的融资额比例

长期借款　500/5000＝0.1

长期债券　1500/5000＝0.3

优先股　1000/5000＝0.2

普通股　2000/5000＝0.4

综合资本成本率＝6.5％×0.1＋8％×0.3＋12％×0.2＋15％×0.4＝11.45％

方案三,各种融资方式的融资额比例

长期借款　800/5000＝0.16

长期债券　1200/5000＝0.24

优先股　500/5000＝0.10

普通股　2500/5000＝0.50

综合资本成本率＝7％×0.16＋7.5％×0.24＋12％×0.10＋15％×0.5＝11.62％

第二步:比较各个融资方案的综合资本成本率并做出选择

方案一、二、三的综合资本成本率分别为12.32％、11.45％和11.62％,因此方案二为最佳融资组合方案,由此形成的资本结构可确定为最佳资本结构。

【案例】 融资天才——洛维克

洛维克19岁开始借钱买船,由于有利可图,于是他逐步摸索出一条成功的融资之道。

他准备借钱买一艘船,把它改装成油轮,因为运油比运货更有利可图。他在纽约找了几家银行,这几家银行看他穿着破旧的衣衫,就问他有什么可做抵押。他承认他没有什么东西供做抵押,但是他有一艘油轮。

大通银行的人后来说:"洛维克来到我们这家银行,告诉我们,他把油轮租给了某家石油公司,他每月收缴的租金,正好可以按月偿还这笔贷款。因此,他建议把租船契交给银行,由银行去向那家石油公司收租,这就等于他在分期偿还银行的钱。"

在许多银行看来,洛维克本身的信用也许不十分可靠,但是那家石油公司的信用却十分可靠。银行可以假定,石油公司可以保证按月付钱,除非发生了不可预测的天灾人祸。即使洛维克把货轮改装成油轮的做法失败了,只要那艘老油轮和那家石油公司仍然存在,银行就不怕收不到钱。银行就这样把钱借给了他,洛维克如愿以偿地买下了旧货轮,并把它改装成油轮,然后把它租出去,再利用它去借款,用借来的款再去买船。

几年以后,洛维克想出了新的融资方法:先设计出一艘油轮,或其他有特殊用途的船。在船还没有建造之前,他就找到了租赁者。他手里拿着租赁契约跑到一家银行去借钱造船。这种借钱是分期偿还的方式,银行要在船下水后才能开始收钱。船一下水,银行就可以取租金，等贷款付清之后，洛维克以船主的身份把船开走。可是，在建造这艘船时，洛维克却一文没花。当银行仔细在研究了之后，觉得洛维克的借钱方式很有道理，贷款信用有双重的担保。就这样，洛维克这个沉默不语、不愿张扬的人却拥有世界上最多的船只与吨位。

（摘自《借钱怪才洛维克》，中国投资理财网（www.cf001.com），节选改编）

本章小结

■ 本章关键词：

融资结构，融资规划，融资决策

■ 问题思考：

1. 什么是企业最佳的资本结构？
2. 新创企业对资金需求的阶段特征？
3. 创业者在融资时应该注意哪些方面的问题？
4. 为什么新创企业通常会存在融资难的问题？

■ 参考文献：

①〔美〕杰弗里·蒂蒙斯，小斯蒂芬·斯皮内斯著. 创业学. 北京：人民邮电出版社，2005 年第 6 版.

②李志能，郁义鸿，罗伯特·D·西斯瑞克编著. 创业学. 上海：复旦大学出版社，2005 年版.

③〔美〕Donald F. Kuratko Richard M Hodgetts 著. 创业学—理论、流程与实践. 北京：清华大学出版社，2006 年第 6 版.

④〔美〕川崎著. 创业的艺术. 北京：当代中国出版社，2005 年版.

⑤葛建新主编. 创业学. 北京：清华大学出版社，2005 年版.

⑥徐剑明著. 自主创业实务. 北京：中国人民大学出版社，2007 年版.

⑦范伟军编. 创业故事. 上海：上海科学技术文献出版社，2005 年版.

第五篇

创业实务管理
——开始创业

11 企业新办实务

创业别轻易尝试，有充分准备再行动。

——金山软件总裁兼 CEO 雷军

本章概要

完成创业计划书之后，接下来的工作就是按照计划书中的步骤和内容，开始进行创业准备。创业的前期准备一般包括：选址、招工、工商税务注册等内容。在取得营业执照和税务执照之后，公司就可以正式开展招工、营业等一系列经营活动了。本章将详细介绍企业新开办阶段需要做的前期准备工作。

实例思考

经营一个小休闲吧一年多的时间，从当初的惨淡维持到目前的渐有起色，业主赵女士说，开店选地址是非常重要的，不能只凭自己的主观判断和房东的热情推荐，否则经营得再好也受先天不足的制约。

赵女士很早就有自己创业的想法，经过自己的考察和朋友的建议后，她选择了开一个小型休闲吧。大连人在娱乐方面较喜欢打扑克，赵女士就看好了这个市场，考虑到大连一些繁华地带已经有了很多著名品牌的连锁咖啡店，赵女士就决定从次一级的地段入手，黄河路沿线成了她的首选。看了好几个地方，租金都太贵，后来一个大约 60 平方米的小店面吸引了她。

这个地方原先开过饭店，包间的格局基本已经定了，房东租得很便宜，每个月只要 2000 元。一个缺点就是不临街，而是在黄河路的侧面上。装修的花费不高，租下来 10 天左右就开业了。收入的主要来源就是饮料和小吃等，赵女士预计一共 7 张桌子，按一半的上座率，每天翻两番，每天营业收入就可以达到 700 元。咖啡、小吃的成本很低，初期只请了一个服务员，工资 600 元。这种小吧只在客人刚来的时候忙一点，太忙了自己就顶一阵。这样每月的营业额能达到 2 万元。

但实际情况并不如赵女士估计的那样，地段不醒目，客人来得零零落落，周围几个没有固定职业的邻居倒是常来。因为没设最低消费，他们只要一壶 20 元的茶水，几个人就能坐上一天。烟抽得很大，小店面积还小，也影响了别的客人。

赵女士想了几种办法来增加人气，联系几位常玩的朋友，让他们把客人往这儿带，发打折的会员卡等。一番努力之下，人来得渐渐多了，这时候地段又成为致命的影响，朋友让人来，电话里说了好几遍人家也不知道怎么走，发传单，标明小店的位置也费了很大周折。

现在，赵女士的小休闲吧渐渐上了人气。她总结自己的创业经验表示，地段还是非常重要的，好地段可能会贵一点，但是绝对物有所值，同样一番努力，如果地段好一点，自己多付出的租金也早就挣回来了。

（摘自中国财经信息网，2006 年）

思考：

1. 选择店址时应注意哪些方面？

2. 创业初期，如何进行合理的市场定位？

第一节 择址与招聘

一、创业地域的选择

对于有创业打算的首次创业者来说，选择将创业地点放在哪个城市或者哪个地理区域，是一件非常重要的事情，需要在最初的创业计划中予以重点考虑。其中，最关键也最让首次创业者头疼的莫过于选址了，一家店地址的好坏直接关系到了今后的顾客流量和营业额。对于进行店面经营的公司来说，成功的秘诀更是只有一个：选址、选址、再选址。经营地点的选择是创业者在创业初期面临的一大难题。

开始创业前，需要了解各个城市/地区的基本法律环境。设立企业从事经营活动，必须到工商行政管理部门办理登记手续，领取营业执照，如果从事特定行业的经营活动，还须事先取得相关主管部门的批准文件。设立特定行业的企业，还有必要了解有关开发区、高科技园区、软件园区（基地）等方面的法规、规章、有关地方规定，这些都有助于首次创业者选择创业地点，以享受税收等优惠政策。

【案例】 浙江义乌吸引创业人才最高奖 5000 万政策

从 2013 年开始，浙江义乌将用 5 年时间，面向全球引进培育国家级、省部级重点领军人才 30 名；引进培育符合义乌市新兴产业发展需要的重点创业团队 20 支；创业人才 100 名；引进培育能突破核心技术、提升产业水平、引领产业发展的创新人才 100 名；引进社会事业发展紧缺人才 50 名。

为了吸引更多英才来义乌，“英才计划”对创业、创新、社会事业发展紧缺人才，将分别给予最高 5000 万元、2000 万元和 400 万元的奖励资助。什么样的人才才能获得这样的巨奖？又如何获得？

第一类，海内外高层次创业人才创办的企业落户义乌，经专家评审，5 年内给予最高 5000 万元的奖励资助。（包括创业启动资金和地方贡献奖励。其中，由两院院士或相当层级人才领衔创设的企业，给予 800 万元创业启动资金。）

第二类，引进的海内外高层次创新人才，经专家评审后，5 年内给予最高 2000 万元的奖励资助。（包括科研经费资助和科研项目启动经费。企业引进创新团队后，当年该团队为企业实现新增税收 1000 万元以上的，为企业实现新增税收地方留成部分按 20% 的标准资助给企业。）

第三类，引进人才实行协议年薪制，经专家评审后，5 年内给予最高 400 万元的奖励资助。(引进的社会事业发展紧缺人才,人事关系统一安排在人才驿站,义乌市编委办单独核定事业编制,可按规定参加专业技术资格评聘。并实行协议年薪制,给予最高60万元的年薪。)

(摘自《创业网》)

大多数首次创业者都会选择在比较熟悉的城市开始自己的第一次创业活动,例如:家乡、工作或学习的城市等,在选定了目标城市之后,也需要对城市中的各个区、园、所等进行细致的了解,以方便今后进行一系列的注册、经营等活动。

一般来说,无论是选择商业、服务业、制造业或是IT业,在选择经营地点时,都应该注意以下这些因素:市场因素、商圈因素、物业因素、所区因素、个人因素和价格因素。

对于市场因素,可以从顾客和竞争对手两个角度来考虑。从顾客角度看,要考虑经营地是否接通顾客,周围的顾客是否有足够的购买力。对于零售业和服务业,店铺的客流量和客流的购买力决定着企业的业务量。从竞争对手角度看,经营地点的选择有两种不同的思路:一是选择同行聚集林立的地方,同行成群有利于人气聚合与上升,比如当下的服饰一条街、建材市场、家电市场、小商品市场等;另一种思路则是“别人淘金我卖水”,别人都蜂拥到某地去淘金,成功者固然腰缠万贯,失败者也要维持生存。如果到他们中间去卖水,肯定稳赚不赔。

商圈因素,就是指要对特定商圈进行特定分析。如车站附近是往来旅客集中的地区,适合发展餐饮、食品、生活用品;商业区是居民购物、聊天、休闲的理想场所,除了适宜开设大型综合商场外,特色鲜明的专卖店也很有市场;影剧院、公园名胜附近,适合经营餐饮、食品、娱乐、生活用品等;在居民区,凡能给家庭生活提供独特服务的生意,都能获得较好发展;在市郊地段,不妨考虑向驾车者提供生活、休息、娱乐和维修车辆等服务。

物业因素同样也不能忽略,在置地建房或租用店铺前,创业者应首先了解地段或房屋的规划用途与自己的经营项目是否相符;该物业是否有合法权证;还应考虑该物业的历史、空置待租的原因、坐落地段的声誉与形象等,是不是环境污染区,有没有治安问题等都是创业者选择时需要考虑关注的。

所区因素指的是经营业务最好能得到当地所区和政府的支持,至少不能与当地的政策背道而驰;个人因素,有时会被一些创业者过多地关注,一些人常常选择在自己的住所附近经营,然而这种做法,可能会令创业者丧失更好的机会或因经营受到局限,购买力无法突破;创业者在购买商铺或租赁商铺时,要充分考虑价格因素,包括资金、业务性质、创业成功或失败后的安排、物业市场的供求情况、利率趋势等,以免做出错误决定,对企业的业务经营造成不良影响。

二、员工的招聘与使用

在进行创业准备的前期,也可以同时开展人员招聘的工作。不管是面向社会招聘还是从亲朋好友中选才,都必须先了解当地的劳动法规,其中包括:劳动部门的各项规章制度、受雇人员档案管理的规定、受雇人员薪资的管理规定(包括:当地上一年度社会平均工资和最低工资标准)、受雇人员的社会保险制度、统计部门对人事工作的各项规定(如工资手册等)。

另外,还需要先确定:同行业受雇人员的薪资状况、需要雇用的人员数量和职位、受雇人员的工资组成情况(基本工资和奖金)、受雇人员的社保分配情况(计算人员成本时应考虑包括社会保险)、受雇人员个人所得税缴纳情况、受雇人员的加班付薪情况、发薪日期和形式(月薪、年薪、计时、计件工资)。

1. 人员的招聘形式和途径

通过前期了解和综合考虑,对人力组成与人力成本有了大致的估算之后,就可以通过各种途径,招聘公司所需要的人才了。一般面向社会的招聘可以有通过网上招聘、参加各种招聘会、校园招聘、熟人推荐等几种。

1)在专业的招聘网站上发布人才需求:视需要在国内几个较大的招聘网站如 51job、zhaopin 或者当地人才网、专业人才网进行企业注册,费用一般按年或月收费,可以发布公司职位的描述和人才需求,也可以进行人才搜索。选择什么样的招聘网站可视该网站的主流客户类型和自己的经济能力而定。网上招聘虽然应聘人数众多,但往往良莠不齐,需要对应聘资料进行筛选,一般成功率较低。

2)参加招聘会:一般当地的人才市场、人才中心都会不定期地组织各种招聘会,公司缴纳场地费用之后,就可以在招聘会上占据一席之地,事先准备好公司介绍,招聘岗位描述,带好纸笔。招聘会现场由于应聘人员众多,无法详细了解对方的情况,以收集书面资料为主,可以先请应聘人员留下简历和联系方式,等招聘会结束后,参考简历和见面的第一印象,对应聘人员进行筛选。

3)校园招聘:对于工作经验要求不高的岗位,可以考虑在校园里进行招聘,刚刚毕业的大中专学生薪资要求起点低,正处于积累工作经历的阶段,又由于年轻没有负担,可以承担工作量大、工作时间较长的工作。缺点是:应届毕业生刚接触社会,容易好高骛远,稳定性不够。

4)熟人推荐:对亲朋好友推荐的人员,也应该按照职位要求进行考核,同时,事先沟通好关于薪资、福利待遇、公司制度等问题,以免今后出现不必要的矛盾。

【案例】 丰田的全面招聘体系

丰田公司著名的"看板生产系统"和"全面质量管理"体系名扬天下,但是其行之有效的"全面招聘体系"鲜为人知,正如许多日本公司一样,丰田公司花费大量的人力物力寻求企业需要的人才,用精挑细选来形容一点也不过分。

丰田公司全面招聘体系的目的就是招聘最优秀的有责任感的员工,为此公司做出了极大的努力。丰田公司全面招聘体系大体上可以分成 6 大阶段,前 5 个阶段招聘大约要持续 5~6 天。

第一阶段丰田公司通常会委托专业的职业招聘机构,进行初步的筛选。应聘人员一般会观看丰田公司的工作环境和工作内容的录像资料,同时了解丰田公司的全面招聘体系,随后填写工作申请表。1 个小时的录像可以使应聘人员对丰田公司的具体工作情况有个概括了解,初步感受工作岗位的要求,同时也是应聘人员自我评估和选择的过程,许多应聘人员知难而退。专业招聘机构也会根据应聘人员的工作申请表和具体的能力和经验做初步筛选。

第二阶段是评估员工的技术知识和工作潜能。通常会要求员工进行基本能力和职业态度心理测试,评估员工解决问题的能力、学习能力和潜能以及职业兴趣爱好。如果是技术岗位工作的应聘人员，更加需要进行6个小时的现场实际机器和工具操作测试。通过1～2阶段的应聘者的有关资料转入丰田公司。

第三阶段丰田公司接手有关的招聘工作。本阶段主要是评价员工的人际关系能力和决策能力。应聘人员在公司的评估中心参加一个4小时的小组讨论，讨论的过程由丰田公司的招聘专家即时观察评估，比较典型的小组讨论可能是应聘人员组成一个小组，讨论未来几年汽车的主要特征是什么。实地问题的解决可以考察应聘者的洞察力、灵活性和创造力。同样在第三阶段应聘者需要参加5个小时的实际汽车生产线的模拟操作。在模拟过程中，应聘人员需要组成项目小组，负担计划和管理的职能，比如如何生产一种零配件，人员分工、材料采购、资金运用、计划管理、生产过程等一系列生产考虑因素的有效运用。

第四阶段应聘人员需要参加一个1小时的集体面试，分别向丰田的招聘专家谈论自己取得过的成就，这样可以使丰田的招聘专家更加全面地了解应聘人员的兴趣和爱好，他们以什么为荣，什么样的事业才能使应聘员工兴奋，更好地做出工作岗位安排和职业生涯计划。在此阶段也可以进一步了解员工的小组互动能力。

通过以上四个阶段，员工基本上被丰田公司录用，但是员工需要参加第五阶段一个25小时的全面身体检查。了解员工的身体一般状况和特别的情况，如酗酒、药物滥用的问题。

最后在第六阶段，新员工需要接受6个月的工作表现和发展潜能评估，新员工会接受监控、观察、督导等方面严密的关注和培训。

（摘自中国人力资源开发网 http://www.chinahrd.net）

2. 员工的录用和劳动管理

人员上岗之前，应仔细检查核对其提供的身份资料，如：身份证、毕业证书、学历证书、失业证明或与前一家公司的解除劳动合约证明、养老保险手册等，应届大中专毕业生须检查是否能够提供加盖毕业生就业专用章的报到证，如新录用本地务工劳动者，公司须至所在区就业处为其办理《录用备案证明书》。如新录用外地（农村）务工劳动者，除办理录用证明外，还需要填写《外来人员就业证花名册》一式两份，携带务工者的身份证复印件、外出人员就业登记卡或外出务工证明、计划生育证明及照片一张，到职介中心办理《外来人员就业证》。另外，对于外来的务工人员，公司还需要督促和协助其办理暂住证，暂住证可在各公安分局和派出所凭有效身份证明办理。员工上岗之后，应该与其签订劳动合同或用工合同，并为其办理相关的人事手续和社会保险。

劳动合同范本可到当地劳动和社会保障局领取，合同一式三份，约定从事岗位，填写雇用起始和终止日期，如有其他约定事项，也需要填写在上面，双方签字，公司盖章，雇用时间不能低于当地政府规定的最低雇用年限。如当事人要求进行合同审查和鉴证的，还应该在劳动合同签订之日起的三个月内，到劳动和社会保障局相关部门进行审查和鉴证。

各地的人才市场和区管委会都有人事代理的项目，凭营业执照副本复印件、单位组织机构代码证复印件等材料签订《人事代理协议》，就可以将公司员工的人事关系挂靠在其下面。人事代理的内容包括：

1）管理人事档案，按规定向有关组织出具人事档案中已明确记载的有关材料证明；

2）办理符合政策规定的专业技术人员和管理人员调动、录用、人事关系转移和干部身份保留手续；

3）办理符合政策规定的应届大中专毕业生就业和外地人才引进手续；

4)办理符合政策规定的专业技术人员职称评定申报手续;

5)提供符合政策规定的集体户口挂靠和党组织关系挂靠服务;

6)提供人事劳动政策法规咨询;

7)提供其他有关政策规定的档案利用服务。

应届生户口挂靠和人才引进的相关政策,视各地政策而定,可咨询人事代理处,并通过他们完成手续。

需要为员工办理的保险,俗称"四金"、"五金",具体是:国家规定需要为员工缴纳的基本社会保险金、基本医疗保险金、失业金、住房公积金,另外还有一个是重大疾病医疗保证金。下面以浙江省杭州市2005年7月颁布的社会保险费征缴办法为例,介绍各类保险的办理方法和缴纳比例。

社会保险在当地的社保局业务大厅办理,需要携带工商营业执照副本、组织机构代码证和税务登记证原件与复印件,填写《社会保险登记表》,如需要每月银行代扣,可填写《委托收款协议》,公司和代扣账号所在银行盖章后,交业务窗口办理,今后如有员工增加/减少,可在当月将员工姓名、身份证号、工资总额报社险办,及时增加或减少本公司缴纳基本社会保险员工人数。基本社会保险公司缴纳比例为当月全部职工工资总额的20%,个人缴纳比例为本人上一年度月平均工资的8%。

城镇职工基本医疗保险在当地的基本医疗保险管理服务中心办理,需要携带工商营业执照副本、组织机构代码证和税务登记证原件与复印件,提供本单位上年劳动情况报表,同样也可委托银行每月代扣。基本医疗保险公司缴纳比例为当月全部职工工资总额的9%,个人不需要缴纳,其中企业在职门诊统筹公司缴纳当月全部职工工资总额的2.5%,个人缴纳本人上一年度月平均工资的2%。个人还需要每月缴纳重大疾病医疗补助资金3元。公司另外缴纳0.5%的工伤保险和0.6%的生育保险。

住房公积金在当地的住房公积金管理中心和其分支机构办理,携带营业执照副本、组织机构代码证、法定代表人身份证复印件及在职职工名册,填写《住房公积金单位开户登记表》,如需要委托的,签订《委托收款合同》。住房公积金公司缴纳比例与个人相同,根据企业实际情况,在8%~12%范围内填报,缴存基数为前一年度职工月平均工资。

【案例】 社会保险缴费基数和工资

陈某是某公司的员工,该公司对员工的工资分配实行结构工资形式,即将工资分解成基础工资、奖金、津贴、补贴等几部分,根据具体考核计算每月工资。由于企业生产经营随着市场情况不断调整变化,陈某的每月工资收入变化也较大。为了确定社会保险费的缴费基数,公司与陈某约定:以基础工资的标准作为缴纳社会保险费的基数。陈某虽然对公司的说法有异议,但为了能够在公司长期工作下去,因此也就同意了公司的做法。于是,公司就按双方约定的数额为陈某缴纳社会保险费。

三年后,公司在合同终止时通知陈某不再续订劳动合同,陈某对公司不再续用自己感到失望。在办理离职手续时,陈某向公司提出了社会保险费缴费基数与自己工资收入不符的问题,希望公司予以解决。公司表示双方对社会保险费缴费基数已有约定,公司按约定为陈某缴费不存在问题,对陈某的要求予以拒绝。双方于是发生争议。争议焦点是当事人是否可以约定社会保险费的缴费基数。

《劳动法》第七十二条规定:"用人单位和劳动者必须依法参加社会保险,缴纳社会保险费。”根据该规定，劳动关系双方当事人必须参加社会保险，缴纳社会保险费，这是《劳动法》对劳动关系当事人确定的法定义务。

国家统计局《关于工资总额组成的规定》对工资总额的规定是：“工资总额是指各单位在一定时期内直接支付给本单位全部职工的劳动报酬总额。工资总额由下列六个部分组成：(一)计时工资；(二)计件工资；(三)奖金；(四)津贴和补贴；(五)加班加点工资；(六)特殊情况下支付的工资。”

以上规定对有关工资总额的组成部分和不列入工资总额部分作了明确的规定，是具体计算工资总额的法定依据。据此，陈某可以要求公司补缴未足额缴纳社会保险费的差额部分。

(摘自成都劳动保障信息网 http://www.cdldbz.gov.cn)

第二节　工商注册与税务登记

一、工商注册类型

进行工商注册之前，创业者首先应明确将要建立的公司性质，不同的企业类型对注册资本有着不同的最低限额，在目前的经济环境中，与创办企业者距离较近的企业形式有：非公司企业法人、有限责任公司、股份有限责任公司、个体工商户、私营独资企业、私营合伙企业，其注册资本的最低限额及注册的基本要求如下(2014 年以前)：

1. 非公司企业法人

最低注册资金 3 万元人民币，基本要求：(1)有符合规定的名称和章程；(2)有国家授予的企业经营管理的财产或者企业所有的财产，并能够以其财产承担民事责任；(3)有与生产经营规模相适应的经营管理机构、财务核算机构、劳动组织以及法律或者章程规定必须建立的其他机构；(4)有必要的并与经营范围相适应的经营场所和设施；(5)有与生产经营规模和业务相适应的从业人员，其中专职人员不得少于 8 人；(6)有健全的财会制度，能够实行独立核算，自负盈亏，独立编制资产负债表；(7)有符合规定数额并与经营范围相适应的注册资金，企业法人的注册资金不得少于 3 万元，国家对企业注册资金数额有专项规定的按专项规定执行；(8)有符合国家法律、法规和政策规定的经营范围。

2. 有限责任公司

最低注册资本 10 万人民币，基本要求：(1)股东符合法定人数即由 2 个以上 50 个以下股东共同出资设立；(2)股东出资达到法定资本最低限额：以生产经营为主的公司需 50 万元人民币以上；以商品批发为主的公司需 50 万元人民币以上；以商品零售为主的公司需 30 万元人民币以上；科技开发、咨询、服务公司需 10 万元人民币以上；(3)股东共同制定公司章程；(4)有公司名称，建立符合有限责任公司要求的组织机构；(5)有固定的生产经营场所和必要的生产经营条件。

3. 股份有限责任公司

最低注册资本 500 万元，基本要求：(1)设立股份有限公司，应当有 5 人以上为发起人，其中须有过半数的发起人在中国境内有住所。国有企业改建为股份有限公司的，发起人可以少于5人，但应当采取募集设立方式；(2)股份有限公司发起人，必须按照法律规定认购其应认购的股份，并承担公司筹办事务；(3)股份有限公司的设立，必须经过国务院授权的部门或者省级人民政府批准；(4)股份有限公司的注册资本为在公司登记机关登记的实收股本总额；(5)股份有限公司注册资本的最低限额为人民币1000万元。股份有限公司注册资本最低限额需高于上述所定限额的，由法律、行政法规另行规定。

4. 个体工商户

对注册资金实行申报制，没有最低限额，基本要求：(1)有经营能力的城镇待业人员、农村村民以及国家政策允许的其他人员，可以申请从事个体工商业经营；(2)申请人必须具备与经营项目相应的资金、经营场地、经营能力及业务技术。

5. 私营独资企业

对注册资金实行申报制，没有最低限额，基本要求：(1)投资人为一个自然人；(2)有合法的企业名称；(3)有投资人申报的出资；(4)有固定的生产经营场所和必要的生产经营条件；(5)有必要的从业人员。

6. 私营合伙企业

对注册资金实行申报制，没有最低限额，基本要求：(1)有两个以上合伙人，并且都是依法承担无限责任者；(2)有书面合伙协议；(3)有各合伙人实际缴付的出资；(4)有合伙企业的名称；(5)有经营场所和从事合伙经营的必要条件；(6)合伙人应当为具有完全民事行为能力的人；(7)法律、行政法规禁止从事营利性活动的人，不得成为合伙企业的合伙人。

2014年3月1日起，新修订的《中华人民共和国公司法》和国务院批准的《注册资本登记制度改革方案》将正式实施。据介绍，这次注册资本登记制度改革围绕公司设立制度进行了重大调整，大幅降低了公司的设立门槛，还权于市场、还权于市场主体，对于加快政府职能转变、建立公平公正的市场规则、保障创业创新，具有重要意义。

实行注册资本认缴登记制。公司股东认缴的出资总额或者发起人认购的股本总额(即公司注册资本)应当在工商行政管理机关登记。公司股东(发起人)应当对其认缴出资额、出资方式、出资期限等自主约定，并记载于公司章程。有限责任公司的股东以其认缴的出资额为限对公司承担责任，股份有限公司的股东以其认购的股份为限对公司承担责任。公司应当将股东认缴出资额或者发起人认购股份、出资方式、出资期限、缴纳情况通过市场主体信用信息公示系统向社会公示。公司股东(发起人)对缴纳出资情况的真实性、合法性负责。

放宽注册资本登记条件。除法律、行政法规以及国务院决定对特定行业注册资本最低限额另有规定的外，取消有限责任公司最低注册资本3万元、一人有限责任公司最低注册资本10万元、股份有限公司最低注册资本500万元的限制。不再限制公司设立时全体股东(发起人)的首次出资比例，不再限制公司全体股东(发起人)的货币出资金额占注册资本的比例，不再规定公司股东(发起人)缴足出资的期限。

公司实收资本不再作为工商登记事项。公司登记时，无需提交验资报告。

【案例】 国务院：开公司最低注册资本不限

国务院总理李克强2013年10月25日主持召开国务院常务会议，部署推进公司注册资本登记制度改革，降低创业成本，激发社会投资活力。会议明确了改革的主要内容：

一是放宽注册资本登记条件。除法律、法规另有规定外，取消有限责任公司最低注册资本3万元、一人有限责任公司最低注册资本10万元、股份有限公司最低注册资本500万元的限制；不再限制公司设立时股东(发起人)的首次出资比例和缴足出资的期限。公司实收资本不再作为工商登记事项。

二是将企业年检制度改为年度报告制度，任何单位和个人均可查询，使企业相关信息透明化。建立公平规范的抽查制度，克服检查的随意性，提高政府管理的公平性和效能。

三是按照方便注册和规范有序的原则，放宽市场主体住所(经营场所)登记条件，由地方政府具体规定。

四是大力推进企业诚信制度建设。注重运用信息公示和共享等手段，将企业登记备案、年度报告、资质资格等通过市场主体信用信息系统予以公示。推行电子营业执照和全程电子化登记管理，与纸质营业执照具有同等法律效力。完善信用约束机制，将有违规行为的市场主体列入经营异常的"黑名录"，向社会公布，使其"一处违规、处处受限"，提高企业"失信成本"。

五是推进注册资本由实缴登记制改为认缴登记制，降低开办公司成本。在抓紧完善相关法律法规的基础上，实行由公司股东(发起人)自主约定认缴出资额、出资方式、出资期限等，并对缴纳出资情况真实性、合法性负责的制度。

虽然有限责任公司3万元的最低注册资本已经比较低，但仍然有一定门槛。进一步取消注册资本限制后，一元也可注册公司，公司实收资本不再作为工商登记事项。

(摘自《南方都市报》)

二、办理公司营业执照

根据公司住所所在地，至相应的工商局/所办理公司营业执照，一般有以下几个步骤。

创业者想好了公司名称之后，需要先到工商局进行名称的查询和核准，以确认该名称是否已被其他公司注册，是否违反工商管理局所规定的公司名称冠名要求，通过名称预先核准之后，就可以在工商局先保留该名称的使用权，有条不紊地进行接下来的注册工作。

名称预核准需要准备的资料有:《企业名称预先核准申请书》、《指定代表或者共同委托代理人的证明》、指定代表或者共同委托代理人的身份证复印件、股东的主体资格证明或自然人身份证明复印件等。其中，前两个表格都可以在工商局网站上下载或柜台领取。预先确定法人及合伙人的出资比例，拟定公司名称1～5个，拟定公司经营范围的主要项目。如顺利一般一个工作日之后就可领取《名称核准通知书》。

营业执照审批时间视各地情况不等，一般七个工作日之内可以领取，需要缴纳一定数额的注册费用和公告费用，领取的营业执照包括正本、副本和电子执照、企业信息IC卡、法人证，凭营业执照就可以刻公司的公章、财务专用章和法人章。

如2004年7月，上海地区针对应届大学毕业生创业，提供了免费风险评估、免费政策培训、无偿贷款担保及部分税费减免四项优惠政策，具体包括:高校毕业生(含大学专科、大学本科、研究生)从事个体经营的，自批准经营日起，1年内免交个体户登记注册费、个体户管理费、经济合同示范文本工本费等。此外，如果成立非正规企业，只需到所在区县街道进行登记，即可免税3年。自主创业的大学生，向银行申请开业贷款担保额度最高可为7万元，并享受贷款贴息。还设立了专门针对应届大学毕业生的创业教育培训中心，免费为大学生提供项目风险评估和指导，帮助大学生更好地把握市场机会。

三、办理组织机构代码证

组织机构代码证需到公司所在区的技术监督局办理，需要材料包括：法定代表人身份证及复印件，营业执照副本、公章，经办人身份证。一般代码证正副本在两个工作日内完成，IC 卡会在 10 个工作日内以挂号信形式寄出。

四、税务登记

杭州市已经实行了税收一本证，办理税务登记时就不用国税地税两头跑了，一般带齐相关资料，就可以当场办理完税务登记，领取税务登记证。

领取税务登记证之后，还需要去验资的银行开基本账户，用于日常公司间的基本往来。开基本户时，需要带上公司营业执照正本、组织机构代码证正本、税务登记证正本、法人身份证复印件和三颗章(公章、财务章、法人章)，一般银行会在一周之后退还所有原件，同时发放人民银行审批的《开户许可证》，今后可以凭这个证更换公司账户的银行。

因各地规定不同，需要到税务局了解基本户是否可作为纳税户，如果不可以的话，还需要开设专用户作为今后的纳税户，专用户的开设所需材料与基本户开设一样。这些完成之后，就可去税务局申请开通网上报税和扣款协议，今后缴税就不需要每月跑税务局了，通过网上报税，直接从公司的账户里扣。

五、商标的保护

对于存在自有产品或服务的企业来说，申请一个形象、易记的商标并采取必要手段保护好自有产品的商标，是维护企业长期发展的有效手段，可以帮助避免日后的不必要的纠纷和矛盾。

【案例】 食用油：一字之差对簿公堂

2006 年 7 月，南宁市某粮油公司和广东某公司经北京市第一中级人民法院判决后，纠缠了 7 年的商标之战终于有了结果：食用油商标“×桂×”胜诉中国名牌“×龙×”，在市场上获得了生存的权利。

南宁市某粮油公司生产的“×桂×”商标食用油，与广东某公司生产的“×龙×”牌食用油，商标名称仅一字之差。广东某公司认为“×龙×”牌食用油在 1991 年进入市场以来，市场占有率连续多年列同类产品首位；而“×桂×”商标使用后，由于两者视觉效果相同，音义相似，会让消费者对商品本身和来源混淆误会，因此，请求商标局不让“×桂×”商标注册。

法院认定，这两个商标虽然只有一字之差，但是两种名称属于两种不同的鱼种，两个商标在呼叫、含义和外观上形成明显区别，故判定这两个商标不存在混淆和误认。

分析：在食品企业中，类似一字之差的商标还有不少。对于这类案子很难取证。判断此类案子时，依据一般是通过对音、形、义的分析进行裁判。如果两者的含义相差很远，则可以各自独立存在。比如现在已有“三花”牌商标，但如果有人注册“江花”，则可以考虑，因为前者的意思是“三朵花”，而后者可理解为“江边的花”。

（摘自《南国早报》2006年）

启示：对于有实力的食品企业，建议采取全类保护的商标保护方式，这样会更安全。什么叫全类保护呢？就是指企业注册商标达到45个以上，就可以对该企业的全部产品进行保护，“十万大山”牌就属于全类保护商标。该品牌所有者生产的所有农产品、食糖、饮用水等产品都在被保护之内，而不受行业产品的限制。另外，企业要想更好地保护商标，还可以对商标进行多位商标注册，即把有可能类似商标名称的商标均予以注册。比如已注册的“AAB”商标，可以将“ABA”、“ABB”、“BAA”等类似的商标一同注册保护起来，以避免日后被人抢注。

六、其他

新开设公司在开设30日内还需要办理统计登记证，至当地统计局网站下载《统计单位登记申请表》，填写完毕后，携带法人证和组织机构代码证原件，至统计局申请统计登记证。非外商投资企业不需要办理财政登记证。

如为零售行业，还需向国税局申请购买普通发票。首先需先领取普通发票领购证，填写《发票领购簿申请审批表》一式三份并盖章，携带发票专用章或财务专用章、经办人有效身份证明、税务登记证副本，就可当场领到普通发票领购证。填写《国家税务局发票购领申请表》一式两份，携带购票人有效身份证明、税务登记证副本，就可购买普通发票了。

除了硬件上的准备外，还需要进行公司软件上的准备，制定合理的财务制度。全面、规范、合理的财务制度能够加强财务管理和经济核算，尤其对首次创业者来说，一个有效的财务体系可以很好地防范财务出错，及时准确地提醒创业者公司的财务状况。涉及钱的财务制度和员工的切身利益息息相关，预先设立的合理的财务制度，也能使员工感觉心里有数，减少劳资纠纷。财务制度可参考其他公司的现成版本根据自身的特点进行修改。

本章小结

■ 本章关键词：

选址，注册，开业，招聘

■ 问题思考：

1. 企业选址应考虑哪些要素？
2. 了解工商与税务注册的基本流程。
3. 了解和正确实施《劳动法》。

■ 参考文献：

①杰弗里·蒂蒙斯著.创业者.北京：华夏出版社，2002年版.

②〔美〕彼得·F·德鲁克著，张炜译.创新与创业精神.上海：上海人民出版社，2002年版.

③杰斯汀·隆内克等.创业机会.北京：华夏出版社，2002年版.

④罗博特·D·希斯瑞克.创业学.上海：复旦大学出版社，2000年版.

12 创建高绩效团队

杰出团队的显著特征，便是具有共同的愿景与目的。建立高效团队的首要任务就是确立目标，并将目标转化为工作计划。

——心理学家 马斯洛

本章概要

建立团队的首要要素，便是建立团队共同的愿景与目的，但是由于人的需求不同、动机不同、价值观不同、内心的恐惧不同，因此要让目标趋于一致，也是极为困难的，这就需要管理者学习团队建设的技巧。将过去家长式的领导风格，转变为有效的领导方式，将过去上层下令、下级办事的工作模式，转变为以企业愿景为核心的团队运作模式，将被动与机械化的组织转变为具有弹性与学习能力的组织。具体来说，管理者需要帮助团队确立一个共同的目标，提供给团队合理的有竞争力的人力资源结构和薪酬系统，为团队招聘优秀的成员和保障团队持续的必要的培训。

实例思考

青岛海尔集团公司，是以青岛电冰箱总厂为核心企业，以冷柜厂、空调器厂为紧密层企业，于1991年12月20日组建起来的大型企业集团。把它的企业文化归属于“文化控股型”，是因为：一方面，从所有制角度看，海尔集团属于国家控股的混合所有制企业，它的核心部分——海尔电冰箱股份有限公司已于1993年在上海证券交易所挂牌上市；另一方面，海尔文化具有移山填海般的神奇力量，被海尔兼并企业的起死回生，主要不是靠资金和设备，而是靠文化。

试问：什么样的文化氛围才是最能调动职工积极性的呢？这没有现成的答案，要调查研究、具体分析之后才能下结论。海尔人最可贵之外，就是自己进行了独到的分析，得出了自己的结论。张瑞敏说：“现在的中国企业，你说企业文化也好，企业哲学也好，职工最需要的是什么，是公平公正的观念，是平等竞争的环境。如果你提供了这种文化氛围，满足了这种需要，就能调动起他们的积极性。”

1995年7月4日，海尔兼并了青岛红星电器厂。“红星”主要生产洗衣机，累计亏损达2.39亿元，无法还贷。海尔只是派了三个人去。这三个人去之前，张瑞敏对他们说：“红星厂搞成这个样子，是人的问题，是管理问题。一千万，一个亿，海尔都拿得出，但现在绝对不能给钱。要通过海尔文化，通过海尔的管理模式，来激活这个企业。”

这三个人到了红星厂，做的第一件事是按海尔文化来建立干部队伍。因为干部是企业的头，首先要把“鱼”脑子激活，才有可能把整条“鱼”从睡梦中唤醒。他们通过职代会来评议现有的108名干部。职工代表说干部太多了，一半就够了。海尔人在红星厂烧的第一把火，就是营造一个公开竞争的氛围，让原来所有的干部和全厂职工一起参加干部岗位竞争。原来的科长可以竞争处长，原来的处长也可以竞争科长，工人也可以参加干部岗位竞争。结果：原来的100多名干部，通过竞争上岗的只有30多人；从来没有当过干部的人，有十多个通过竞争成了干部。这件事，一下就把大家的积极性激发出来了。原来的干部，下去了不少，虽然不满，也说不出什么。新上来的干部，虽然只有十多个，可这使多数人看到了希望。

干部问题解决以后，还面临一个难关——资金问题。在当时的红星厂里，退回来的洗衣机堆积成山。所有的销售人员都在家里呆着，工人没有活干，发工资的钱也没有。红星厂的一些人找到海尔总部要钱。张瑞敏对他们说："钱肯定不给。你们的货都套到商场上去了，要想办法把货款要回来发工资。现在虽然是淡季，但从海尔的理念来看，只有淡季的思想，没有淡季的产品。如果你思想处在淡季，就会创造出一年四季都一样卖得很好的产品来。树立了这样的观念，什么事情干不成呢！"于是，他们以山东潍坊市作为试点，派人去催要货款。潍坊的商家说："不行。你们厂有很多产品质量太差，都积压在仓库里，要钱的话，这些问题得先解决。"派去的人在总部的支持下，就以海尔的名义做出担保："第一，以后给你们的产品肯定不再有质量问题。第二，原来有问题的产品全部收回，如果你们不放心的话，现在就可以把这些产品收回来当场销毁。"商场的人感动了，说："行了，有了这些担保就信任你们了，你们也不必在这里销毁，拿回去处理吧。"这样马上就把资金拿回来了，一点也不难。张瑞敏就这件事总结说："最关键的是你和商家之间的信誉——你有没有这份认真！"潍坊的试点成功以后，立即推广，红星厂里的销售人员全派出去催收货款，缓解了资金困难，至少可以发工资了。

海尔兼并红星，就是这样派了三个人去，没有增加一分钱的投资，没有换一台设备，主要是去营造公开、公平、公正竞争的文化氛围，灌输并实践海尔的生产经营理念，输出海尔的企业文化。结果是：兼并的当月即1995年7月，亏损了700万元；8月、9月仍然亏损，但亏损额大大减少；10月份达到盈亏平衡；11月份赢利15万元，年底完全摆脱困境。红星厂救活了。

"海尔文化激活'休克鱼'"的事实，引起了世界的关注。美国哈佛大学把它写成案例，编入MBA班"企业文化与企业发展"这门课的教材。

(摘自中国中小企业陕西网 www.smeshx.gov.cn)

思考：

1. 如何确立一个企业的理念，企业理念包括哪些方面？
2. 如何在企业中将企业理念贯彻到各个部门各个环节，使之成为员工的共同目标？

第一节　企业理念与文化

凡是优秀的企业，都拥有了不起的企业理念。这些企业理念成为企业活动的准则、员工奋斗的目标。例如，德国英特莱公司的理念是：我们是最优秀的公司，向社会提供最优质的产品，为职员谋取最优越的待遇。在这种理念下，企业的员工迸发出无限的工作热情。企业理念是一切经营活动的思想核心、理论基点。企业理念即企业的经营哲学思想，企业活动从事什么，禁止什么，什么时候做，什么时候不做等等。企业什么时候都会有大想法、小想法、一时之念、长久之思，而企业的一贯性活动却必定是在一个长期形成的较深层的“想法”支配下进行的，这个想法，就是企业理念。企业理念可以指明企业的发展方向，先进的企业理念能提高企业的美誉度，被企业员工认可的理念，如同一面大旗，使员工自觉簇拥周围，并吸引后进者跟从，同时对企业的合作伙伴、消费者产生吸引力，崇高的理念能够产生巨大的推动力，让员工有盼头，有奔头，让外部的合作者产生合作的动力，让消费者产生信心，正确的理念存在一种同化的力量，对企业内部消极的观念起到削弱、改造的功能。

对于首次创业者来说，个人的价值观和信仰追求构成了企业初期的文化，这些会慢慢地影响企业的后来者，通过企业规模的不断壮大、企业制度的不断完善，创业者价值观和追求的不断提高，自然而然地就会形成一个企业的中心文化。由此可见，创业者个人对企业的影响很大，在创业的初期，明确企业追求的目标，确定可以做的和不可以做的范围，建立一个正确的价值观尤为重要。这不仅可以为今后企业的壮大建立扎实的思想基础，而且也能帮助企业凝聚一批有着相同理念和目标的员工。

企业管理的最高形式是一种基于价值观的管理，是对“心”的管理。建设良性的企业文化，培育企业的灵魂，是企业构建激励与和谐的“软环境”的最关键的管理手段和方法。企业文化应是包括企业的核心理念、经营哲学、管理方式、用人机制、行为准则、企业氛围的总和，是一个综合体。从根本上讲，企业文化是一个企业生生不息的源泉。

企业文化是企业在一定经济、社会、文化背景下，在长期生产经营过程中逐步形成和培育的，以企业经营哲学、企业价值观或企业精神、企业道德伦理等为精神内涵，以各种制度、机制、体系为物质的表现形式，以激发员工内在积极性和创造性为目的的一种特殊的文化类型和管理手段。

企业文化的力量是巨大的，这种“软力量”主要体现在以下四个基本功能：

1)导向功能：旗帜鲜明地崇尚何种价值观，反对何种价值观，坚定地把员工的思想和行为引导到企业的发展方向和要求上来。

2)凝集功能：使员工产生对企业的归属感和共同体意识。

3)激励功能：企业文化是企业活力的加速器。

4)约束功能：形成舆论压力、理智压力和感情压力。

企业文化建设是管理的最高境界，能对企业的凝聚力和团队精神的培养和提升起到极其重要的作用，是企业能否繁荣昌盛并持续发展的一个关键因素。

团队精神，是指一些才能互补、团结和谐并为负有共同责任的统一目标和标准而奉献的一群人。团队不仅强调个人的工作成果，更强调团队的整体业绩。团队所依赖的不仅是集体讨论和决策以及信息共享和标准强化，它强调通过成员的共同贡献，能够得到实实在在的集体成果，这个集体成果超过成员个人业绩的总和，即团队大于各部分之和。团队的核心是共同奉献。这种共同奉献需要一个成员能够为之信服的目标。只有切实可行而又具有挑战意义的目标，才能激发团队的工作动力和奉献精神，为工作注入无穷无尽的能量。

不同的企业由于所涉及的行业不同，必然有着不同的企业文化，不同企业文化的不同价值观念，形成了各自的“水土”，这就要求企业必须依据企业行业特点、企业运行方式、企业文化内核，打造与企业发展要求相符的，具有不同特色的团队精神。

一个好的团队包括团队模式设计、团队学习、团队智慧、团队合作方式、思想观念、领导风格、价值取向、管理行为、经营理念、成员工作作风、专业技能和发展潜力、心理承受、团队士气以及协作意识等方面。它能有效改善和全面提升企业的业绩，保障企业的竞争优势，是企业持续、稳步发展的“加速器”和“润滑剂”，能降低经营风险，减少组织内耗。一般需要做到以下几点：营造相互信任的组织氛围、创新理念、以情服务、用心做事、在组织内慎用惩罚、建立有效的沟通机制、进行人性化管理等。

【案例】 华为公司的企业文化创新

华为公司进行二次创业，从第一天开始就十分注意培育组织文化，产生了巨大变化。

(一)华为文化是华为凝聚力的源泉。华为价值观假设系统是：“知识是资本”“智力资本是企业价值创造的主导因素”“学雷锋、作贡献”。

(二)华为文化是华为二次创业的内在支撑。一次创业与二次创业的文化关系是继承和发扬。公司文化与部门文化是“源”与“流”，反对故步自封，坚持开放式吸纳国内外先进企业文化和中国传统文化精髓，防止社会不良文化和价值观对已有文化的侵扰，鼓励各部门在坚持已有的核心价值观的同时，逐渐形成自己各具工作特点的特色文化，抓好组织行为和个人行为的价值评估工作。

(三)构建华为管理制度借鉴成功企业经验，在自身文化中酝酿和构建具有华为特色的管理模式和管理制度。《华为公司基本法》起草后，经过员工充分讨论，用条文形式加以固定，并通过试行，反复证明是正确的、可行的。在员工中达成共识后定稿，经过正式签发，再向员工颁布，让大家共同遵守。

(四)华为文化。扎根于日常管理之中8小时之内的华为文化是对管理制度和规范的酝酿和推行，是对个人、组织行为的考核活动。员工之间管理思想的交流与沟通，管理制度规范的酝酿与推行，员工个人、组织行为的考核与评价，凝聚在产品质量、信誉、品牌和市场竞争之中；任何个人、组织行为都必须符合管理制度和规范的要求，管理制度和规范是铁面无私的，违背管理制度和规范就将损害公司整体利益，妨碍公司事业的发展，可辞退、降级、降薪。在8小时之外，华为努力丰富企业文化生活，如球类比赛、文艺联欢、探险、义务劳动等，加强沟通，提高生活质量，刻意培养个人才能、才华、情感等智能与体能的活动，使大家恢复脑力、体力，有意识地培养乐观向上的企业家精神、敬业精神、创新精神、团结合作精神与奉献精神，陶冶高尚情操，创造丰富多彩的积极人生。为华为的企业目标培养工作能力与高尚情感服务。

(摘自中国财经信息网，http://cfi.net.cn)

第二节 人力资源规划与管理

人力资源规划也称为人才资源规划，自20世纪70年代起，已成为人力资源管理的重要职能，并且与企业的人事政策融为一体。人力资源规划是依据企业的业务发展战略、经营方针与目标等，通过对外部环境的充分分析，预测未来的组织任务和环境对组织的要求，以及为了完成这些任务和满足这些要求而设计的提供人力资源运作的整个过程，是公司对“未来人员”的需求和供给之间可能差异的分析，或是公司对人力需求与供给做出的估计。

人力资源规划是企业为确保自身在未来对人力资源数量和质量上的需要并使企业和员工得到长期利益，根据自身在变化环境中的人力资源的供给和需求情况，制定引进、保持、提高、流出人力资源等方面的政策和措施的过程。其目的在于使企业在发展过程中获得所需的人力资源，并对其进行有效配置与利用，从而达到支持企业经营业务的需要。它要求通过收集和利用信息对人力资源活动中的资源使用活动进行决策。对于一个企业来说，人力资源规划的实质是根据企业经营方针，通过确定企业人力资源来实现企业的目标。

通常，我们可以把企业人力资源管理分为四个层次：规章制度与业务流程（基础性工作）、基于标准化业务流程的操作（例行性工作）、人力资源战略（战略性工作）以及战略人力资源管理（开拓性工作）。

基础性工作主要指要建立起企业人力资源运作的基础设施平台，这个平台首先要包括一套完善的人力资源管理规章制度，这是人力资源部门一切管理活动的企业内部“法律依据”。但如果没有标准化的操作流程做支撑，管理的规章制度在具体操作上或多或少会存在因人而异的混乱现象。对人力资源管理者而言，如果解决不了操作层面的问题，人力资源管理就会陷于纸上谈兵。因此，建立一套有效的人力资源操作流程，是人力资源管理迈向实务的重要保障。

例行性工作是在规章制度与标准操作流程这一基础设施平台之上进行操作的，主要包括人力资源规划、员工招聘、档案、合同、考勤、考核、培训、薪资、福利、离职等管理内容。应该说，例行性工作的一个特点，就是其中的大部分工作都是基于经验的重复劳动，琐碎繁杂，缺乏创造性，占用了 HR 管理人员大量的时间，但又是人力资源管理中不可回避的基本事务。由于这部分工作几乎无法从本质上对企业的核心价值产生影响，将它们外包给社会上的专业服务公司或顾问人员已经逐渐成为一种趋势。

战略性工作要求人力资源管理者能站在企业发展战略的高度，主动分析、诊断人力资源现状，为企业决策者准确、及时地提供各种有价值的信息，支持企业战略目标的形成，并为目标的实现制定具体的人力资源行动计划。人力资源战略是企业人力资源部门一切工作的指导方针。

开拓性工作则强调人力资源管理要为企业提供增值服务，为直接创造价值的部门提供达成目标的条件。人力资源管理部门的价值，是通过提升员工的效率和组织的效率来实现的，而提升员工与组织绩效的手段，就是要结合企业战略与人力资源战略，重点思考如何创建良好的企业文化、个性化的员工职业生涯规划、符合企业实际情况的薪酬体系与激励制度，并特别关注对企业人力资源的深入开发。实际上，对人才的吸引、使用、保持以及培养等工作的成败，关键不在于日常的管理工作是否到位，而在于是否营造了一个适于人才工作与发展的环境，这个环境的创造，就需要人力资源管理者在开拓性工作上花更多的时间与精力。

公司人力资源规划一般包括人员总规划、职务编制规划、人员配置规划、人员需求规划、人员供给规划、人员补充规划、培训开发规划、人员考核规划、薪酬规划、人力分配规划、人力资源管理政策调整规划、投资预算规划等等。

创业者在做人力资源规划之前，还必须清晰制定人力资源计划应掌握的原则，这些基本原则主要有：

1. 做好人力资源规划，必须充分考虑内部、外部环境的变化。人力资源规划只有充分地考虑了内外环境的变化，才能适应需要，真正地做到为企业发展目标服务。内部变化主要指销售的变化、开发的变化，或者说企业发展战略的变化，还有公司员工的流动变化等；外部变化指社会消费市场的变化、政府有关人力资源政策的变化、人才市场的变化等。为了更好地适应这些变化，在人力资源规划中应该对可能出现的情况做出预测和风险变化，最好能有面对风险的应对策略。

2. 明确人力资源规划的根本目的就是确保企业的人力资源保障。企业的人力资源保障问题是人力资源规划中应解决的核心问题。它包括人员的流入预测、流出预测、人员的内部流动预测、社会人力资源供给状况分析、人员流动的损益分析等。只有有效地保证了对企业的人力资源供给，才可能去进行更深层次的人力资源管理与开发。

3. 人力资源规划的最终目的是使企业和员工都得到长期的利益。人力资源规划不仅是面向企业的规划，也是面向员工的规划。企业的发展和员工的发展是互相依托、互相促进的关系。如果只考虑企业的发展需要而忽视了员工的发展，则会有损企业发展目标的达成。优秀的人力资源规划，一定是能够使企业和员工达到长期利益的规划，一定是能够使企业和员工共同发展的规划。

4. 好的人力资源规划是企业内部相关人员共同完成的，而绝非企业领导者一个人所能够解决的问题。因此，企业在做人力资源规划的时候，一定要注意充分协调各个部门以及高层管理者参与，只有这样的规划才能够准确并落到实处。

第三节 薪酬规划与培训体系

一、企业员工薪酬制度的设计

如何设计员工薪酬制度是在企业创建之初就面临的重要问题之一。这个问题的复杂性在于：首先，员工有不同的层次，对不同层次的员工应该采取何种不同的激励制度；其次，有各种薪酬制度可供选择，如员工持股、期权制，远期来讲还有 MBO（经理层收购）等等，哪一种制度最适合自己的企业；另外，随着企业的发展，企业的薪酬制度是否应该做相应的调整。这些问题都需要首次创业者思考并给出答案。

一般来说，首次创建的企业的薪酬设计应采取以下几个原则：高工资低福利的原则、简明实用原则、增加激励力度、建立绩效工资制度。

企业内部的部门与岗位大致可以分为技术高度密集型和一般经营、服务型两类。两者在薪酬制度上将会有所区别：技术高度密集型岗位，企业对所招募的员工有比较强的依赖性，所以为了招募到技术人才，在薪酬设计上必须考虑企业的长远发展目标和相对的稳定性。基于此，薪酬制度应采取灵活的组合方式：如直接给股份、高薪加高福利等。

对于一般经营、服务型部门和岗位，应采用岗位、级别的等级薪资制度。这项制度最好在企业创建初期建立，越早越好。根据企业的岗位需求和实际能力，以及员工的实际能力和水平，有目的地定岗、定员和定级、定薪。员工进入企业有明确的个人定位及发展目标，岗位的变化与薪水具有必然的联系。企业的薪资制度和激励制度是两个不同的制度，尤其是初创企业更要加以区分，否则会导致基本薪资制度与激励制度的混乱，使员工的工作热情受到打击。企业管理者要对做出杰出贡献的员工给予激励，就不能采用在原岗位直接加薪的简单方法，而应采用一次性奖励或升职加薪的方法。

【案例】 为什么高工资没有高效率

F公司是一家生产电信产品的公司。在创业初期，依靠一批志同道合的朋友，大家不怕苦不怕累，从早到晚拼命干。公司发展迅速，几年之后，员工由原来的十几人发展到几百人，业务收入由原来的每月十几万发展到每月上千万。企业大了，人也多了，但公司领导明显感觉到，大家的工作积极性越来越低，也越来越计较。

F公司的老总黄明裁一贯注重思考和学习，他想，公司发展了，确实应该考虑提高员工的待遇，一方面是对老员工为公司辛勤工作的回报，另一方面是吸引高素质人才加盟公司的需要。为此，F公司重新制定了报酬制度，大幅度提高了员工的工资，并且对办公环境进行了重新装修。

高薪的效果立竿见影，F公司很快就聚集了一大批有才华有能力的人。所有的员工都很满意，大家的热情高，工作十分卖力，公司的精神面貌也焕然一新。但这种好势头不到两个月，大家又慢慢回复到懒洋洋、慢吞吞的状态。F公司的高工资没有换来员工工作的高效率，公司领导陷入两难的困惑境地，既苦恼又彷徨不知所措。那么症结在哪儿呢？

（摘自中国管理传播网 http://study.manage.org.cn）

其实，案例中F公司出现的这种情况是一个普遍现象，很多企业都经历了这样一个过程，在创业初期，每个人都可以不计报酬、不计得失、不辞辛劳、不分彼此，甚至加班加点、废寝忘食。但是，只要企业一大，大家这种艰苦奋斗、不计报酬的奉献精神没有了，不分上下班的工作干劲和热情态度也不见了，关心企业、互相帮助、团结如一人的融融人情氛围也消失了。为什么会这样呢？原因有三：

首先，那就是企业大了，老板或忙于企业发展的大事，或忙于社会上各种应酬，与原来创业的老员工在一起的时间少了，感情必然疏远，心理距离必然拉大，以感情作为激励手段的作用自然就会逐渐消失。

其次，在创业初期每个老板可能对公司员工，尤其是一些核心骨干有过许多承诺，但当企业真的做大之后，老板(或许忘了)并没有兑现这些诺言，因而老员工便产生失望情绪，接下来的自然是消极怠工，或是集体跳槽。

第三，当企业成长到一定规模之后，必须走向制度化的管理，而制度给人的感觉总是冷冰冰的，原来的那种相依为命一起创业的融洽感觉消失殆尽，称兄道弟不行了，一切都要按级别来，按公司规定来，制度容不得感情。

同时，薪酬设计要注意两个方面的问题：

1)避免差距过大：差距过大是指优秀员工与普通员工之间的报酬差异大于工作本身的差异，也有可能是干同等工作的员工之间存在着较大的差异。前者的差异过大有助于稳定优秀员工，后者的差异过大会造成员工的不满。

2)避免差距过小：差异过小是指优秀员工与普通员工之间的报酬差异小于工作本身的差异。它会引起优秀员工的不满。

企业的发展需要员工的支持。对企业来说，员工绝不仅是一种工具，其主动性、积极性和创造性将对企业生存发展产生巨大的作用。而要取得员工的支持，就必须对员工进行激励；要想激励员工，又必须了解其动机或需求。每个管理者首先要明确两个基本问题：第一，没有相同的员工；第二，不同的阶段中，员工有不同的需求。

管理者能够采用的主要激励方式有：

1）金钱及物质激励。如采取工资的形式或任何其他鼓励性报酬、奖金、优先认股权、公司支付的保险金，或在做出成绩时给予奖励。但要考虑到，相同的金钱，对不同收入的员工有不同的价值，对于某些人来说，金钱总是极端重要的，而对另外一些人可能就不那么看重。金钱激励必须公正，一个人对他所得的报酬是否满意不是只看其绝对值，而要进行社会比较或历史比较，通过相对比较，判断自己是否受到了公平对待，从而影响自己的情绪和工作态度。金钱激励必须反对平均主义，平均分配等于无激励。除非员工的奖金主要是根据个人业绩来发给，否则企业尽管支付了奖金，对他们也不会有很大的激励。

2）目标激励。就是确定适当的目标，诱发人的动机和行为，达到调动人的积极性的目的。目标作为一种诱引，具有引发、导向和激励的作用。一个人只有不断启发对高目标的追求，也才能启发其奋发向上的内在动力。每个人实际上除了金钱目标外，还有如权力目标或成就目标等。管理者就是要将每个人内心深处的这种或隐或现的目标挖掘出来，并协助他们制定详细的实施步骤，在随后的工作中引导和帮助他们努力实现目标。当每个人的目标强烈和迫切地需要实现时，他们就对企业的发展产生热切的关注，对工作产生强大的责任感，平时不用别人监督就能自觉地把工作搞好。这种目标激励会产生强大的效果。

3）尊重激励。尊重是加速员工自信力爆发的催化剂，尊重激励是一种基本激励方式。上下级之间的相互尊重是一种强大的精神力量，它有助于企业员工之间的和谐，有助于企业团队精神和凝聚力的形成。

4）参与激励。现代的员工都有参与管理的要求和愿望，创造和提供一切机会让员工参与管理是调动他们积极性的有效方法。毫无疑问，很少有人参与商讨和自己有关的行为而不受激励的。因此，让职工恰当地参与管理，既能激励职工，又能为企业的成功获得有价值的知识。通过参与，形成职工对企业的归属感、认同感，可以进一步满足自尊和自我实现的需要。

5）工作激励。为了更好地发挥员工工作积极性，管理者要考虑如何才能使工作本身更有内在意义和挑战性，给职工一种自我实现感。管理者要进行“工作设计”，使工作内容丰富化和扩大化，并创造良好的工作环境。还可通过员工与岗位的双向选择，使职工对自己的工作有一定的选择权。

6）培训和发展机会激励。随着知识经济扑面而来，当今世界日趋信息化、数字化、网络化。知识更新速度不断加快，使员工知识结构不合理和知识老化现象日益突出。他们虽然在实践中不断丰富和积累知识，但仍需要对他们采取等级证书学习、进高校深造、出国培训等激励措施，通过这种培训充实他们的知识，培养他们的能力，给他们提供进一步发展的机会，满足他们自我实现的需要。

7）荣誉和提升激励。荣誉是众人或组织对个体或群体的崇高评价，是满足人们自尊需要，激发人们奋力进取的重要手段。从人的动机看，人人都具有自我肯定、光荣、争取荣誉的需要。对于一些工作表现比较突出、具有代表性的先进员工，给予必要的荣誉奖励，是很好的精神激励方法。荣誉激励成本低廉，但效果很好。提升激励是对表现好、素质高的员工的一种肯定，应将其纳入“能上能下”的动态管理制度中。

8)负激励。激励并不全是鼓励，它也包括许多负激励措施，如淘汰激励、罚款、降职和开除激励。淘汰激励是一种惩罚性控制手段。按照激励中的强化理论，激励可采用处罚方式，即利用带有强制性、威胁性的控制技术，如批评、降级、罚款、降薪、淘汰等来创造一种令人不快或带有压力的条件，以否定某些不符合要求的行为。

总的来说，根据企业的人力资源规划制定薪酬体系时，不仅要考虑到制定合理的薪酬制度，还要有配套的激励制度，只有两者相互配合，才能最大限度地激发员工的积极主动性，提高工作效率。

【案例】 胖东来商贸：用爱把零售做成艺术

河南胖东来商贸集团成立于1995年，从最初只有40平方米、4名员工的烟酒小店，到如今拥有十几家店面、12,000名员工、年营业额超过50亿的区域性零售龙头企业，它已成为许昌人的骄傲，甚而是河南人的骄傲。

如今我们到任何一座城市，看到的几乎都是标准化配置的零售业态——麦当劳、肯德基、星巴克、苏宁电器、家乐福超市，然而在许昌，胖东来几乎垄断了当地的零售商业，“买东西不到别处，就到胖东来”——这是许昌老百姓的口头禅！

胖东来为什么能如此俘获人心？深入探询，你会发现胖东来的经营之道屡屡挑战人们的商业常识。人们通常认为商业用地，寸土寸金，但是胖东来的商场却在顶楼留出整整一层作为员工娱乐中心。人们通常认为服务业应该全天候响应，但胖东来从2012年4月开始，所有的店面每周都歇业一天。人们通常认为不断扩张规模才是成长的标志，但胖东来从2012年开始缩小规模、减少店面数量，并认为这标志着自己的成熟。人们通常都认为商业就应该追求成本最小化、销售最大化，但胖东来却不惜花大钱在店中安装一流的硬件设施，雇用更多的保洁人员来保证商厦的环境卫生。

“爱”在胖东来——员工篇：胖东来舍得“高投入”，给员工的薪水是当地同行业的两倍水平，让员工过上体面的生活；胖东来对员工的健康体贴入微，上班时间允许员工坐着休息以避免静脉曲张的职业病，每周二闭店让员工充分获得休息。

“舍”在胖东来——顾客篇：胖东来把顾客看成一家人，宁可自己吃亏，也要让每一位顾客都满意。胖东来规定自己没有的商品可以代顾客订购，顾客不满意的商品可以无条件退货，而且顾客可以享受在胖东来各种免费服务：免费修理电器，免费修鞋，免费熨烫等。

“美”在胖东来——文化篇：在零售行业里，胖东来恐怕是第一家把商业当作文化来经营，把商品当作展品来看待的企业。它不仅仅在销售商品，同时也在传播商品知识和商业文化。他希望把商店做成商品的博物馆和商业的卢浮宫，让顾客享受商业之美和艺术之美。

“信”在胖东来——信仰篇：“真实的胖东来应该是一个布道的平台，而非一个经商的企业。”胖东来的当家人于东来希望人们关注他的哲学，而不是经营。他给胖东来的定位是修道院，给自己的定位则是爱的布道者：“我们不光让员工学会怎么去挣钱，更多的要让员工学会怎么做人、做事，理解生命，理解生活，然后去更好地安排自己的生活。”

当众多企业急于增长、急于扩张的时候，胖东来却放慢了脚步，停下来看看“内在的灵魂”是否跟上了外部的发展速度。比照世界上最优秀的单店，从环境、商品、管理到人员的精神面貌和专业能力，于东来认为自己还差得很远。因此，于东来决定把工作重点放在加强精细化管理上面，通过制度细化来提升每一个胖东来人的综合素质和专业能力。于东来相信，唯有经过精细化的转型蜕变，唯有员工充满热爱地去工作，胖东来才能真正把零售业做成一种文化现象。

（摘自《新民网》）

二、员工的培训

世界上著名的成功企业都有自己科学的培训体系。如麦当劳、摩托罗拉、通用、HP、宝洁等，都有自己的企业大学和培训中心，付出很大代价构建自己严谨、完善、科学的培训体系，为企业发展奠定了良好的基础。

一般，企业培训工作都应围绕着企业总体目标工作的实现来进行，以“员工”为中心，以“分析培训需求，确定培训目标”和“培训效果的评估落实”为基本点。

“以员工为中心”是培训的直接目的，为提高和改善员工的态度、知识、技能和行为模式，建立多层次、多形式、多规格的教育体系。

“培训需求分析”通过访谈法和问卷调查的方式来实现。一是战略分析，基于企业的发展战略和目标，对符合业务需要的优秀管理人才、专业人才进行培训、提高、开发和使用；二是任务技能分析，编制职务说明书和工作规范，对工作应达到的绩效标准及行为进行培训提高；三是绩效分析，根据每位员工达到理想绩效所必须掌握的知识、技能，通过对绩效评估体系实施结果的分析，了解员工行为、态度及工作绩效与理想目标之间偏差，确定培训项目；四是现存问题分析，根据企业在某方面存在的问题进行培训；五是员工职业发展需求分析，根据员工职业生涯规划发展进行培训，使员工与企业共同成长。

培训方式分很多种，有新员工培训、脱产培训、公司内部学习、自我开发等多种。根据工作层次不同，分层次培训包括基层员工、基层管理者、中层管理者、高层管理者等，形式有在岗培训、辅导教育、研习班、研讨会、工作轮换、内训课程、讲座等。

培训效果评估的目的是检验培训方案实施的有效性，分析开展培训活动所取得的成绩，找出培训过程中的差距，加以改进和完善，制定新的培训计划。评估方法有问卷调查法、动态评估法和比较评估法等。

“培训很贵，不培训更贵。”建立科学的培训体系，根据需求分析来制定计划，设计培训项目，减少资源浪费，有效地开发人力资本，才能实现员工与企业的双赢，在为企业创造效益的同时实现个人的成长。

对于首次创业者来说，更加关心的是员工上岗前的培训工作，对员工做一个全面细致的职前培训，是成功开业的一个有效保证，也是今后开展系统培训工作的良好开端。

【案例】 员工比经理重要

到东京迪斯尼去游玩，人们不大可能碰到迪斯尼的经理，门口卖票和检票的也许只会碰到一次，碰到最多的还是扫地的清洁工。所以东京迪斯尼对清洁员工非常重视，将更多的训练和教育大多集中在他们的身上。

东京迪斯尼扫地的有些员工，他们是暑假工作的学生，虽然他们只扫两个月时间，但是培训他们扫地要花3天时间。其中，学扫地、照相、包尿布和学习辨识方向，就整整用了两天时间。

◆ 学扫地

第一天上午要培训如何扫地。扫地有3种扫把：一种是用来扒树叶的；一种是用来刮纸屑的；一种是用来掸灰尘的，这三种扫把的形状都不一样。怎样扫树叶，才不会让树叶飞起来？怎样刮纸屑，才能把纸屑刮得很好？怎样掸灰，才不会让灰尘飘起来？这些看似简单的动作却都应严格培训。而且扫地时还另有规定：开门时、关门时、中午吃饭时、距离客人15米以内等情况下都不能扫。这些规范都要认真培训，严格遵守。

◆ 学照相

第一天下午学照相。十几台世界最先进的数码相机摆在一起，各种不同的品牌，每台都要学，因为客人会叫员工帮忙照相，可能会带着世界上最新的照相机，来这里度蜜月、旅行。如果员工不会照相，不知道这是什么东西，就不能照顾好顾客，所以学照相要学一个下午。

◆ 学包尿布

第二天上午学怎么给小孩子包尿布。孩子的妈妈可能会叫员工帮忙抱一下小孩，但如果员工不会抱小孩，动作不规范，不但不能给顾客帮忙，反而会增添顾客的麻烦。抱小孩的正确动作是：右手要扶住臀部，左手要托住背，左手食指要顶住颈椎，以防闪了小孩的腰，或弄伤颈椎。不但要会抱小孩，还要会替小孩换尿布。给小孩换尿布时要注意方向和姿势，应该把手摆在底下，尿布折成十字形，最后在尿布上面别上别针，这些地方都要认真培训，严格规范。

◆ 学辨识方向

第二天下午学辨识方向。有人要上洗手间，"右前方，约50米，第三号景点东，那个红色的房子"；有人要喝可乐，"左前方，约150米，第七号景点东，那个灰色的房子"；有人要买邮票，"前面约20米，第十一号景点，那个蓝条相间的房子"……顾客会问各种各样的问题，所以每一名员工要把整个迪斯尼的地图都熟记在脑子里，对迪斯尼的每一个方向和位置都要非常明确。

训练3天后，发给员工3把扫把，开始扫地。如果在迪斯尼里面，碰到这种员工，人们会觉得很舒服，下次会再来迪斯尼，也就是所谓的引客回头，这就是所谓的员工面对顾客。

(摘自中国人力资源网 http://www.hr.com.cn)

本章小结

■ 本章关键词：

团队建设，人力资源，招聘，培训

■ 问题思考：

1. 如何设计合理的公司理念，帮助团队确立共同的目标？

2. 招聘有哪些渠道，如何利用合适的渠道帮助企业招到合适的人才？

3. 什么样的薪酬对企业来说是合理的，具有竞争力的？

■ 参考文献：

①Howard H. Stevenson 等著，高建，姜彦福和雷家骕等译. 新企业与创业者. 北京：清华大学出版社，2002年版.

②〔美〕马丁·J·格伦德. 成功企业家的9大素质. 北京：中信出版社，2004年版.

③刘常勇. 创业管理的12堂课. 北京：中信出版社，2002年版.

④张玉利，李新春. 创业管理. 北京：清华大学出版社，2006年版.

13 市场营销策略

市场营销手段必须适合你的产品或服务。第一印象极其重要，而且人们会以你的营销手段来评价你的产品或服务。例如，如果你提供的产品或服务的主要特点是其可靠性，那么你在营销过程中就必须表现出鲜明的可靠性，如果产品或服务具有趣味性，营销手段本身也要活泼有趣。

——至尊智慧:出奇制胜的营销策略作者:(英)泽根·沃尔夫(Jurgen Wolff)

本章概要

如果说创业机会选择讲的是创业的战略，那么，市场环境的调查和竞争对手的评估，则是战术上的问题了。在已作好创业机会选择和创业计划书的情况下，创业者也就是已经确定了创业类型，并且已做好了创业的前期准备。本章介绍的是，企业在创业过程中，如何选择市场营销策略，采取有针对性的营销活动。

实例思考

小米模式社会化网络营销

小米手机的异军突起让“互联网思维”成为众多传统企业热议的话题。当众多传统企业纷纷“触网”改换思维的时候，移动互联网时代翩然而至，传统行业正面临更深层次的变革，互联网带来的颠覆每天都在上演。在“网络化生存”演变成“网络化生活”的今天，互联网营销已经成为商业营销活动必不可少的一部分。

长久以来，业界一直在进行的社会化网络营销秉承着这样的模式:找到一个好的创意，然后让创意在社交网络流行起来，通常的称呼叫“病毒式传播”。众所周知的“凡客体”等就是在这样的思维中流行起来的。

据统计，全国 103 家微博客网站的用户账号总数已达 12 亿，其中新浪微博用户账号 5.36 亿个，腾讯微博用户账号 5.4 亿个;据腾讯给出的数据，微信用户突飞猛进已经超过 6 亿。

庞大的微博和微信用户基础足以让任何企业找到各种不同的切入角度进行社会化网络营销，但社会化网络营销并不是只要有客户给钱就可以进行营销。

社交网络是建立在信任基础之上的。对于用户的信任来说，任何劣质的产品营销都会对公司形象造成无可挽回的损失。在以信任为基础的社交网络中，借助数据分析或者称之为“大数据”，找到某个领域和某种产品的意见领袖并不是难事，难在如何持续进行运营。

小米手机从默默无闻到变成一匹黑马，到现在市场估值突破 100 亿美元。这其中，社会化网络营销为小米手机赢得了好口碑。2011 年微众传媒服务的小米手机成为"中国社会化媒体营销第一品牌"。

小米公司在推出每一款手机时选用的几乎都是当时最好的硬件，然后把所有硬件的成本都告诉用户。这种史无前例的信息透明赢得了用户的信任，较高的产品性价比也让用户感觉到物有所值。除此之外，小米手机的每一次更新都参考了用户的意见，几乎三分之一的手机系统 MIUI 修改是用户反馈的结果。

小米手机最早的100个手机发烧友就是在微博上筛选出来的。选出意见领袖只是第一步，当时借用种子用户的评价和口碑传播形成传播链条的关键在于小米公司类似微信的软件"米聊"。当时有微博，但是微信还远没有流行，只有把带有公共媒体属性的微博和能够一对一私密交流的米聊结合起来，社会化网络营销才有了闭环。

小米的成功在于建立了与用户畅通的沟通渠道，愿意根据用户的反馈来对产品进行更改和提高，小米做得最好的就是用户服务。小米并非没有缺点，但能做到知错就改就是好公司，社会化网络营销的关键说到底就是好产品的粉丝经济。

小米的成功之处不在于单纯塑造了小米科技这么一家公司，而在于通过小米的模式，众多国内企业看到了通过社会化网络营销打造品牌的途径。

（摘自《新华网》）

思考：

1. 面对市场情况，产品如何能够做到定位鲜明？

2. 针对不同的目标消费群，采取的不同营销策略有哪些？

第一节　市场竞争评估

即使在创业者已经确定了创业类型，做好了创业的前期准备之后，也仍然需要对市场环境做一个调查。相信创业者在选择创业行业时，已经对所处行业的世界或者是全国的行业趋势、市场规模等进行了深入的了解，这些都是一个企业所处的大环境。在本章中所谈到的市场调查，是根据企业创业初期的销售目标和范围，对企业所在的省份、城市甚至街区的市场环境进行细微的分析。对于首次创业者来说，选择一个正处于上升阶段的产品和商品类型，无疑是一个明智的选择，但如果因为对小环境的了解不足，造成了创业中的不恰当选择，也有可能会导致创业失败。一般市场调查的内容包括：商圈的选择、顾客情况和市场需求调查、产品/服务定价、分销和采购、当地政策等。

市场调查是创业相当重要的一环，市场调查的质量和方法，对市场调查的深浅程度的把握，不同的创业者有不同的做法，有的人舍得花大价钱请专业市场调查公司来做，有的人则是自己走马观花看一看而已，这样市场调查效果就完全不同。如果创业者要生产或经销某一种或某一系列产品，应对这一产品的市场需求量进行调查。也就是说，通过市场调查，对产品进行市场定位。如果是经销某种家用电器，那么就应该调查一下市场对这种家用电器的需求量，有无相同或相类似的产品，市场占有率是多少。如果是提供一项专业的家庭服务项目，就应调查一下居民对这种项目的了解和需求程度，需求量有多大，有无其他人或公司提供相同的服务项目，市场占有率是多少。

在对顾客进行调查时应该明确，这里的顾客包括原有的顾客和潜在的顾客，一般包括两个方面：

一是顾客需求调查，例如购买某种产品（或服务项目）的顾客大都是些什么人（或社会团体、企业），他们希望从中得到哪方面的满足和需求（如效用、心理满足、技术、价格、交货期、安全感等），目前某些产品（或服务项目）能够或者为什么能够较好地满足他们某些方面的需要等。

【案例】 佰草集：如何以"新祖传秘方"走进德国与法国

2013年5月底，佰草集低调地出现在德国最高端的化妆品连锁巨头道格拉斯的门店中，那些印着百草图案的"团花"瓶盖，竹节形状的瓶身成了这家化妆品店的一个异类，这个以中医中草药理念为基础的东方护肤品牌在欧洲正获得越来越多的拥簇。

经过市场调查发现，外国消费者对于中国传统的中草药文化还是很向往和认同的。佰草集恰好是用现代的科技将这些他们热衷向往的中草药文化演绎出来了，而这些正是其他的品牌所不具有的，也是佰草集在其他很多欧美著名品牌当中脱颖而出的原因之一。

前上海家化集团董事长葛文耀曾率领团队远赴法国。他发现以皂角、芦荟、中草药等天然植物的提取物为主要添加剂的化妆品已成为欧洲企业的重点研究课题。

起初，上海家化在品牌定位上强调佰草集的中草药属性。这一定位在中年女性中能引起强烈兴趣，而年轻女性则没有太多好感——中草药令她们联想到苦涩的味道、难闻的气味。佰草集开始对定位重新思考。在成功的案例中，上海家化寻找到了来自英国的草本类护理品牌 Body Shop。它的包装简单平实、强调产品的自然安全，这给了佰草集很大启发。

中草药依赖于中华文化，中国公司往往对这一点驾轻就熟，为了能够充分体现佰草集中草药复方的属性定位，上海家化于2007年成立了佰草集中草药研究所，从中医理论研究、组方分析等创建了一系列中草药产品创意开发流程。

六神与佰草集皆是将中医中草药文化抽象应用之后的成果。中国人讲究整体、平衡的观念。"中华文化里有一个'五味平衡'，就是说要轻松。不能为了达到某种目的而增加负担，这就是平衡，是中华文化的精髓。"药剂药物学出身的李慧良如此解释中医文化的抽象应用。

为给佰草集寻求国际化之路，法国留学背景的上海家化首席科学家魏少敏被委以重任。佰草集中草药研究所先后与法国 DermoScan 实验室、Derma Development 实验室共同合作。同时，聘请法国 Cent Degres 对品牌进行形象设计。一家名为日进的日本公司则为家化带来了"冰肌雪肤"的新技术，运用于佰草集的产品。然而，如何让中国的化妆品在化妆品市场非常成熟的欧洲赢得青睐并不是一件容易的事情。

相较于合成化妆品，天然中草药结构更为复杂，质量亦容易波动。市场调查科研与产品研发人员在前端介入。佰草集的七白为例，最早研发人员从七白这样一个古方里提炼配方形成七白美白系列，后来发现消费者在美白的同时提出诸如滋润等更高的需求，佰草集根据这些需求进一步地调研，升级成了"新七白"。

消费者常用"希望它摸起来舒服一点"、"香味好闻一点"、"更保湿一些"等语言描述自己对于护肤品的需求。研发人员需要将这些"消费者语言"变成一种明晰的技术标的，翻译成可以量化的"研发语言"。这些研发灵感往往蕴藏于家化集团内部的分享活动。这款立足于中国中医中草药开发的品牌，正因其无可取代的中国元素在国际市场上赢得一席之地。法国人对于佰草集的喜爱或许并不亚于亚洲人对兰蔻小黑瓶的崇拜。

（摘自《环球企业家》）

二是顾客的分类调查。重点了解顾客的数量、特点及分布，明确目标顾客，掌握他们的详细资料，如果是某类企业和单位的话，应了解这些单位的基本状况，如进货渠道、采购管理模式，取系电话、办公地址，某项业务负责人具体情况和授权范围，对某种产品和服务项目的需求程度，购买习惯和特征。如果顾客是消费者个人，应了解消费群体种类，即目标顾客的大致年龄范围、性别、消费特点、用钱标准，对某种产品和服务项目的需求程度、购买动机、购买心理、使用习惯。掌握这些信息，将为企业有针对性开展业务做准备。

【案例】 化整为零 开家专业店

在珠海市前山明珠南路有一家袜子店。这个店只有10平方米，小小的面积，卖的是小小的袜子，而且不是寻常的袜子，是市面上不很常见的五趾袜。就是这样的一个小店，卖这样薄利的一个冷门商品，每个月带给店主的收益却超过万元，以致让周围很多精明的商人都大跌眼镜，感到不可思议。

这个店的名字就叫“碧玉五趾袜子专卖店”。店主谭碧辉，是江西萍乡到珠海的一个打工妹。

谭碧辉在珠海打了几年工，攒了一点钱，就想自己做生意。谭碧辉看中了袜子专卖店，并且将目标瞄准了那种能将脚趾头分隔开来的五趾袜。这种袜子有一个好处，就是因为将脚趾分隔，使人不容易沤脚，犯脚气。广东那个地方温暖潮湿，患脚气病的人很多，这是一种迎合市场需要的产品，却因为不够时尚，同时没有人肯下力气去推广，以致在偌大的珠海想找一双五趾袜简直比登天还难。谭碧辉就看准了这样一个机会。

谭碧辉的决定遭到了朋友们几乎一致的反对，他们的理由是：第一，从未听说过有什么袜子专营店；第二，像袜子这样一种薄利小商品，得卖多少双，才能将店钱赚回来？但是谭碧辉打定了主意，不为所动。她的店很快开张了，第一次就从浙江义乌进了1万双五趾袜，每双的进价在5～10元，这批货加上租赁店铺和装修的花费，不但用光了她所有的积蓄，还负了一部分外债。然而，一开始生意却十分不景气，有些冷言冷语开始在谭碧辉耳边绕来绕去，什么“不听老人言，吃亏在眼前”之类，但谭碧辉坚持了下来。现在谭碧辉靠卖五趾袜，每个月可以稳定获得上万元的收入。对一个小本起家的创业者来说，这就是一笔了不得的收入了。非但如此，现在谭碧辉的五趾袜已经进入了细节经营的境界，冬、夏天有冬、夏天的袜子，春、秋季有春、秋季的袜子，质地、款式各有不同，深受消费者的欢迎。

（摘自开商网 http://www.kesum.cn）

常见的市场调查方法按照调查范围不同，可分为：市场普查、抽样调查和典型调查三种。

1）市场普查，即对市场进行一次性全面调查，这种调查量大、面广、费用高、周期长、难度大，但调查结果全面、真实、可靠。一般创业者如果没有能力和必要，不需搞这种大规模的市场普查。

2）抽样调查，据此推断整个总体的状况。例如经销一种小学生食品和用品，完全可选择一两个学校的一两个班级小学生进行调查，从而推断小学生群体对该种产品的市场需求情况。

3）典型调查，即从调查对象的总体中挑选一些典型个体进行调查分析，据此推算出总体的一般情况。如对竞争对手的调查，可以从众多的竞争对手中选出一两个典型代表，深入研究了解，剖析它的内在运行机制和经营管理优越点、价格水平和经营方式，而不必对所有的竞争对手都进行调查，这样难度大，时间长。

按调查方式不同，市场调查可分为：访问法、观察法和试销或试营法。

1)访问法，即事先拟定调查项目，通过面谈、信访、电话等方式向被调查者提出询问，以获取所需要的调查资料。这种调查简单易行，有时也不见得很正规，在与人聊天闲谈时，就可以把调查内容穿插进去，在不知不觉中进行着市场调查。

2)观察法，即调查人员亲临顾客购物现场，如商店和交易市场，亲临服务项目现场，如饭店内和客车上，直接观察和记录顾客的类别，购买动机和特点，消费方式和习惯，商家的价格与服务水平，经营策略和手段等，这样取得的一手资料更真实可靠。需要注意的是这种调查行为不要被经营者发现。

3)试销或试营法，即对拿不准的业务，可以通过营业，或产品试销，来了解顾客的反映和市场需求情况。

对于大多数首次创业者来说，从实用的角度出发，市场调查可以从以下方面进行：

1)亲自考察市场。如果要买下一个餐馆，可以到现场观察几天的客流量，甚至到那里免费打几天工体验餐馆的商业气氛。

2)查阅行业资料，如统计年鉴、商业名录和专业报纸杂志。

3)与行业专家或者企业家交谈或请教。

4)参观行业展览会、新产品发布会、参加行业协会活动。

5)与有关顾客交谈。

6)听取亲朋好友对做生意和选择行业的看法。

【案例】 唐阳与"流星小站"

唐阳，清华大学电子工程与企业管理双学位，"流星小站"网站及配送中心的CEO。"流星小站"始建于1999年10月，建这个网站的主要目的是为了进行电子商务环境下数据挖掘技术的研究，并且希望通过一个真实的平台来搜索一些适合中国国情的电子商务模式。

唐阳最初的想法来自于所学专业的一门管理信息系统课程，该课教材是美国最新版本，书中阐述了发达国家如何利用信息系统来提高企业服务顾客能力的前沿基础理论。学完之后，唐阳有了创业冲动，恰好，他所在的26号宿舍楼的局域网建成，并联入校园网。网络环境有了，唐阳就开始了行动。他看到本宿舍楼租赁VCD业务的效率非常低，同学们挤在两个大皮箱前，挑来挑去，原有的目录被翻得残破不堪。他就把VCD的检索、分类、查询搬到网上，鼠标一点，送货上门。业务开展起来就一发不可收拾。学生用户的需求五花八门，通过网上留言板反馈回来。唐阳立即招兵买马，亲自面试敲定了加盟的15位成员，并在清华10食堂对面，建立了自己的配送中心(兼有门店功能)。除VCD业务外，还销售玩具、树、电子地图等产品。

(摘自新浪网 http://www.sina.com.cn)

在开放的市场经济条件下，做独家买卖太难了，在你开业前，也许已有人做相同或类似的业务，这些就是你现实的竞争对手。也许你开展的业务是全新的，有独到之处，在你刚开始经营的时候，没有现实的对手；一旦你的生意兴旺，马上就会有许多人学习你的业务，竞相加入你的竞争行列，这些就是你的潜在对手。"知己知彼，百战不殆"，了解竞争对手的情况，包括竞争对手的数量与规模，分布与构成，竞争对手的优缺点及营销策略，做到心中有数，才能在激烈的市场竞争中占据有利位置，有的放矢地采取一些竞争策略，做到人无我有，人有我优，人优我更优。

【案例】 宝洁遭竞争对手围剿

曾经日化界的大佬——宝洁公司，正在走下神坛。曾经日化领域的霸主，今日为何英雄迟暮？宝洁在华与竞争对手的博弈中，正遭遇一场四面楚歌的险情。

此前，宝洁公司公布其2012—2013财年第一财季的财报，受到销售收入下滑的影响，该公司利润出现了7%的下滑，由去年同期的30.2亿美元下滑至28.1亿美元。

然而，令宝洁的成绩单颇显尴尬的是，其老对手联合利华却发展得不错。2012年10月25日，联合利华公司宣布，第三季度基本营业收入同比增长6%，其中新兴市场增长12.1%，欧洲市场下降0.8%，净销售额达134亿欧元，增幅逾10%。

在全球业绩下滑的背景下，宝洁在中国的发展也不是很顺利。公开信息显示，宝洁公司在中国的日化产品主要有四大类，化妆品：玉兰油、SK-Ⅱ和伊奈美；洗发水：飘柔、海飞丝、潘婷、沙宣及伊卡璐；牙膏：佳洁士；洗衣粉：汰渍和碧浪。

据悉，玉兰油(OLAY)是宝洁在中国区的最大护肤品牌，在大陆销售已持续多年，呈两位数增长。然而，这一局面正在发生改变。

宝洁的业务主要分为护肤品、洗发水和洗涤用品三大块。宝洁销量下滑最严重的是在护肤品这块业务，而其竞争对手主要是欧莱雅，这几年欧莱雅增长很快，把玉兰油打得一败涂地，由于这块利润很高，随着业绩的下滑，所以就会影响整体的业绩。

除此之外，在洗发水和化妆品及护肤品行业，越来越多的国内企业及国产品牌，在突破性地发展，力图打破多年来由洋品牌盘踞的局面。

据欧睿咨询公司的数据显示，2010年，恒安国际集团有限公司在面巾纸和卫生用品市场的占有率超过宝洁，去年以10.6%的市场份额继续保持领先地位，宝洁去年的市场占有率是10.5%；广州立白企业集团有限公司和纳爱斯集团在洗衣粉和肥皂等日用品市场占据着龙头地位，这两家公司的市场份额合计为27.6%，宝洁的份额为7.6%，联合利华为6.6%。

与此同时，洗衣粉、肥皂等洗涤用品领域的形势更是不容乐观。由于这块利润不是特别高，宝洁对这块精力的投入就没其他业务板块大，这就给其他竞争对手提供了机会，宝洁遭遇了本土品牌立白、纳爱斯、蓝月亮等对手的围剿；此外，佰草集、相宜本草等本土品牌的崛起也都切下了宝洁的一部分蛋糕。

尽管在华遭遇了竞争对手的疯狂阻击，但是宝洁对中国的兴趣却越来越大。虽然全球业绩出现下滑，但是中国作为宝洁的全球第二大市场，中国区的销售额还在增长，宝洁刚刚又在江苏太仓建新厂，进一步完善了宝洁在中国的布局，加上此前在广州开的新厂，2012年已经连续建立了两个新厂，这在全球都是罕见的，因为投资额都很大。

(摘自《华夏日报》)

从总体上讲，企业进行竞争对手分析大体包括以下几个方面：

1. 确认公司的竞争对手。广义而言，公司可将制造相同产品或同级产品的公司都视为竞争对手。

2. 确认竞争对手的目标。竞争对手在市场里找寻什么？竞争对手行为的驱动力是什么？此外还必须考虑竞争对手在利润目标以外的目标，以及竞争对手的目标组合，并注意竞争对手用于攻击不同产品/市场细分区域的目标。

3. 确定竞争对手的战略。公司战略与其他公司的战略越相似,公司之间的竞争越激烈。在多数行业里,竞争对手可以分成几个追求不同战略的群体。战略性群体即在某一行业里采取相同或类似战略的一群公司。确认竞争对手所属的战略群体将影响公司某些重要认识和决策。

4. 确认竞争对手的优势和弱势。这就需要收集竞争者几年内的资料,一般而言,公司可以通过二手资料、个人经历、传闻来弄清楚竞争对手的强弱。也可以进行顾客价值分析来了解这方面的信息。

5. 确定竞争对手的反应模式。了解竞争对手的目标、战略、强弱,都是为了解释其可能的竞争行动,及其对公司的产品营销、市场定位及兼并收购等战略的反应,也就是确定竞争对手的反应模式。此外,竞争对手特殊的经营哲学、内部文化、指导信念也会影响其反应模式。

用来分析竞争对手的工具有很多,例如波特的五力分析、波士顿矩阵分析等,首次创业者可以通过不断的学习和应用来加深对竞争对手的了解,发现对手的弱势,发挥自己的长处,以求在市场中立于不败之地。

【案例】 IBM 的竞争对手监视

在竞争情报方面较有代表性的是 IBM 公司。IBM 公司开展竞争情报工作已有相当长的历史。20 世纪 90 年代初,IBM 公司就曾多次召开竞争情报方面的会议,并邀请著名学院的专业老师对竞争情报人员进行培训,帮助他们提高业务技巧。1993 年 IBM 公司新的首席执行官郭士纳先生上任,面对公司 1991—1993 年损失 140 亿美元的严峻局势,他审时度势,提出"立即加强对竞争对手的研究","建立一个协调统一的竞争情报运行机制","将可操作的竞争情报运用于公司战略、市场计划及销售策略中"。并启动一个试点性的计划,建立一个遍及全公司的竞争情报网络,由竞争情报专家管理其全部运作。

调整后的竞争情报系统运作机制是:①设立一个协作机构负责管理竞争情报整体规划。②确定 12 个主要的竞争对手,对每一个竞争对手,公司都指派一位高级管理人员作为专门负责该对手的"专家",由这些专家作为负责人,分别组建"虚拟的"竞争情报组,负责评价其竞争对手的行动和战略,以确保整个公司制定的针对该竞争对手的战略的正确性,从而确定在市场中应采取的行动。该组成员包括指派的负责人、代表各业务部门的统计负责人、由竞争情报专业人组成的小型中心以及制造、开发、营销和销售等职能部门的代表。

随着这一试点计划的不断改进,竞争情报已逐步融入 IBM 公司的企业文化。2004 年出席美国竞争情报专业人员协会第 19 届年会的惟一一名中国代表就是来自 IBM 中国。

(摘自中国营销论坛 http://bbs.pinsales.cn)

第二节　市场开发与产品营销

一、市场开发

企业开办之前，创业者应该重点调查了解目前市场上经营某种产品或开展某种服务项目的促销手段、营销策略和销售方式主要有哪些，如销售渠道、销售环节、最短进货距离和最小批发环节、广告宣传方式和重点、价格策略；有哪些促销手段，有奖销售还是折扣销售；销售方式有哪些，批发还是零售、代销还是传销、专卖还是特许经营等，调查一下这些经营策略是否有效，有哪些缺点和不足，从而为决策采取什么经营策略和手段提供依据。

宣传是现代商战中必不可少的手段，同时也是企业先声夺人的最有力武器。企业的宣传活动是经营者根据营业方针的设定，并配合营业的具体策略，在企业开办前所展开的一系列活动。宣传活动的内容包括宣传主题、宣传标语、媒体的运用、企划活动的配合等等，针对消费者进行诱导，以塑造新形象。

已经研制开发并生产出产品的企业，在营销上首先遇到的就是“市场定位”问题。简单地说，就是首先定在哪些“市场”、“场合”和选择哪些消费群体销售本企业的产品，是在南方市场还在北方市场？是在沿海市场还是在内地市场？是在城市市场还是在农村市场？是在大城市市场还是在中小城市市场？是在大型商场还是在中小型商店？是选择高档饭店还是中低档饭店？……有经验的营销经理在“市场定位”方面作出常规判断后，都要亲自进行实地考察，通过去看、去听、去问，了解当地消费者的风俗习惯、收入状况、需求状况、花钱态度，当地市场的竞争状况，当地商业经营方式及商业道德，当地政府的限制等，在掌握第一手资料，获得客观环境市场信息的基础上，才能做出比较正确的“市场定位”决策。

当然，市场定位准确并不意味着一切万事大吉，企业还需要在营销体制的设计，营销网络的建设，营销人员的选拔与培训，营销政策的制定等方面下工夫。已经定位的市场可以并且也需要根据变化做出适当的调整，调整本身也是一种创新的过程。美国企业管理学权威彼得·德鲁克把创新的机会来源列为十种，而第一种就是“意外”，包括“意外的成功”、“意外的失败”和“意外的事件”。总之，企业的营销部门要对市场的变化保持警觉，并预测这种变化对企业营销活动的影响，然后要有反应，要重新思考自己应该怎么办。悲惨性的后果当然能够告诉我们在什么问题上铸成了大错，但是我们应该在信号还不太强烈之前就能够发现它。

企业在进行市场开发时通常有多种思路，下面介绍其中的三种：

一种是关联性开发，即向“上游”行业或者“下游”行业渗透，如饲料厂向养殖业渗透，养殖业向肉类联合加工业渗透；装饰材料厂向装饰工程业渗透，装饰工程业向装饰材料销售业和设计业渗透等，反之亦然。而且还可以向其他相关配套领域发展。最终形成企业集团。

另一种是补缺性开发，即不当新市场的开路先锋，而是寻找“市场空隙”，乘虚而入。不少公司的营销者的使命就是填补介于产品和需求之间的空隙。这种空隙和差距不仅体现在产品质量、数量和功能上，而且体现在推出时间、市场空间、应用范围、支付手段和对服务的需求上。东芝公司的原董事长说：“别人是先在实验室里研制出产品，然后再寻找市场，而我们是首先寻找市场空隙。”开路先锋所冒的风险一般都比较大，因为开拓一个全新的市场，首先需要开拓一种观念，而且还要积极宣传，然后是耐心等待消费者和社会大众接受这一观念，前期费用很高，失败的可能性也很大。所以有些企业就采取了静观待变的补缺性开发策略，待市场打开，消费者接受了这一新的观念后再进入这一市场。

还有一种是创新性开发，即采取一种逆向思维方式，从市场的潜在需求入手，寻找“市场空白”，检索已有的科研成果，找出能够填补市场空白的项目和项目系列，以能够开创一代新潮流的产品形式推出，以时尚产品的形象打开市场。

二、产品营销策略

不管创业者采用哪一种方式开发市场，都要考虑市场机会的大小和自己驾驭能力的大小，并且必须记住：“对于企业来说，生产（经营）什么并不是最重要的，重要的是要了解消费者（客户）需要什么，知道什么对消费者（客户）有价值，考虑怎样才能够方便消费者（客户）购买，进而主动地去满足消费者（客户）的需求”。这是彼得·德鲁克早期总结出的经验，而这条经验至今仍是许多企业的座右铭。

广为采用的经典的4P营销理论，出现在20世纪50年代，分别指的是产品（Product）、价格（Price）、渠道（Place）、促销（Promotion）四个方面的策略。4P指的是在市场营销中，公司首先应该具备产品要素，包括产品的种类、规格、包装等等；然后制订有竞争力的价格策略，包括报价、折扣、付款条件、分期付款等等；接着建立销售渠道，渠道解决通过产品运输、仓储完成产品销售的覆盖；最后，厂家通过促销使得潜在顾客了解产品的价值，主要的手段有广告、市场活动、直接销售等方法。

以一家新成立的饮料公司为例，希望能够在几年内占领饮料市场一定份额，应该怎样开始营销呢？

很明显，营销的第一个要素是产品。为了满足客户在不同场合饮用的要求，需要有不同的包装方式，包括瓶装、易拉罐、盒装等；为了让顾客在货柜上一眼就能区分出自己的产品，还要设计出能够吸引客户眼球的产品包装。

接着就是定价，一方面要考虑自己的成本，另一方面要考虑客户能够接受的价格，还要考虑竞争对手的定价。除了拟订出建议的零售价格外，还有对代理商的价格，代理商又有不同的类型，有居民楼里的微型的夫妻老婆店，也有超级的大型连锁超市，根据采购量、区域等因素的不同，又要建立不同的价格体系。

有了好的产品和有竞争力的价格，就要发展方便顾客采购的渠道，因为顾客是不可能为了饮料，亲自来工厂采购的。首先发展区域总经销商，接着总经销的网络，将产品销售到各地的代理商、商场、超市，最终将产品扩展到每个终端。与之配套的还包括运输和仓储的物流体系。

卖得好不好，最终还要由消费者说了算，营销的第四个要素就是促销。通过电视、报纸、互联网、广播、城市广告牌可以覆盖众多消费者；还可以参加各种展览和活动，使得自己的宣传更有针对性；另外还要组建销售团队，帮助终端销售自己的产品，并承担收款的任务。

【案例】 新产品推广的买一送一

台湾的“绿岛”汽水已有十多年的销售史，但名气还不大，这时，公司又出了一种“芭乐果汁”，更卖不动！于是企业要谋求一种彻底解决问题的广告手段，要一箭双雕地把这两个品种都打响。这个广告手段便是“买一送一”。“绿岛”先在报上做广告，让顾客剪下报上的印花，然后到商店买一瓶汽水，与此同时则送一瓶“芭乐果汁”。

这种做法刚开始实行时，许多人不理解，认为这样基本无利可获，不如不做。但“绿岛”的老板却指出这样做的好处：首先是社会上突然之间增多了许多买“绿岛”产品的人，厂家形象树起来了，打出了知名度；其次是零售商店看到消费者多，都愿意经销“绿岛”产品，销售网点的合理分布自然形成了；再次，这样的买一送一虽然只有微利，但因为销售量大增，也能积少成多。事实是从此以后，“绿岛”的销售额直线上升，年销售额甚至超过6000万元新台币，许多顾客都养成了喝“绿岛”饮料的习惯。

（摘自中国营销论坛 http://bbs.pinsales.cn）

三、品牌策略

品牌策略是企业经营自身产品（含服务）决策的重要组成部分，是指企业依据自身状况和市场情况，最合理、有效地运用品牌商标的策略。品牌策略通常有以下几种：

1. 统一品牌策略

统一品牌策略是指企业将经营的所有系列产品使用同一品牌的策略。使用同一策略，有利于建立“企业识别系统”。这种策略可以使推广新产品的成本降低，节省大量广告费用。如果企业声誉甚佳，新产品销售必将强劲，利用统一品牌是推出新产品最简便的方法。采用这种策略的企业必须对所有产品的质量严格控制，以维护品牌声誉。

2. 个别品牌策略

个别品牌策略是指企业对各种不同产品，分别采用不同的品牌。这种策略的优点是，可以把个别产品的成败同企业的声誉分开，不至于因个别产品信誉不佳而影响其他产品，不会对企业整体形象造成不良后果。但实行这种策略，企业的广告费用开支很大。最好先做响企业品牌，以企业品牌带动个别品牌。

3. 扩展品牌策略

扩展品牌策略是指企业利用市场上已有一定声誉的品牌，推出改进型产品或新产品。采用这种策略，既能节省推广费用，又能迅速打开产品销路。这种策略的实施有一个前提，即扩展的品牌在市场上已有较高的声誉，扩展的产品也必须是与之相适应的优良产品。否则，会影响产品的销售或降低已有品牌的声誉。

4. 品牌创新策略

品牌创新策略是指企业改进或合并原有品牌，设立新品牌的策略。品牌创新有两种方式：一是渐变，使新品牌与旧品牌造型接近，随着市场的发展而逐步改变品牌，以适应消费者的心理变化。这种方式花费很少，又可保持原有商誉。二是突变，舍弃原有品牌，采用最新设计的全新品牌。这种方式能引起消费者的兴趣，但需要大量广告费用支持新品牌的宣传。

总之，对于首次创业者来说，无论是市场定位还是产品营销，都需要在创业初期予以必要的重视和深入的分析，千万不能因为生意小或处于创业初期而忽略了这方面的作用。

【案例】 一个国产品牌的回归(永久自行车)

2010年8月初,永久自行车推出全新品牌与车型的消息在各媒体出现。新的品牌"永久C"一改消费者平日对永久的印象,推出的车型全部时尚美观,兼具现代与复古风格,吸引了众多消费者的注意。

当机动车成为越来越多人的首选代步工具,电动车成为自行车主流之时,"永久C"却横空出世,为自行车领域注入了新鲜的血液。它的出世紧密迎合了如今低碳环保的生活理念结合,带来的影响和效应自然不言而喻。

上世纪80年代的中国,自行车是主要代步工具,车型以28为主。在那个时代的人们心中,拥有一辆自行车是个很大的梦想。而拥有一辆永久自行车,是梦想中的愿望。在青年男女的婚姻中,自行车是"三大件"中的重要"一件",足以说明车在人们生活中的地位。物资紧缺,凭票购买的现象十分普遍,增加了人们对自行车的渴望。由于在人们心中的特殊地位和意义,自行车甚至引领了"单车恋情"的潮流。倘若是男生与女生约会时骑辆自行车,约会成功的几率便会大大增加。男生骑单车,女生长发飘飘坐在后座是当时的一道风景线。电影"甜蜜蜜"便是自行车恋爱时代的典型代表。走亲访友之时,自行车也是必备的交通工具。永久自行车与另外两大自行车品牌"凤凰"和"飞鸽"均雄起于彼时。

时代在进步,历史在变迁,人们的代步工具由脚踏车转向电动自行车以及家庭汽车。作为远销世界各地的中国驰名自行车品牌,永久想继续发展,不可能故步自封停滞不前。目前产品品种已经由单一的传统车发展到电动车、LPG燃气助力车、特种车等八大类别二百多个品种,想得到的种类在这里绝对能找到。每年永久的专业开发中心都会根据市场需求提供数十种新产品,满足各方市场需要,并积极参加国外展会开拓国际市场。

当私家车的拥有量越来越多,电动自行车的品牌越来越碎片化时,永久自行车似乎被人们渐渐淡忘。当"永久C"重磅出现在人们视线中并广受好评时,证明这个品牌并未老化,它依然很有活力并且一直在努力变通,紧跟市场的发展和人们的需要。70年后的成功转身,这个经典的品牌给国人一个大大的惊喜。这一次,人们不但注意到了"永久C",也唤起了对永久的全部回忆。希望永久能为自己找到一条明智之路,来延续这个品牌的传奇。

(摘自《第一商业网》)

本章小结

■ 本章关键词:

市场,营销,宣传

■ 问题思考:

1. 市场调查应该考虑哪些方面的内容?
2. 如何发现竞争对手,什么样的竞争对手是一个好对手?
3. 请为一家网吧设计开业宣传营销方案。

■ 参考文献:

①丁栋虹.创业管理.北京:清华大学出版社,2006年版.

②郑冉冉.成功创业研究.上海:上海三联书店,2005年版.

③杰弗里·蒂蒙斯.战略与商业机会.北京:华夏出版社,2002年版.

14 财务与税务知识

细致的财务分析可以使企业的财务状况、发展动态和存在问题像细胞在显微镜下一样清晰。通过财务分析,管理者可以全面、客观地评价并提高企业财务活动的业绩。

——美国管理顾问 梅内茨.罗斯柴尔德

本章概要

无论是首次创业者还是企业的管理者,都需要了解企业财务和税收方面的知识。本章重点介绍了企业财务中的六大要素的含义、利用财务报表的数据进行企业能力的分析、一般企业涉及的税种等内容,同时,在依法纳税的前提下,列举案例解读税务筹划的原则与方法。

实例思考

公司业务发展了,分红却分不出来。“我的钱花在哪儿了?”两个出资者都怀疑对方在财务上做了手脚。

两年前,张先生、李先生共同投资成立了A工程公司。张先生出资金、市场,占公司2/3股份;李先生出技术、资金,占1/3股份。张先生负责公司全面工作并主抓市场、财务;李先生主管技术与施工。公司会计由张先生的一个同学担任。由于公司人数较少,在两年的经营期内,有长达10个月是会计、出纳一人兼。

公司发展十分顺利,第一年营业额达1000万元,第二年前10个月营业额就达到1600万元。业务发展了,问题也出来了:营业额不少,每项工程测算也有利润,按理讲应该挣到钱了,但是公司总是处于资金紧张状况,流动资金缺乏,该分红的分不出来。

这种状况出现后引发两个投资者之间的矛盾,他们都怀疑对方是否在财务上做了手脚。但从账目表面上,两个财务外行又都找不到问题所在,无奈李先生提出退股分家。为了做最后清算,双方请了一家财务公司做“第三方财务管理服务”,实施了15天的内部审计工作。

结论出来后,两个股东都有点傻眼:会计用虚支的手法分批把公司200万元的资金挪为己用长达半年。

解决办法:

(一)财务公司为A公司制作了一套新的财务管理制度及实施方案。理顺投资管理与财务管理的衔接与沟通,建立规范的合同管理制度,除常规财务报表外又新设立了适合该企业经营特点的财务分析体系,使现有财务数据主动反映投资者的关注点。

(二)设立财务跟踪机制对投资行为进行控制。聘请财务公司作为该公司的"公共财务总监"对公司账目进行月审、季报、年终总结,直接对董事会负责。

(三)细化投资及收益的会计核算工作。重点加强公司现金流量及重大财务收支的核算。对公司专项资金、专题项目的实施进行事中、事后的专项财务报告。

思考:

1. 企业是否需要聘请第三方财务机构?

2. 如何建立一个透明的、有效的财务审核机制?

第一节　基本财务知识

作为一个企业的管理者,除了为企业选聘合格负责的财务人员之外,还需要亲自了解一些基本的财务知识,具备一定的财务意识能够帮助管理者更好地进行企业战略决策,选择企业的营销策略。

企业财务的六大要素包括资产、负债、所有者权益、收入、费用、利润,这些构成了企业财务的全部。

下面简单介绍这六大因素的含义:

1. 资产是指由投资者拥有或者控制的,能够为企业创造商用价值或者交换价值的各类财产和权利,由固定资产、流动资产等组成。企业会计制度规定:固定资产是指使用期限超过1年的房屋、建筑物、机器、机械、运输工具以及其他与生产、经营有关的设备、器具、工具等不属于生产、经营主要设备的物品,单位价值在2000元以上,并且使用期限超过2年的,也应当作为固定资产。流动资产是指可以在一年或者超过一年的一个营业周期内变现或者耗用的资产,包括现金及各种存款、短期投资、应收及预付货款、存货等。

2. 负债是指过去的交易、事项形成的现时义务,履行该义务预期会导致经济利益流出企业,由流动负债、长期负债等组成。流动负债是指将在1年(含1年)或者超过1年的一个营业周期内偿还的债务,包括短期借款、应付票据、应付账款、预收账款、应付工资、应付福利费、应付股利、应交税金、其他暂收应付款项、预提费用和一年内到期的长期借款等。各项流动负债,应按实际发生额入账。短期借款、带息应付票据、短期应付债券应当按照借款本金或债券面值,按照确定的利率按期计提利息,计入损益。长期负债,是指偿还期在1年或者超过1年的一个营业周期以上的负债,包括长期借款、应付债券、长期应付款等。各项长期负债应当分别进行核算,并在资产负债表中分列项目反映。将于1年内到期偿还的长期负债,在资产负债表中应当作为一项流动负债,单独反映。

3. 所有者权益是指所有者在企业资产中享有的经济利益,其金额为资产减去负债后的余额。企业的资金来源一般来说有两部分:一部分是股东的投入,即所有者权益,一部分是借来的资金,即负债。企业有了资金就可以购置资产,也就是说企业的资产等于二者之和。借款即负债一定要还,这是雷打不动的。当企业经营不好而亏本时,减少的只能是所有者的权益;当企业盈利时,增加的也同样是所有者的权益。可见,所有者权益并不是股东的初始投资额,而是视企业经营好坏而增减,在数量上应等于资产总额减负债总额。

所有者权益包括：实收资本（指投资者按照企业章程或合同、协议的约定，实际投入企业的资本。所有者向企业投入的资本，在一般情况下无须偿还，可以长期周转使用）、资本公积（资本本身升值或其他原因而产生的投资者的共同的权益，包括资本或股本溢价、接受捐赠资产、外币资本折算差额等）、盈余公积（企业从实现的利润中提取或形成的留存于企业内部的积累）、未分配利润（企业留于以后年度分配的利润或待分配利润）。

其中，资本或股本溢价是指企业投资者投入的资金超过其在注册资本中所占份额的部分，接受捐赠资产指企业因接受现金和非现金资产捐赠而增加的资本公积，外币资本折算差额是指企业接受外币投资因所采用的汇率不同而产生的资本折算差额。

4. 收入由主营业务收入、其他业务收入和营业外收入等组成，主营业务收入指企业（集团）从事某种主要生产、经营活动所取得的营业收入，其他业务收入是指企业除了主营业务收入以外的其他业务活动所取得的收入，如材料销售、技术转让、固定资产出租、包装物出租等取得的收入，营业外收入是指企业发生的与企业经营业务无直接关系的各项收入，包括：固定资产盘盈、处理固定资产净收益、罚款收入、确实无法支付的应付款项等。

【案例】 依据什么原则来放账

小王手上有2家新客户，一个客户是新开业的高档餐厅，另一家是当地第一富豪开办的连锁超市。餐厅的老板亲自找到小王，表示："请允许我们1个月后付款，你看，我这里光装修就花了200多万，我们一条鱼卖一元钱，晚上吃还打5折，我怎么会拖欠你的货款呢？"小王相信了对方，至于那家超市，由于其是第一富豪的产业，小王更放心了，但1个月、2个月过去了，小王的货款还是没有收到。

在这个案例中，前者产品销售价格如此低，而成本又那么高，当然不会马上付小王的账了。而当地第一富豪资本积累过程中本身可能就是在依靠压账来实现的，何况超市本身在现金流管理上也比较严格，压账的事很容易发生。有钱的人并不一定会付钱，小王没有具体分析两个客户的具体情况。

最科学的方法是通过对客户DSO分析来进行判断，比如超市的应付款DSO经常在3个月以上，而餐厅一般原材料的应付款DSO是30天，其他应付款DSO是60天。

此外要把握客户放账的4大原则：

1. 国家或地区整体经济情况如何；
2. 该用户所在行业的总体经济状况如何；
3. 客户付款能力如何；
4. 客户声誉如何。

需要补充的两点是：一是付款方式，这往往是谈判中的重要环节；二是该客户与你交易时间长短、业务量大小和他一贯还款的平均速度等。

（摘自睿商在线 http://www.spn.com.cn）

5. 费用是指企业在销售商品、提供劳务等日常活动中发生的经济利益的流出。费用可划分为产品制造成本和期间费用两类。

产品制造成本，是指与生产产品直接有关的费用，包括直接材料、直接人工、制造费用等。这些费用计入产品成本，并从产品的销售收入中得到补偿。制造成本又可根据计入产品的方式不同，划分为直接费用和间接费用。直接费用，是指为生产某种产品发生的直接人工费、材料费等。直接费用可根据原始凭证直接计入该种产品成本。间接费用，是指企业为生产多种产品而发生的各种费用,生产车间的制造费用就是间接费用,应按一定的标准进行分配计入各种产品成本。

期间费用,指与生产产品无直接关系,属于某一时期的费用,期间费用包括管理费用、财务费用和营业费用。期间费用不计入产品成本,而是在当期损益中扣除。

6. 所谓利润,是指公司、企业在一定期间生产经营活动的成果,即收入与费用相抵后的差额,它是反映经营成果的最终要素。利润是公司、企业生产经营成果的综合反映,是公司、企业会计核算的重要组成部分。如果收入大于费用,其净额为利润;如果收入小于费用,其净额为亏损。利润通常包括营业利润、投资净收益和营业外收支净额等几部分。营业利润是反映公司、企业营业活动的财务成果,包括主营业务利润和其他业务利润;投资净收益反映公司、企业投资活动的财务成果,是投资收益和投资损失相抵后的余额;营业外收支净额是反映与公司、企业正常生产经营活动无关的那些活动所形成的收支,是营业外收入和营业外支出相抵后的余额。净利润是企业实现的总利润减去依法应交纳的所得税之后的净额,是可供企业实际分配的利润。

六大要素的相互关系具体如下:

资产=负债+所有者权益

所有者权益=资本+利润

利润=收入-费用

资产+费用(成本)=负债+资本+收入

资产类科目余额+成本类科目余额=负债类科目余额+所有者权益类科目余额+损益类科目余额。

【案例】 我的钱怎么花的?

"我的钱到底是怎么花的?"这是罗老板每天都在问自己的一个问题。

罗老板经营一家装饰工程公司,已经有六年了。在这个公司中,罗老板是一股独大,虽然有另一个小股东,但也是罗老板的自家人。罗老板为人精明,做生意兢兢业业,把个小公司管理得井井有条。

2001 年对于罗老板来说是大发展的一年。这一年,公司连续接到了多项大工程,由原来前四年每年营业额三四百万元猛增到年营业额 2000 万元。业务形势一片大好,但财务管理问题又使罗老板陷入苦恼之中:

过去每年两三百万的盘子,三四处工地,用罗老板一支笔加上精明的头脑,控制起来得心应手。但现在每年八到十处工地,2000 多万的营业额,每个工地又有分包、转包、合作项目分支,工地分散在全国六个地区,每天各地传真来的费用申领单多达上百张,大到几十万元小至十几元,每张都要他签字后回复方可申领。如何辨别这些支出的合理性?

实际上,精明的罗老板在财务管理上用人一直不顺手,从 2001 年起,两年内换了三个会计一个出纳。虽然公司制定了很完善的财务制度文件,但执行起来都不合罗老板的意。财务人员技能不足以控制住多头的项目财务走向,支出混乱。罗老板每天都在问:"我的钱怎么花的?"

其实,这是发展型公司的常见病。经过向专业财务公司咨询,罗老板明白了仅靠换会计、寄希望于来一个会计高手改变公司财务管理现状是不现实的。罗老板会同财务公司对整个公司财务管理作了系统的改造和建设工作。

1. 针对公司的业务特点及多头、异地的经营规模情况，建立了公司财务管理集权与分权的责任划分，一支笔操控多支笔，并辅之以财务公司的“公共财务总监”确立对分权的多支笔的有效审核监督机制。

2. 由财务公司对业务部门的项目经理进行专项财务培训，重新建立规范的业务部门、业务统计报表体系及合同管理的岗位。

3. 对异地、多头的项目部及业务分支，实施了新的格式财务报表系统，确立了报告系统的统计口径；建立内部控制系统的监督机制，保证数据的真实。

（摘自北青网 http://www.ynet.com）

第二节　看懂财务报表

财务信息的主要来源是企业的财务报表。财务报表是企业向管理者和外界提供和公布企业经营情况的正式文件，因此正确编制会计报表对于企业来说十分重要。这些文件包括资产负债表、损益表、利润分配表和现金流量表。作为一家企业的管理者，可以通过分析企业的财务报告发现问题。另外，财务报表附注虽然是以脚注的形式对财务报表所提供的信息进行的解释，但实际上，这与财务报表本身同样重要，需要管理者认真解读。同时，管理者还需要考虑如何合理地减少纳税，减税同增加收入和营业利润一样，增加了其净利润或称“底线”。通常，企业可以用许多种方法达到合理的减税目的。

财务报表中，除财务状况变动表中有些数据来自于分析外，其余各表的数据都来自于账本。

1. 资产负债表是反映某一时刻的财务状况，资产负债表中资产总数等于负债总数，要求数字正确，期期相关。会计学上最重要的概念是“平衡”，两个重要的公式是：借方＝贷方，资产＝负债＋股东权益，资产增加是借方；负债或股东权益增加是贷方，双方相抵即所谓的“平衡”。资产负债表中，资产增加是借方，借方填在账簿的左侧，负债或股东权益增加是贷方，贷方在账簿的右侧，任何交易都必须同时登记到账簿的左右两侧，双方相抵即所谓的“平衡”。其原则如下：资产增加时，记入左侧；资产减少时，记入右侧。负债增加时，记入右侧；负债减少时，记入左侧。资产负债表以这两个重要公式为依据，它反映了企业在某一定时间的财务状况，它揭示了公司拥有什么，即公司的资产；公司欠什么人的债，即公司的负债；以及公司净资产价值，即股东的权益。资产负债表上的各账户在每一新的会计年度开始时，不能被结清而使其余额为零。在资产负债表中，资产是按流动性从大到小的顺序排列，而负债则是按债务到期日由近到远的顺序排列。

表 14-1 为一空白的资产负债表。

表 14-1　资产负债表

项　　目	行号	年初数	期末数	项目	行号	年初数	期末数
流动资产：				流动负债：			
货币资金	1			短期借款	27		
短期投资	2			应付账款	28		

续表

项　　目	行号	年初数	期末数	项目	行号	年初数	期末数
应收账款	3			其他应付款	29		
减：坏账准备	4			预收账款	30		
应收账款净额	5			应付工资	31		
预付账款				应付福利费			
其他应收款	6			未交税金	32		
存 货	7			未交利润	33		
待摊费用	8			其他未交款	34		
待处理流动资产净损失	9			预提费用	35		
一年内到期的长期债券投资	10			一年内到期的长期负债	36		
其他流动资产	11			其他流动负债	37		
流动资产合计	12			流动负债合计	38		
长期投资：				长期负债：			
长期投资	13			长期借款	39		
固定资产：				应付债券	40		
固定资产原价	14			长期应付款	41		
减：累计折旧	15			其他长期负债	42		
固定资产净值	16			长期负债合计	43		
固定资产清理	17			递延税款：			
在建工程	18			递延税款贷项	44		
待处理固定资产净损失	19			负债合计	45		
固定资产合计	20			所有者权益：			
无形资产及递延资产：				实收资本	46		
无形资产	21			资本公积	47		
递延资产	22			盈余公积	48		
无形资产及递延资产合计	23			未分配利润	49		
其他资产：				所有者权益合计：	50		
其他长期资产	24						
递延税项：							
递延税款借项	25						
资产总计：	26			负债及所有者权益总计	51		

2. 损益表是反映某一时刻的经营成果，该表的最后一个数字“净利润”将列入利润分配表。损益表实际上是一张结转利润的会计凭证，通过收入与各项费用的相互抵减可以体现出企业本期的净利润。损益表反映企业在某一段时间内的获利情况。它与资产负债表的一个显著区别是每一新的会计年度开始时，收益表上的各账户都会被结平，其余额为零。该报

表的一般关系式可表示为：毛收入－总费用＝净利润（损失）、营业利润（损失）＝销售收入－成本费用；

3. 利润分配表反映某一时期的利润分配情况，将期初未分配利润调整为期末未分配利润，并列入资产负债表。利润分配表是分配企业净利润去向的会计报表，通过净利润与各项目的抵减，可结算出未分配利润的数额；

4. 现金流量表反映现金变化的结果和财务状况变化的原因。现金流量表是反映企业在各种经济业务上所发生的现金流量的一张动态报表，现金流量的最后结果是计算出本期新增加的净现金流量。现金流量表可以反映净收益与现金余额的关系，现金余额与企业盈亏并不一定成正向变化，一般认为有现金流量支持的净收益是高质量的，否则反之，现金流量表报告过去一年中的现金流量，可以预测未来的现金流量，评价企业取得和运用现金的能力，确定企业支付利息、股利和到期债务的能力，再者可以表明企业生产性资产组合的变化情况。

表 14-2 为某企业 11 月至第二年 6 月的现金流量表，其中净现金收入＝总现金收入－总现金支出。

表 14-2　现金流量表

	Nov.	Dec.	Jan.	Feb.	Mar.	Apr.	May	June
总销售额	300.0	350.0	250.0	200.0	250.0	300.0	350.0	380.0
赊销	270.0	315.0	225.0	180.0	225.0	270.0	315.0	342.0
应收期，1 个月		243.0	283.5	202.5	162.0	202.5	243.0	283.5
应收期，2 个月			27.0	31.5	225.0	18.0	22.5	27.0
总应收回款			310.5	234.0	184.5	220.5	265.5	310.5
现金销售			25.0	20.0	25.0	30.0	35.0	38.0
固定资产变卖			—	40.0	—	—	—	—
总现金收入			335.5	294.0	209.5	250.5	300.5	348.5
采购		100.0	80.0	100.0	120.0	140.0	150.0	150.0
现金采购			100.0	80.0	100.0	120.0	140.0	150.0
工资支付			80.0	80.0	90.0	90.0	95.0	100.0
其他费用			50.0	50.0	50.0	50.0	50.0	50.0
总现金费用			230.0	210.0	240.0	260.0	285.0	300.0
资本性支出			150.0	50.0				
偿还贷款				20.0				20.0
支付所得税			30.0	—	—	30.0	—	—
总现金支出			260.0	360.0	310.0	290.0	285.0	320.0
净现金变化			75.5	(66.0)	(100.5)	(39.5)	15.5	28.5
融资前现金期初余额			100.0	175.5	109.5	9.0	(30.5)	(15.0)
融资前现金期末余额			175.5	109.5	9.0	(30.5)	(15.0)	13.5

【案例】 现金流的管理

海涛公司、殷伟公司和中锋公司是3家系统集成商，它们的公司在同一个大厦内。有一次，它们同时中标了，而且3家公司在集成过程中都需要配齐下列产品：台式机(到货时间为3天)、服务器(到货时间为5天)、企业网络产品(到货时间为8天)、平台软件(到货时间为11天)。

海涛公司同时联系上述产品的上家供货商，结果11天配齐了产品，但台式机已经在它的仓库中放了8天，服务器也放了6天。

殷伟公司则先订了平台软件的货，3天后再订网络产品，6天后再订服务器，它配齐产品的时间也是11天，但所有产品都同时到达，没有占用其库存。

中锋公司则直接找到一家合作关系很好的总代理要货，总代理把所有产品配齐后直接送到中锋公司，所用时间是8天，没有占用中锋公司的库存。

从这个案例中可以看到，中锋公司更聪明，不仅最大化地节约了对自身资源的占用，而且也有效地提升了交货速度，这不仅对提高应收款DSO有价值，而且在服务上给了客户一个积极的印象，对争取未来的单子有不同寻常的意义。

1. 提高现金流的效率是中小企业获得增长的关键，要把握这一点，就要很好地掌握DSO理论和库存指数理论，它将给您的企业带来安全与效率；

2. 要想提高现金流的效率，企业必须抛弃对利润率和业务量的执著，改变传统的“游击队”作风，将企业现金流管理纳入规范中去；

3. 企业对现金流运作要保持高度的警惕性，这才是维护其长治久安的根本之道。

(摘自睿商在线 http://www.spn.com.cn)

5. 财务状况变动表是反映企业年度内营运资金增减变化的报表，营运资金就是流动资金减去流动负债后的差额，流动资金是用于企业日常经营的资产，流动负债是企业在一年要偿还的债务。财务状况变动表可以帮助投资者和企业管理者了解企业资金的使用是不是合理，资金来源的渠道是不是顺畅，企业资金融通有没有困难，进而了解企业的财务政策，分析企业的偿债能力。

真实的财务报表能帮助管理者进行企业以下能力的分析：

1. 企业偿还能力分析

企业偿债能力的大小，是衡量企业财务状况好坏的标志之一，是衡量企业运转是否正常，是否能吸引外来资金的重要方法。反映企业偿债能力的指标主要有：

1)流动比率。流动比率＝流动资产总额/流动负债总额×100%，流动比率是反映企业流动资产总额和流动负债比例关系的指标。企业流动资产大于流动负债，一般表明企业偿还短期债务能力强。流动比率以2∶1较为理想，最少要1∶1。

2)速动比率。速动比率＝速动资产总额/流动负债总额×100%，速动比率是反映企业流动资产项目中容易变现的速动资产与流动负债比例关系的指标。该指标还可以衡量流动比率的真实性。速动比率一般以1∶1为理想，越大，偿债能力越强，但不可低于0.5∶1。

3)现金比率。现金比率＝现金类流动资产/流动资产总额×100%，现金比率是反映企业流动资产中有多少现金能用于偿债。现金比率越大，流动资产变现损失的风险越小，企业短期偿债的可能性越大。

4)变现比率。变现比率＝现金类流动资产/流动负债×100%，变现比率反映企业短期的偿债能力，又具有补充现金比率的功能。

5)负债流动率。负债流动率＝流动资产/负债总额×100%，它是衡量企业在不变卖固定资产的情况下，偿还全部债务的能力。该比率越大，偿还能力越高。

6)资产负债率(负债比率)。资产负债率＝负债总额/资产净值×100%，资产净值是指扣除累计折旧后的资产总额。它反映企业单位资产总额中负债所占的比重，用来衡量企业生产经营活动的风险程度和企业对债权的保障程度。该比率越小，企业长期偿债能力越强，承担的风险也越小。

2. 周转能力分析

周转能力反映企业生产经营资金在获利条件下的周转速度。考核的主要指标有：

1)应收账款周转率。应收账款周转率＝赊销净额/平均应收账款余额×100%，应收账款周转天数＝日历天数/应收账款周转率，应收账款周转率是反映企业在一定时期内销售债权(即应收账款的累计发生额)与期末应收账款平均余额之比。用来测验企业利用信用环节销货业务的松紧程度，反映企业生产经营管理状况。

2)存货周转率。存货周转率销售成本额＝销售成本额/存货平均占用额×100%，存货周转天数＝日历天数/存货周转率，存货周转率是反映企业存货在一定时期内使用和利用的程度，它可以衡量企业的商品推销水平和销货能力，验证现行存货水平是否适当。

3)流动资产周转率。流动资产周转率＝销售收入/流动资产平均占用额×100%，该指标用来衡量企业生产产品是否适销对路，存货定额是否适当，应收账款回笼的快慢。

4)固定资产周转率。固定资产周转率＝销售收入/固定资产平均占用额×100%，该指标表明固定资产的价值转移和回收速度，比率越大，固定资产的利用率越高，效果越好。

3. 获利能力分析

企业获利能力分析的目的在于观察企业在一定时期实现企业总目标的收益及获利能力。衡量企业获利能力的主要指标有：

1)资本金利润率。资本金利润率＝企业利润总额/注册资本总额×100%，该指标是衡量企业经营成果，反映企业获利水平高低的指标。它越大，说明企业获利能力越大。

2)销售利润率。销售利润率＝利润总额/产品销售收入×100%，该指标是反映企业实现的利润在销售收入中所占的比重。比重越大，表明企业获利能力越高，企业的经济效益越好。

3)成本利润率。成本利润率＝利润总额/成本费用总额×100%，该指标是反映企业在产品销售后的获利能力，表明企业在成本降低方面取得的经济效益如何。

4)资产报酬率。资产报酬率＝(税后净收益＋利息费用)/平均资产总额×100%，该指标是用来衡量企业对所有经济资源的运用效率。

4. 成长能力分析

企业成长能力分析的目的是为了说明企业的长远扩展能力，企业未来生产经营实力。评价企业成长能力的主要指标有：

1)股本比重。股本比重＝股本(注册资金)/股东权益总额，该指标用来反映企业扩展能力的大小。

2)固定资产比重。固定资产比重=固定资产总额/资产总额,该指标用来衡量企业的生产能力,体现企业存在增产的潜能。

3)利润保留率。利润保留率=(税后利润-应发股利)/税后利润,该指标说明企业税后利润的留存程度,反映企业的扩展能力和补亏能力。该比率越大,企业扩展能力越大。

4)再投资率。再投资率=(税后利润-应付利润)/股东权益,该指标是反映企业在一个经营周期后的成长能力。该比率越大,说明企业在本期获利大,今后的扩展能力强。

以上各指标是从不同角度、以不同方式反映和评价企业的财务状况和经营成果,因此要充分理解各种指标的内涵及作用,并考虑各指标之间的关联性,才能对企业的生产经营状况做出正确合理的判断。

第三节 依法纳税和税务筹划

依法纳税是每个公民和企业的义务,作为企业的管理者需要对企业经营过程中经常会碰到的税种做深入的了解。常见的主要有企业所得税、营业税、增值税、消费税、教育费附加等。

企业所得税是对在中国境内独立经济核算的企业和组织(外商投资企业和外国企业除外)取得的生产经营所得和其他所得征收的一种税。企业所得税以纳税人在一个纳税年度内的收入总额减去准予扣除项目金额后的余额为应纳税所得额,实行比例税率,税率为33%。

营业税是对在中国境内提供交通运输业、建筑业、金融保险业、邮电通信业、文化体育业、娱乐业、服务业等应税劳务、转让无形资产或者销售不动产的单位和个人征收的一种税。实行比例税率,按行业、类别不同分别适用3%~20%的税率。目前,国税系统负责征收金融、保险企业的部分营业税。

增值税是对纳税人生产经营活动的增值额征收的一种间接税。现行增值税以在我国境内销售货物、进口货物以及提供加工、修理修配劳务为征收对象,实行价外征收。按照税法规定,增值税对一般纳税人和小规模纳税人采取不同的计算征收办法。在规定标准以上,即从事货物生产或提供应税劳务的纳税人年应税销售额在100万元以上,或从事货物批发或零售的纳税人年应税销售额在180万元以上,经申请审批后认定为一般纳税人。一般纳税人基本税率为17%或13%,有权领购使用增值税专用发票和按规定取得进项税额的抵扣权。小规模纳税人按6%或4%的征收率征收,不能领购增值税专用发票,不得抵扣进项税额。

消费税是建立在增值税普遍征收的基础上,发挥特殊调节功能的重要税种。其征收范围目前仅限于烟、酒及酒精、化妆品、护肤护发品、贵重首饰及珠宝玉石、鞭炮焰火、汽油、柴油、汽车轮胎、摩托车、小汽车等11种产品。计税依据是应税消费品销售额或销售数量,采用从价定率或从量定额征收的方法,其中啤酒、黄酒、汽油、柴油按销售量(吨或升)来计税,其余应税消费品按销售收入额计征,税率为3%~45%不等。经国务院批准,从2001年5月1日起,粮食白酒、薯类白酒消费税税率由规定的比例税率调整为定额税率和比例税率;从2001年6月1日起,卷烟消费税税率由规定的比例税率调整为定额税率和比例税率。

教育费附加以纳税人实际缴纳的增值税、营业税、消费税(以下简称“三税”)为计征依据。凡缴纳“三税”的单位和个人,都应依照规定缴纳教育费附加。

对于企业来说,依法纳税并不意味着交的税越多越好,利润是一个企业存在的核心,在不违反法律法规的前提下,运用财务知识实施有效的税务筹划,也是帮助企业实现利润最大化的有效途径之一。

【案例】 利用折旧年限进行税收筹划

某企业有一辆价值500000元的货车,残值按原价的4%估算,估计使用年限为8年。该企业适用30%的企业所得税税率。该企业资金成本为10%。按直线法年计提折旧额如下:

500000×(1-4%)÷8=60000(元)

折旧节约所得税支出折合为现值如下:

60000×30%×5.35=96300(元)

如果企业将折旧期限缩短为6年,则年计提折旧额如下:

500000×(1-4%)÷6=80000(元)

折旧而节约所得税支出,折合为现值如下:

80000×30%×4.355=104520(元)

尽管折旧期限的改变,并未从数字上影响到企业所得税税负的总和,但考虑到资金的时间价值,后者对企业更为有利。

当税率发生变动时,延长折旧期限也可节税。

如该企业享受“免二减三”的优惠政策,如果货车为该企业第一个获利年度购入,则8年和6年折旧年限的节税情况为:

8年折旧年限的节税额=60000×15%×3+60000×30%×3=81000(元)

6年折旧年限的节税额=80000×15%×3+80000×30%=60000(元)

可见,企业延长折旧年限可以节约更多的税负支出。

按8年计提折旧,节税额折现如下:

9000×(3.791-1.736)+18000×(5.335-3.791)=46287(元)

按6年计提折旧,节税额折现如下:

12000×(3.791-1.736)+24000×0.564=38196(元)

由于使用年限本身就是一个预计的经验值,使得折旧年限容纳了很多人为的成分,为税收筹划提供了可能性。缩短折旧年限(不低于法定年限)有利于加速成本收回,可以使后期成本费用前移,从而使前期会计利润发生后移。在税率稳定的情况下,所得税的递延交纳,相当于向国家取得了一笔无息贷款。

【案例】 年终发奖金 节税有讲究

假设某企业高级管理人员月薪1万元,12月该企业对其发放年终奖金12万元。国家税务总局《关于在中国境内有住所的个人取得奖金征税问题的通知》(国税发[1996]206号)规定:“个人一次取得数月奖金或年终加薪,劳动分红,可单独作为一个月的工资、薪金所得计算纳税。由于对每月的工资、薪金所得计税时已按月扣除了费用,因此对上述奖金原则上不再减除费用,全额作为应纳税所得额直接按适用税率计算应纳税款。”根据这个规定,该员工全年应负担的个人所得税为：全年工资、薪金应纳税：[(10000－800)×20％－375]×12＝17580元，年终奖金部分个人所得税：120000×45％－15375＝38625元，共计17580＋38625＝56205元。

方案一：将年终奖金分三次发放，作为后三个月的月奖金，每月发放奖金40000元，那么当月发放奖金所得应并入当月工资计征税款。其全年应负担的个人所得税为：[(10000－800)×20％－375]×9＋[(10000＋40000－800)×30％－3375]×3＝47340元，节税56205－47340＝8865元。

方案二：不发放年终奖金，而是将奖金平摊到各月中，每月工资1万元，奖金1万元(如果该员工工作业绩未达要求，则在第四季度逐步扣发工资奖金)，则其全年应负担的个人所得税为：[(20000－800)×20％－375]×12＝41580元，节税56205－41580＝14625元。

由此可见，个人所得税规定的是超额累进税率，因而工资、薪金的个人所得税筹划最基本的思路是将收入平均实现，以避开高税率。

但事情并不是绝对的，有时情况还恰恰相反。假设该员工月薪1万元不变，年终奖金只有1.2万元。则全年负担的个人所得税为：每月工资、薪金应纳税不变：[(10000－800)×20％－375]×12＝17580元，年终奖金部分个人所得税：12000×20％－375＝2025元，共计17580＋2025＝19605元。

按上例方案一的思路筹划，年终奖金分解成三个月的月奖金，每月4000元，那么其全年应负担的个人所得税为：[(10000－800)×20％－375]×9＋[(10000＋4000－800)×20％－375]×3＝19980元，反而要多纳税19980－19605＝375元；再按上例方案二的思路筹划，将奖金平摊到各月中，每月奖金0.1万元，则其全年应负担的个人所得税为：[(11000－800)×20％－375]×12＝19980元，同样要多纳税375元。

为何同样的筹划思路，在奖金数额不同时，会产生截然相反的结果？这是因为，12万元奖金适用45％的高税率，与1万元月薪适用20％的税率相差悬殊，拉平收入差距有利于节税。而1.2万元奖金也适用20％的税率，奖金单独作为一个月的工资计税，可多计一次速算扣除数，将奖金收入平均到12个月之中，反而少了一次速算扣除数，自然就会多缴税了。

【案例】 个人投资办企业的税收筹划

2002年1月，王平出资20万元，向二舅借了20万元，开办了一家个人独资企业。

当年，王平按年息15％向二舅支付了利息3万元(银行同期同档利率为7％)。2002年度，王平创办的企业账面实现利润6万元，向主管地税机关申报缴纳了个人所得税(60000－9600)×35％－6750＝10890(元)。(财税[2000]91号文件规定：投资者的费用扣除标准，由各省、自治区、直辖市地方税务局参照个人所得税法“工资、薪金所得”项目的费用扣除标准确定。投资者的工资不得在税前扣除。上式中，“9600”是投资者王平的费用扣除。)

2002年5月，主管地税机关在对王平2002年度的纳税情况进行检查时发现了以下问题：向二舅支付利息应代扣代缴个人所得税200000×15％×20％＝6000(元)，王平未代扣代缴；支付利息超过银行同类、同期贷款利率的部分不得在税前扣除。应调增应纳税所得额200000×(15％－7％)＝16000(元)，王平需补缴个人所得税(60000＋16000－9600)×35％－6750－10890＝5600(元)。

地税机关按规定对王平进行了补税、罚款。她和二舅累计负担个人所得税10890＋5600＋6000＝22490(元)。

王平被补税、罚款的主要原因是支付给二舅的利息未按税法规定进行相关处理。

如果她将二舅的20万元作为投资，按照《合伙企业法》的规定申请成立合伙企业，两人在税后分利，则个人所得税负担将大大降低。

成立合伙企业后，由于不需要在税前支付3万元利息，在其他因素不变的情况下，合伙企业的应纳税所得额应当是9万元。

财税[2000]91号文件规定："合伙企业的投资者按照合伙企业的全部生产经营所得和合伙协议约定的分配比例确定应纳税所得额，合伙协议没有约定分配比例的，以全部生产经营所得和合伙人数量平均计算每个投资者的应纳税所得额。"如果王平与二舅在合伙协议中未约定分配比例，则两人的应纳税所得额均为4.5万元。二人应分别申报缴纳个人所得税(45000－9600)×30％－4250＝6370(元)。

筹划后，王平与二舅累计应担负个人所得税6370×2＝12740(元)，比筹划前节省了22490－12740＝9750(元)。

不过，需要提醒的是，法律规定合伙企业中各合伙人对合伙企业债务承担无限连带责任，因此，纳税人在应用上述筹划方案时，要注意投资风险。

本章小结

■ 本章关键词：

财务，税收，现金流

■ 问题思考：

1. 管理者需要掌握的财务知识一般有哪些？
2. 请为一家上市公司进行财务几大能力评估。
3. 一家小型超市需要缴纳的税有几种？
4. 收集当地免税优惠政策的来源。

■ 参考文献：

①陆正飞.财务报表分析.北京：中信出版社，2006年版.

②〔英〕布雷利，〔美〕迈尔斯著，方曙红等译.公司财务原理.北京：机械工业出版社，2004年第7版.

③〔美〕特雷西著，马非，刘东明，周红译.如何从数字中找出关键信息：全面掌握财务报告的真谛.北京：清华大学出版社，2005年第6版.

④陈企盛.企业领导怎样看财务报表.北京：中国纺织出版社，2006年版.

第六篇

创业教育与案例

15 大学生创业教育

要帮助受教育者培养创业意识和创业能力，通过教育部门的努力，培养出越来越多的不同行业的创业者，可以为社会创造更多的就业机会，对维护社会稳定和繁荣各项事业发挥更大作用。

——江泽民

本章概要

本章介绍了大学生创业教育的背景和趋势，目的是看到客观的现实，了解创业教育的重要性和必要性，并向创业教育的施教者与受教者提出方向和要求。创业教育是一个系统工程，需要在全民性、终身性、激发性、服务性、超越性这样的原则下进行。创业教育的征途才刚刚开始，社会各界都应参与其中，献计献策，为培养未来的人才作出最大的努力。

实例思考

2005 年 12 月，在全国拥有 2000 余家擦鞋连锁店的公司老总李惠女士，开着跑车来到四川大学望江校区，给学子们免费擦鞋，她称要用行动来改变大学生的择业观念。“工作没有高低贵贱之分，小事业也可以做成大事业。”擦鞋出身的李惠女士，以切身经历给大学生们上了一课，不仅如此，李惠的举动和朴实的话语同时给我们的高等教育带来思考——高等教育是否应该给大学生补上“创业教育”一课。

当前大学生面临的就业压力越来越大，单纯培养学生的专业知识和指导如何就业已经越来越不能适应形势的需要。缓解就业压力的根本途径在于社会提供更多的就业机会，而更多的就业机会来源于越来越多的创业成功几率。创业，应该是时代赋予现代大学生的重任。然而，由于高校创业教育的缺乏，面对创业的挑战，现代大学生往往显得底气不足。这种理想与现实、需求与供给的矛盾困扰着现代大学生，考问着当前的高等教育，我们的创业教育是否跟上了时代的节拍？

一位大学生说，大学生缺的就是资金和经验，李大姐成功的经历为现代大学生创业提供了一个好的榜样。这反映了现代大学生高涨的创业热情，同时也反映出当前高等教育中创业教育的缺乏。也有学生干部说，各高校都相继请来张朝阳等 IT 精英给大家做演讲，但这些成功人士讲述的经历和道路，却又离同学们眼前的现实有些遥远。而平民老板李惠女士的经历，与大学生的现实是如此的贴近，具有很强的可比性，深受他们的欢迎。这又给我们的创业教育什么启示呢？

（摘自四川新闻网—成都晚报，2005 年）

思考：

1. 现有的创业教育是否适应大学生创业需求？
2. 如何让创业教育走向“平民化”？

第一节　创业教育概况与展望

一、创业教育基本概念

1. 基本概念

联合国教科文组织《关于高等教育的变革与发展的政策性文件》中指出：在“学位＝工作”这个公式不再成立的时代，人们希望高等教育的毕业生不仅是求职者，而且也是成功的企业家和工作岗位的创造者。可见创业教育的目的包括“求职”和“创造新的就业岗位”两方面，这不仅是对人才的需求，更是对高等教育的要求。

创业教育，英文为 enterprise-education。按照联合国教科文组织的解释，创业教育，从广义上来说是培养具有开创性个性的个人，它对于拿薪水的人也同样重要，因为用人机构或个人除了要求受雇者在事业上有所成就外，正越来越重视受雇者的首创、冒险精神，创业能力，独立工作能力和具有开拓技术、社交和管理的技能。

在目前的大学中，创业教育正在引起越来越多的关注，“创业”已经超越了“创办企业”的狭义概念，而更具有广义上的开创事业、开拓事业、开拓业绩等含义，其内涵体现了开办和首创的困难与艰辛，体现了过程的开拓性和创新性。而在此概念基础上的“创业教育”，则从具体的操作技能为主要目标的狭义教育，在向以人的创新能力和综合素质培养为核心的广义教育过渡。从这个意义上来说，创业教育无疑为学生的成长和综合素质的提高提供了新的视角和载体，创业概念不仅仅局限在自主创业上，更意指了创业精神、创新性和综合素质的发展与提升，而这些对于从事各个领域和岗位的人都是很重要的。从实质上看，创业教育就是后基础教育阶段的“素质教育”，大学生创业教育就是高等学校的“素质教育”。

2. 核心思想

创业教育不能单纯地理解为教导学生从事创业活动，而应该理解为通过一系列的创业知识学习和创业活动训练，尤其是通过与专业教育、素质教育的结合，培养学生敢于创新、勇于创业的精神，同时又具有较强的适应能力与开拓能力，能够使学生在复杂的环境下寻求发展的机会。

世界创业教育首屈一指的美国百森商学院指出，学校的创业教育不同于社会上的以解决生存问题为目的的就业培训。真正意义上的创业教育，应当着眼于“为未来的几代人设定创业遗传代码，以造就最具革命性的创业一代作为其基本价值取向”。这种前瞻性的创业教育理念，实质上是一种面向“创业革命开发人力资源的教育创新”。

因此，创业教育不同于以往的适应性、守成性教育，而是注重把创业精神和开拓技能的培养提高到学术性和职业性同等重要的地位，通过培养具有开创性个性的人，使他们能更好地适应未来社会需要，更好地为促进社会经济发展和个人生活质量提高发挥作用。创业教育不只是灌输面向创业的专业知识及培养操作性能力，而是把创业教育看作一个培养学生个性品质、心理意识、创业技能、专业知识等全方位、多领域素质的“系统整合性”教育活动。

百森(全球创业教育领域排名第一的美国百森商学院)的学者们曾经选取了10位江浙一带的成功企业家作分析,结果发现,他们的成功都具备三个因素,第一,他们对环境理解得非常透彻;第二,一旦发现机会,他们迅速行动,并不作详细的得失分析;第三,他们都对成功有不达目的不罢休的决心。目前中国的机会充分,对于具备以上素质的创业者,成功是显而易见的。

在这其中,创业者、环境和教育三者是"天时、地利、人和"的关系,是应该相互支撑的。在环境具备的前提下,就像现在的中国市场,创业教育能教给学生的主要是捕捉机会的眼光和组织资源的能力;提供帮助企业快速、高效发展的动力,也就是通过教育,学会利用环境,抓住机会,发展自己。

创业教育教给学生不仅要懂得参与企业运作,更要懂得如何建立企业;要从单方面思考问题转变到综合全面思考问题;要从关心自己过渡到关心企业。

【案例】 学生创业可以从简单的做起

复旦大学计算机专业的一位毕业生,2002年走出校门创业,卖鸡蛋,三年来,他进行了多项创新,获得了收益。第一项创新是成功开发鸡蛋的"身份证",他运用计算机知识,开发出"阿强"鸡蛋的"网上身份查询系统",他卖的鸡蛋有一个卡片,消费者用卡片就可以查出这个鸡蛋是哪个鸡在什么地方生的,卫生条件如何等等。现在大家的生活水平高了,都希望吃到新鲜的鸡蛋,他开发出的鸡蛋"身份证"满足了大家的需求,因此销量大大提高。第二个创新是重新包装,打造一个品牌。第三个创新是推出"头窝鸡蛋",满足了人们吃到营养最足的头窝鸡蛋的需要。第四,在推销中用到他所学的计算机知识。于是他致富了。

加拿大一个初中生在华开办公司。2001年2月,11岁的初中生,大网页设计公司的总裁和首席执行官佩里斯陪同加拿大总理访华,之后在广东东莞市创办了赛伯泰克(亚洲)设计所。2001年7月,他再次来到上海参加APEC青年节论坛,之后又在广州创办了一家新公司。一个初中毕业生为什么能在国内办公司?因为他在网上销售,这是在电脑时代才可以做到的。他一边读书,一边办公司,从加拿大办到中国。

(摘自教育部教育发展研究中心专家委员会副主任蔡克勇教授讲话)

创业教育是实现高等教育大众化的必然选择。为应对WTO和知识经济的挑战,高等教育必须加快大众化的进程。从1999年开始,我国连续大幅度扩大高校招生规模,毕业生数短期内大幅度增加。联合国教科文组织发表的《世界高等教育发展与趋势》综合报道指出,中国高校在校人数在过去非常短的时间内翻了一番,2001年,中国首次在高等教育规模上超过美国,跃居世界第一。随之而来的是大学生就业形势发生了根本的变化,大学毕业生的就业由"精英"走向"大众"。并且,这几年国有企业改革,大批工人下岗分流,全社会的就业形势日益严峻,在此情况下,如果大学生只会等待就业机会的来临,而不去积极地创业和开拓事业,大量毕业生就不能顺利就业,就会成为高校自身的包袱,束缚高等教育的发展,阻碍我国高等教育由精英教育向大众化阶段迈进的步伐。

创业教育就是要改变以往就业教育思维模式,培养主动求职者和工作岗位的创造者,使高校毕业生不仅成为求职者,而且逐渐成为岗位的创造者。既可以为自己创造就业机会,还可以为更多的人创造就业的机会。这种以创造性就业和创造新的就业岗位为目的的创业教育,不仅是现实社会发展的需要,也是高等教育自身发展的需要,是实现高等教育可持续发展的重要途径,是实现我国高等教育大众化的必然选择。

创业教育是挑战全球经济一体化的必要条件。随着全球经济一体化和高等教育国际化进程不断推进，人才的竞争也出现了国际化。国外高等教育培养的人才越来越多地参与我国就业岗位的竞争，这使社会就业岗位的竞争愈加激烈。特别是我国劳动力市场未能形成很好的分割，不同层次人才对就业岗位的竞争是无序的，这也导致就业形势的恶化。面对如此尖锐的就业矛盾，高等学校仅培养学生单纯地去竞争现有的就业岗位已无法适应社会要求，培养学生具有较高的创业能力，既能“求职”又能创造新的工作岗位已势在必行。

创业教育是培养适应市场经济发展的创业人才。我国正在建设的市场经济具有开放性、自主性、竞争性、创新性、法制性特点。这些素质的培养正是创业教育的着力点。通过创业教育，使大学生在善于观察、勤于思考，具有远见卓识和丰富的想象力，以及一定的理论知识、经验积累和扎实的技能、业务基础等创业的智力因素方面得到锻炼，也可以培养他们的理想、抱负、信念、意志、毅力等创业的非智力因素，使大学生具备生存能力、竞争能力，真正成为充满活力的社会个体和群体，走向社会担负起创业的重任，进而实现自我价值。

总之，高校开展创业教育还有利于培养具有创业意识、创业精神和创业能力的人才，有利于培养具有国际竞争力和适应国际化发展的新型人才。创业教育也是架起高校与企业之间沟通的桥梁，使大学的科技成果迅速转化为现实生产力，导致新兴工业、新兴行业的出现，有力地促进产、学、研的有机结合，避免高校闭门教学、企业闭门生产的被动局面，有利于促进国民经济的发展。

二、国外创业教育现状

创业教育在欧美等先进国家已有几十年的历史，一直深受重视，至今已经颇具规模。20世纪70年代末，一些西方国家和部分发展中国家，在关注经济社会两个热点——中小企业发展战略和就业问题过程中，提出对职业教育培训者开展创业教育的问题。20世纪80年代末，这些教育实践被柯林博尔进行了归纳和推广，提出未来人应获得三本“教育护照”。第一本是学术性(基础文化知识)的，第二本是职业性的，第三本是证明个人事业心与开拓技能的。1989年，“面向21世纪教育国际研讨会”在中国北京召开，会上正式提出了“第三本教育护照”，即“创业教育”的概念，要求“把事业心和开拓技能教育提到目前学术性和职业性教育护照所享有的同等地位”。迄今为止，创业教育已经成为世界性的教育新理念。

欧、美一些国家较早重视创业教育，并在实践中取得瞩目成绩。以下对美国、法国、德国、英国、澳大利亚、日本和东南亚的创业教育作一介绍。

1. 美国的创业教育

商业意义上的创业与商品生产及交换的历史一样悠久。正式在学校里讲授的创业教育在美国有20多年的历史了。美国从小学、初中、高中、大学乃至研究生，都开设有针对性的创业教育课程。1998年，面对创业者日益年轻化的趋势，美国实施了“金融扫盲2001年计划”，向中学生普及金融、投资、理财、营销、商务等专业教育，积极培养未来的企业家。时至今日，美国已在1600多所学校开设了2200多种创业课程，44种相关创业学术期刊，建立了100多个创业教育课程研究中心。著名的哈佛商学院亦在这一股潮流压力下，将必修的“一般管理学”改为“创业精神管理学”，加州大学洛杉矶分校的创业相关课程更是高达24门，其他如芝加哥大学、麻省理工学院、斯坦福大学等著名大学，目前都在倾力专注于这一领域，以求在新经济的趋势中站稳脚步。伴随着大学课程的增加，由私人咨询公司、社区和行会提供的创业研讨班也膨胀起来。创业教育发展到近120个不同的主题，大致形成了三种趋向：商业计划书、企业管理功能、企业发育周期。

美国认为创业教育是解决社会失业问题的有效手段，故对此十分重视。美国是较早在学校中进行创业教育的国家，从小学、初中、高中、大学乃至研究生，都普遍开设就业与创业教育课程。他们在基础教育中进行的就业创业教育主要以提高职业兴趣为目标，除了开设创业课程外，还按个人的兴趣自行学习某些职业技术技能。到了高中阶段，每人必修10个学分的职业教育课程。美国的媒体曾以《身处校园，他们已经是首席执行官》为题，报道了美国中小学生的创业活动。他们利用课余时间开办的大部分企业属于高技术领域，为其日后的创业奠定了良好的基础。比尔·盖茨能成功地创办微软公司，与他在中学时就曾与他人合作开办过一家软件公司有直接关系。面对创业者日益年轻化的浪潮，美国从1998年1月开始实施《金融扫盲2001年计划》，向中学生普及金融、投资、理财、营销、商务等方面的“超前教育”，积极培养“未来的经理人”。

创业教育（这里指小企业创业教育）已成为美国职业教育的重要内容。美国学者的认识主要侧重以下两个方面：

1)强调创业教育对受教育者个性品质的培养。人们普遍认为创业者在个性方面通常都具有一定的相似之处，因为创业需要个体具有创造性、冒险性、革新性，这些品质通常不是在一般的商业环境下所能培养出来的；创业教育能够培养个体的创造力，使他们产生全新的革新性想法，适应社会的不断改革与激烈的竞争。

2)强调创业教育与商业教育之间的区别。创业教育能够帮助受教育者认识机遇，整合投资资源，自我创造商机；它倾向于创造和把握新的商业因素，而商业教育侧重于已有商业的进一步发展。

2. 德国的创业教育

起源于20世纪50年代的德国的“模拟公司”有效地解决了职业学校经济类专业实践教学的难题，有助于培养学生的实践能力和增长相关知识。“模拟公司”是指人为创造的经济活动仿真模拟环境，作为经济类专业的实践教学场所和组织形式。学生在其中可经历全部业务操作过程，了解和弄清其各环节之间的联系，而又不必承担任何经济活动风险。根据产品和服务项目的不同定位，学生在此可以进行营销、财务、金融、贸易、储运、税务、海关、保险、证券等业务过程的模拟活动。模拟时，除货物是虚拟的并且不发生实体位移外，其他如票据、账册、操作方式、核算办法等均按照现实经济活动中通行的做法设计和运作。由此可见，“模拟公司”也可理解为一种实践教学方法。

20世纪80年代后期，“模拟公司”在世界范围内得到了迅猛发展。据不完全统计，1998年4月，世界30个国家建立并且在数据库中可以查到其信息的“模拟公司”有2775个。此外，一些国家还建立了“模拟公司”协调中心，负责本国“模拟公司”之间的业务交往和人员培训，及从事国际商务和交流协调活动。为促进各国“模拟公司”之间的交往，1993年11月，欧共体和德国北威州政府资助建立了“欧洲模拟公司”网络，现已发展成为国际性组织——“EUROPEN”协会。

3. 英国的青年创业计划

渐趋严重的青年失业问题，促进青年实现自我就业，英国王子基金（The Prince's

Trust)启动了青年创业计划。该计划的主要内容是动员企业界和社会力量志愿为 18 岁至 30 岁的失业、半失业青年提供创业咨询以及资金、技术和网络支持。计划实施 19 年以来，帮助 5 万 5 千多名青年人创立了自己的企业。其中，2000 至 2001 年间帮助了 4424 名青年人创业。这些青年企业的存活率较高，60％以上的企业在创建后的第三年仍在继续经营。根据对这些企业的不完全统计，排名前 50 名的企业的年营业额合计一亿五千万英镑，提供了 1700 个就业岗位。

青年创业计划有三个鲜明特色：

第一，提供发展债券式的创业启动金，通常情况下，创业者可以从三种渠道获得创业启动金：一是银行商业贷款，二是小额信贷，三是政府或其他机构的无偿资助。对于没有经验和财产积累的青年，特别是弱势青年来讲，这三种渠道都很难使用。发展债券式的创业启动金这种资助方式不同于银行贷款或者小额信贷，因为青年在申请资助时不需要任何财产抵押和担保，而且手续简便。但它也不是无偿的创业赠款，青年要支付利息(利息通常低于银行利息)，并要按规定分期还款。

第二，提供一对一的创业辅导，为青年创业者提供一对一的创业辅导，由创业导师陪伴青年创业，这是青年创业计划的显著特色，也是该计划取得成功的关键。每一个参加青年创业计划的青年，在创业的头三年里，都会获得一名创业导师。这些创业导师通常由经验丰富的企业家或职业经理人志愿担任。每个导师平均每个月花费四至五个小时的时间对青年进行具体指导，他们的联络方式可以是见面，一起实地走访企业和客户，也可以是打电话或发电子邮件。创业导师不仅为青年提供经验、专业知识、技术、网络方面的帮助，更是青年创业者的朋友、师傅和向导。

第三，扶持弱势群体，青年创业计划的扶持对象是失业或半失业青年，特别是少数族裔青年、残疾青年和有过违法犯罪行为的青年。根据 2001 年的项目统计，在受帮助的青年中，13％是少数民族青年，13％是残疾青年，9％是有过违法犯罪行为的青年。这种倾斜政策是根据英国的特殊社会背景而制定的。目前英国 18 至 30 岁的青年人有 1020 万，其中失业人数超过 38 万。与此同时，英国有 6.5％的人口是少数族裔。在获得同等教育甚至更好教育的条件下，他们比白人的失业几率大两倍。另外，适龄劳动人口中有 18％存在健康问题或者身有残疾，残疾人的失业率比其他同龄人要高两倍多。对于有前科的违法人员，90％的人在被释放后没有工作或培训机会。因此，青年创业计划以扶助弱势青年为重点，旨在培养他们的就业和创业能力，帮助其自立和自强。

4. 法国的创业教育

近年来，法国的一些地区已经开展了诸如“在中学里办企业”、“教中学生办企业”等许多活动。活动的目的并不一定要办企业，而是让学生继续学业的同时，做好职业选择与就业工作的心理准备，培养他们探索创业的兴趣和能力。

法国《论坛报》报道：法国经济财政与工业部长洛朗·法比尤斯在电视上回答记者提问时说：“企业家精神应当从受教育时就开始学起。这是企业取得成功的关键。”他特别强调指出，必须从小就开始考虑创办企业的可能性。法国民意测验研究所和国民教育部去年联合进行一次民意测验就这个问题进行了深入探索。

几年来，在法国的某些地区，人们开展了许多活动，如“在中学里办企业”，“教中学生办企业”等。另外，一些组织机构也支持这种计划，都愿意为青年们的主动行动提供咨询。有一个名为“青年挑战”的组织，其宗旨是激发、辅助和支持15～18岁的青年人的首创行动。“青年挑战”组织的负责人菲利普·萨勒说：“我们帮助青年人激发创新灵感，直到为有关计划提供资金。我们的目的是开发青年人的经济意识和公民意识。”结果，人们已经提出了8000个计划项目，涉及2.5万名青年，创办了几百家企业和协会。

5. 澳大利亚的创业教育

在澳大利亚，大学里的创业教育已经进行了40年左右，研究生水平的创业教育历史较短，只有12年。澳大利亚TAFE(技术与继续教育学院)针对创立小企业，积极开展小企业创业教育。澳大利亚TAFE(技术与继续教育学院)小企业创业教育，体现了以下特点：

1)教学思想：学生是教育的主体。教学的重点在于对受教育者个人潜能的挖掘和综合素质培养。创业教育教材中主要模块之一是“自我完善”，它通过对学生个人素质的评估、探索与开发，使学生以创业市场需求为依据，能够比较客观、全面地了解自己，在创业活动中确立自己的位置。

2)教学目的：不以单一专业知识或技能的传授为目的，采用大量的案例启发学生，使学生通过自己的分析和研究，引发创业兴趣，建立创业思想，进行自我创业设计。

3)课程结构：采用分层次的模块化课程结构。在基础阶段，对创业教育的几个通用模块进行学习。学生在了解自己、明确目标之后，能够根据自己的特点，选学有针对性的内容。不同地区、不同专业的学生可以选学不同学时要求的模块。

4)教学方法：结合本地经济发展的实际，以案例研究为导向是主要的教学方法之一。教师通常利用大量的案例来启发学生，提出具有针对性的问题。通过案例的分析和研究，引导学生在对个人情况和创业环境条件的分析过程中，发现问题，学会寻求解决问题的方法。

5)评估考核：评估与考核在教学过程中占有极为重要的地位。它不仅是检验教学质量的措施，也是开展教学的重要方法。如通过课堂问卷填写，对学生个人情况进行调查，作出评定，提出有针对性的素质教育纲要。在许多教材中，针对不同情况和要求，规定了评估原则、评估类型和评估方法。

6. 日本的创业教育

“在日本，最优秀的学生，其目标是到大企业就职；而在美国，则是要自己创办事业。”这句话非常形象地刻画了日美两国学生在气质上的不同。为此，日本的创业教育朝着这样一个方向努力：就是要开发出能让学生自然而然地掌握自我负责原则和投资意识、风险意识等的课程体系，提供给希望在教学中运用这一课程体系的学校。从1998年起，文部省就和通产省合作在小学开始实施“就业与创业教育”。日本小学课前有个“早起会”，敦促孩子们很早起来，利用早上课前的两三个小时给人送报纸、送餐饮搞勤工俭学，这既是艰辛的创业教育，又是对将来创业的一种准备和尝试，目的是培养学生从小养成就业心理意识和意志品质。

7. 东南亚的创业教育

印度在1966年就曾经提出过“自我就业教育”的概念，鼓励学生毕业后自谋出路，使他们“不仅是求职者，还应是工作机会的创造者”。这一培养目标在80年代再次引起印度社会的重视，印度政府1986年的《国家教育政策》中明确要求培养学生“自我就业所需要的态度、知识和技能”。印度在中等教育改革方面，主要是为了解决学生毕业后的就业问题，提出了着越来越重要的作用。越来越多的社会个体受益于创业教育，并认识到创业活动能带来自我更好的发展。发达国家社会就业观念的转变及人们对创业行为认识的深入，也预示着发达国家的创业教育正在由“生存型”向“发展型”过渡。

中国正面临前所未有的创业机遇，创业在中国已开始站稳脚跟，甚至完全可以比其他国家走得更快更好。整个中国的创业环境正在发生变革，中国不仅要利用机遇，还要探索和发现机遇，目标是产生革命性的结果，打破现在已有的模式和规则。

当前我国还没有形成良好的创业文化环境与制度环境。传统就业观下人们的择业心理仍充斥着对于工作的稳定性及低风险性的追求。对于工资性就业岗位的依赖，使人们已习惯被雇用就业，而对创业望而生畏，原因在于人们缺乏对创业活动的深入认识，缺乏创业的知识及意识，进而害怕遭受创业的失败。即使一部分社会个体已走上了创业之路，从社会调查的研究结果显示，创业群体中出于主动创业，在有其他就业途径的前提下选择自主创业者寥寥无几，仅占创业群体的 2.1%。人们传统被动就业的择业观已成为制约我国创业教育很好实施的“瓶颈”。因而，在我国发展创业教育，转变社会个体的就业观是前提，要使社会个体认识到不仅为了生存要去创业，为了自我的职业发展也需要积极的创业。我国应积极营造全民创业的就业环境，从而使创业活动成为人们职业发展所需的自主行为。

创业活动已经成为中国经济发展的重要引擎和推动力量，鼓励创业和创新活动成为包括我国在内许多国家的政策取向。浙江省委、省政府等已经明确地把“创业致富，创新强省”赫然列为区域社会经济发展的纲要、大政和方略。创业教育必将成为我国国民素质教育的重要内容。

2. 创业教育纳入高等教育体系成为重要组成部分

高等教育培养未来的毕业生不仅是求职者，而且还应该是成功的企业家和就业创造者。1999 年汉城（现名“首尔”）第二次国际职教会议上，一位国际劳工组织专家报告更明确预测：现行的职业教育毕业生有 50%将难以获得挣工资的工作机会，自营职业是大多数青年人获得经济独立的最大机会所在。世界大学教育、技术与职业教育毕业生的就业形势如此，我国大学教育、职业教育毕业生的就业形势也将面临重要挑战，而且在相当长的时间内，都将十分严峻。我国高等学校毕业生连年增加，2007 年将达到 495 万，占新增加的 900 万个就业岗位的 55%，首次超过社会新增加就业岗位的半数。如果再加上前一年 30%左右没能就业的毕业生，2007 年需要就业的毕业生将占新增加的 900 万个就业岗位的 65%以上，显然高校毕业生就业将成为我国社会就业中非常突出的矛盾。解决高校毕业生就业难问题，除了培养教育学生树立起正确就业观外，开展教育教学改革、开展创业教育、培养学生的创业能力并自主创业，是解决毕业生就业难的有效途径，也是发展职业教育的重要举措和艰巨任务。

为此，党和国家早巳多次明确提出在我国教育中开展创业教育的要求。1999 年 10 月，江泽民同志在第三次全国教育工作会议讲话中提出，要帮助受教育者培养创业意识和创业能力，通过教育部门的努力，培养出越来越多的不同行业的创业者，就可以为社会创造更多的就业机会。2000 年的《面向 21 世纪教育振兴行动计划》中，明确要求职业教育和成人教育要加强创业教育。2002 年《国务院关于大力推进职业教育改革与发展的决定》提出，职业学校要加强职业指导工作，引导学生转变就业观念，开展创业教育，鼓励毕业生到中小企业、小城镇、农村就业或自主创业。2004 年国家七部门下发的《关于进一步加强职业教育工作的若干意见》要求，加强创业教育和职业指导工作，努力提高广大从业人员的就业能力和创业能力。2005年《国务院关于大力发展职业教育的决定》又一次提出，要开展各种形式的职业技能培训和创业培训，提高他们的就业能力、工作能力、职业转换能力以及创业能力；加强职业指导和创业教育，建立和完善职业院校毕业生就业和创业服务体系。

有报告显示，我国大学生创业率只有1%，许多市场经济发达国家学生创业意识强，毕业生创业率远远高于我国。创业教育是政府、企业、学校和学生共同的事，需要如资金税收等政策环境支持，切实加大对高校毕业生自主创业和灵活就业的扶持力度。创业教育要求职业院校培养学生，不是直接帮助学生去寻找工作岗位，而是重在教给学生创造工作岗位的方法。所以，实现创业教育的培养目标需要进行课程改革，需要构建具有创业教育特色的职业教育课程体系。创业课程要突出创业意识、创业常识、创业指导、创业心理和创业技能，培养强烈的创业欲望和创业精神。为此，我国教育部高等教育司、高校学生司和职业教育与成人教育司都曾分别下发过文件，鼓励中高等职业教育改革，把就业、创业理念引入教学环节，优化学科专业结构，开设创业课程，推进灵活的教学管理制度，引导、帮助学生自主创业和成功就业。

2007年，中国职业技术教育学会与北京光华慈善基金会、美国创业指导基金会合作，在部分职业院校开展创业教育试点工作。开展创业教育工作的前提是院校领导首先要提高认识、转变观念，提高教师开展创业教育技能和能力是关键。根据我国职业教育实际，吸取美国国家创业指导基金会成功经验，培训职业院校教师取得美国创业教师资格证书，以便在我国部分试点职业院校开展创业教育和培训。目前该项工作已在北京等地部分院校中开始，期望在试点中摸索经验，在我国职业院校中能把创业教育逐步落到实处，以培养职业院校学生创业意识、创业知识和创业技能。

【案例】 湖州职业技术学院创业教育的历程

2002年3月，湖州职业技术学院经贸分院学生营销公司的成立标志着创业教育在该校的正式开展，期间主要经历了三个发展阶段。

(1)尝试探索阶段(2002-3—2003-8)：2002年3月，经贸分院为推行“仿真＋全真”的教学模式，成立了学生营销公司，作为学生专业教学的课堂延伸和实训实习的基地，学生在教师的指导和帮助下开展一些电话卡销售、学生影院、产品校园代理等业务，当时的创业教育主要是配合专业实训的需要。

(2)发展扩张阶段(2003-8—2004-9)：学生营销公司的成功运作，使得这种“初级阶段式”的创业教育开始引起学校的关注与重视，创业教育也由经贸分院开始扩展到其他专业，并渗透到学生社团建设。2004年9月，在校内成立了创业园。

(3)规范提升阶段(2004-9至今)：学校明确提出“三个服务于”的创业教育理念：一是创业教育要服务于提升学生就业能力；二是创业教育要服务于提升学生创业意识；三是创业教育要服务于提升学生综合素质。为此，2005年5月，学校成立了创业园管理委员会，建立和完善了学生创业园工作制度。学校还根据“文厚、技湛、商慧”人才品牌目标内涵，重构并建立了由“一条主线三大板块”组成的课程体系。2005年9月，学校推行弹性学制和学分制，将创业实践纳入素质教育学分范围，引导学生开展职业生涯设计。为满足广大学生的创业热情，2005年10月，学校对创业园的布局进行了调整，投资100万元将创业园的经营面积扩展到了2000平方米，学生创业公司发展到36家。

经过三年多时间的探索和实践，学校初步形成了“创业教育课程化、创业实践项目化、创业管理制度化、创业平台基地化、创业指导全程化、创业宣传多样化”的高职创业教育实践模式。

3. 创业教育对象的广延性趋势明显

创业教育是全民性的，不只是面向学校的学生。创业教育面向不同对象，有不同的目的和作用，有为解决就业问题的，有为创业作准备的，也有对人生规划有需求的，每个人在不同阶段也有不同的创业教育需求。

对于无业者或失业者，创业教育可以帮助其提高就业能力。到 2001 年底，我国国有企业下岗职工已经累计达到 2250 万人。除此以外，中国每年还有大约 591 万农村剩余劳动力需要转移，有近 1000 万城镇新增劳动力急需进入劳动力市场。目前政府和社会非常关注下岗职工和农村剩余劳动力的职业培训和创业指导，因为创业教育是面向全民的教育，不论现在还是将来，作为社会人要独立生活都有必要接受基本的创业教育。

对于中小企业创业者，创业教育是其起步的基石。最初人们基于对社会经济发展的特点及趋势的新认识，产生了对教育经济功能的反思而提出了创业教育。人们通过对社会经济发展现状的分析发现，小企业对于促进社会经济的发展，带动社会群体广泛就业具有重要的功能。于是，人们把教育的经济功能指向了推动小企业的发展。通过教育培养具有开创性个性品质，具有创业能力与创新精神的人，使他们打破对工资性就业岗位的崇拜，能够开拓出新的就业空间——开办小型企业，实现自我雇用式就业。社会经济的发展需要这样的小企业和具有开创性个性品质的人来推动。由创业教育的最初产生我们不难看出，创业教育从目标到内容再到功能的定位都是服务于经济领域的，就使人们对于创业教育的狭隘理解化为培养能够独立创办企业，独立从事经济活动的人。

从广义来看，创业教育与人们生活息息相关，不再局限于经济领域，而是贯穿于整个人生。随着发达国家对创业教育理论研究的不断深入，很多发达国家已开始认识到创业教育不应仅仅定位在经济领域，我们生活的现时代，社会发展的各个领域都需要具有创造性个性品质及创新精神的人。于是，发达国家开始将创业教育拓展到其他领域，其中文化产业领域的创业教育越来越受到人们的重视。发达国家文化产业领域创业教育的目标为：(1)培养人们在艺术领域中的原创性精神，推动国家文化艺术事业的创新与发展；(2)在文化艺术领域创造更多的就业空间，吸纳经济领域过剩的劳动力；(3)研究在文化产业中创建企业，强调文化艺术事业对国家经济发展的重要性。

市场化的推进，使竞争从企业层面深化到个人层面：人口的自由迁徙使竞争从商品市场内化到要素市场，全国统一的劳动力市场正在形成，就业岗位已成为中国目前最稀缺的资源。我国已有的传统职业种类及职业类型已不能满足社会个体日益增长的就业需求，开拓新的职业空间，多渠道就业与创业是解决我国当前失业问题的关键所在。发达国家在文化产业领域的创业教育为我国的就业问题的解决及创业教育的实施提供了一个新的视角。

创业活动应是面向人们生活各个领域的，而不仅是经济领域。社会的文化领域、教育领域，甚至包括人们的休闲娱乐领域都内含着潜在的创业空间。因而，我们要转变以往对于创业活动本质的认识，不要将创业狭隘化为开办大公司、大企业，成为商业精英。在市场化的就业环境中，抛弃对工资性就业岗位的依赖，从社会发展所需，人们生活所需的任何一个生活角度寻找商机，自谋职业，即为创业。所以，市场经济条件下，创业的空间是极其广阔的，随着社会经济文化发展的日益多元化，人们的就业途径可以多元化，只有这样人们才能在工资性就业岗位日益减少的就业环境中有业并乐业。

因而，我国的创业教育要走向平民化，要在促进社会个体的多元化就业过程中发挥最优化功能。

【案例】 梦想打造下沙"一卡通"

走进杭州下沙新城，在一些道路两旁可以看到一个叫"达斯指定消费场所"的灯箱广告。下沙高教园区的大学生只要花25元买一张该网站发行的"达斯卡"，在下沙200多家商户消费时就可以享受不同程度的折扣，即便是在杭州市中心繁华的延安路上，这些学生只要出示"达斯卡"，也能在一些商家享受消费优惠。随着加盟商户和持卡学生数量的不断增加，这个网站(www.51dass.com)被越来越多的人所关注。让人吃惊的是，瞄准学生商机办起这个网站的，竟然是四个在校的大学生。

办起这个网站的四名浙江理工大学在校大学生叫吴敏、邱威荣、江利水和詹研，他们学的都是计算机专业。他们觉得下沙有全省最大的高教园区，学生的消费需求旺盛，但很多商机却没有人挖掘，四个怀着创业梦想的年轻人，瞄准了同一市场，自然而然地走到了一起。

在进行了一番仔细激烈的讨论分析后，四人达成一致共识：打造一个全国一流的校园服务平台。先把下沙及周边的商业资源整合起来，建立一个面向校园的服务平台，让下沙高教园区的学生享受到尽量多的便利和实惠，待平台集聚起足够的人气后，许多可拓展业务便水到渠成。一幅美好蓝图已然浮现在四人脑中。

"光会勾勒蓝图还不行，我们要当马良，画什么就实现什么！"吴敏认为，做平台跟做产品一样，营销是极为关键的环节，而取一个好名字可以说是成功营销的开始。"为什么叫达斯(DASS)呢？许多人看了之后都不禁会发问。虽然不明白为什么，但是否一下就记住了？阿迪达斯、哈根达斯是家喻户晓的品牌。而取个交集即得到达斯，权当傍一回大款吧。"吴敏得意地解释说。

"除了一个好名字，一句好口号也是成功营销必备元素。"吴敏说，四人苦思冥想，最终定下了这一句"爱你，是因为想你爱我"。"这个好记，又有意义。在一个服务平台，我们把它解释为'用心去服务您，就是希望您从心里去接受达斯，爱上达斯'。一个有了消费者的爱的产品，怎么可能没有价值呢？"

定位明确后，说干就干。经过酝酿及精心筹备，2006年7月，杭州达斯计算机有限公司正式成立，"达斯校园服务平台"终于横空出世。据了解，平台投资近20万的钱基本上都是四人大二、大三时靠在外兼职和做游戏点卡等小生意的积蓄凑起来的。

点击该网站可以发现，联华超市、银时代饰品店、百福德健身俱乐部等知名商户和宋城集团旗下的知名景点都已成为该平台的联盟商户，持"达斯卡"均可享受不同程度的折扣优惠。"我们在大力发展联盟商户的同时，又利用新生报到、老乡会、电子竞技大赛活动等各种机会，大力发展会员，目前已有注册会员2万多人，其中持卡会员1万多人。但是离我们的理想状态还很远。随着我们平台知名度和会员量的不断提高，我们的盈利点也会越来越多。"吴敏介绍说，目前他们公司已有固定工作人员11人，而且在下沙高教园区的14所高校中，每个学校都有5到10名左右的兼职人员。

(摘自每日商报，2006年)

4. 创业教育已成为终身教育的一项重要内容

从时效性看，创业教育应是贯穿人的职业生涯发展始末的终身性教育，不局限在中高等职业教育阶段，在人生的不同阶段需要接受不同的创业教育，一般会有几种不同的角色：学生、创业者、成功者、再就业人员。

教育最初来自学校，学生首先成为创业教育的接受者。我国创业教育的开展，主要是从中等教育阶段开始，这样就错过了培养创业素质的良机——小学阶段。就像计算机刚发展时，邓小平同志提出的"学电脑要从娃娃做起"，创业也是如此。创业教育不仅是教会个体如何去创办公司，更是创业素质的培养和塑造。小学阶段，侧重于学生创造性、合作性、竞争性等各种心理素质的培养，到了大学阶段就为创业能力的培养创造了条件，等进入社会工作后，依然需要学习创业相关知识，只有在实践中才能更深切地体验创业知识的作用和价值。因此，创业教育是培养人才综合素质的必要课程，并且需要活到老，学到老。

发达国家的创业教育由阶段性走向终身性的突出表现为：开始对预备劳动力群体实施创业教育及对社会各年龄阶段的失业群体提供创业活动的培训性引导和资金上的支持。如加拿大大西洋地区于1998年开发了从幼儿园到高中阶段的系列创业教育课程：幼儿园到三年级的《我们会做一切！通过创业学习》，4年级到6年级的《创业之路》，7年级到9年级的《联系：跨学科创业学习》，10年级到12年级的《文化产业中的创业教育》等，将创业教育整合到各阶段的课程之中。

美国的创业教育也已延伸到了中学，现在至少30个州的K-12年级的学生正在接受创业教育。在日本，从1998年起文部省就和通产省合作在小学开始实施"就业与创业教育"。对于各年龄阶段的失业群体，甚至老年人，发达国家都在政策及资金上支持他们的创业活动，全民创业及创业活动的平民化已成为发达国家当前创业教育的一大趋势。发达国家都已将创业教育纳入了本国的终身教育体系，使创业教育贯穿于从小学到大学的正规学校教育体系的同时，也贯穿于国家的继续教育体系之中，从而使创业教育真正面向全民。

对于已经创业的人而言，接受创业教育也是一项持续性的工作。但随着社会经济环境发展的急剧变革，企业的生命周期越来越短，一次性创业也将不能终身受用，创业活动也成为一个由起点到终点再由新的起点开始的周期性过程。因而，针对青年群体的创业教育也应随着其创业活动的周期性而展开，即针对青年群体的创业教育由阶段性走向了终身性。

对于已经就业的人也会面临再择业的挑战。随着知识经济时代的来临，发达国家的科技进步在经济发展中的贡献率越来越高，科技对人力的替代作用日益明显，等量投资所创造的工作岗位相对减少，发达国家各个年龄阶段的社会个体失业问题日益严重。针对这种由于需求不足所导致的失业问题.创造更多的就业岗位是当务之急。这使得人们必须认识到不仅青年失业群体需要创业教育，社会各年龄阶段的再就业群体都需要接受必要的创业知识及创业能力的培训。

随着我国市场经济发展的不断深入，社会职业环境发生了前所未有的巨变。终身性职业时代已逐渐消退。从当前我国的失业现象及其成因来看，无论是结构调整型失业、社会转轨型失业还是资本深化型失业，其背后的深层原因都可归结为科学技术的发展使等量投资创造的工作岗位相对减少，更多的人需要从生活的其他领域谋寻职业，而原有的教育知识不再受用；接受"回归性教育"，重新获得自我谋生的知识与能力，成为越来越多的社会个体进行谋生的必由之路。因而，在我国把创业教育与成人的继续教育结合起来是发挥创业教育功能、解决社会失业问题和促进经济发展的必要手段。

5. 创业教育实施方式趋多样化

创业教育是服务性的，不是简单的课堂教育。传统的教学方式不足以用于创业教育，创业本身就是一种市场行为，创业教育也要纳入市场规则。良好的创业教育来自高校、风险投资商、社会合力，需要合力营造大学生创业的良好氛围。其中包括资金支持、技术支持、政策支持、机会给予、资源共享等。例如浙江商职院开发的网站深呼吸真人图书馆(www.asshx.com)通过技术手段，一边建立创业教育综合服务网站，一边还具有自助建站功能，帮助会员实现网上创业服务，总站与分站上都可以设立创业教育案例库，加强信息交流，实现资源共享。因此，搞好创业教育需要有正确的服务态度，通过创建全面的服务体系来实现。

创业教育是激发性的，不是被动填充式的教育。创业教育对教师的要求不应仅仅传授知识，而是必须把重点放在教学生如何学习，如何发挥主动精神上，学生则需要培养自己在多元文化环境中能独立思考和协同工作，能将传统或当地的知识和技能与先进的科学技术结合以产生创造力。创业意识和创业能力的开发与培养可以帮助学生对人生目标和职业生涯有更清晰的目标，启发他们为自己的生活和工作目标而学习并实践。因此，创业教育的最大意义也在于其激发性和鼓励性，成功的过程是无法复制的，但成功经验是可以学习的，为学生树立成功的目标和方向，激发思维和意愿，从而往正确的方向努力，这才是最有价值的。

创业教育是超越性的，不是一成不变的教育模式。创业教育的核心就是要体现创新和创造性，因此创业教育的形式不是固定的，创业教育的内容也不是一成不变的，它需要超越，不断地超越。创业教育对于自身有着相当高的要求，它需要计划性、前瞻性和超越性。与此同时，对创业教育的老师有着不一般的要求，他需要对社会动态、社会需求等有敏锐的嗅觉，同时要不断提高自己，学习各类新知识和掌握新资讯，因此创业教育不是普通的大学教师可以独立胜任的，需要学校和社会各方面的共同努力。

创业教育的社会公益性特征将日益突显。发达国家十分重视解决社会的失业问题，并认为失业会对国家的安全与稳定、经济的繁荣与可持续发展带来不良影响，认为作为解决失业问题的有效手段，创业教育必须作为全国性的一项公益事业来发展，应集国家、社会及个人的力量于一体支持社会个体的创业活动。

在政策和资金层面，发达国家政府给予减免税收或低息贷款等优惠政策帮助创业者建立和发展微型或小型企业，帮助他们自谋职业和吸纳他人就业。法国在这方面的具体措施是：由失业者向省劳动局提出创办小企业计划，经评估获得申请资格后，由失业保险基金支付给其一次性创业津贴3.2万法郎，并免一年社会保险费。这种称为“走出被动就业之路”的措施在1984年后改由政府拨款。

在发达国家，创业教育除得到政府、银行部门的政策、资金支持外也得到了社会的广泛赞助，社会性创业教育组织极为活跃。如美国的创业教育发展取得了部分社会机构的资金支持，这些机构提供经费赞助创业教育竞赛，奖励接受创业教育的优秀学生，开发创业教育课程等等。如Kauffman创业流动基金中心、国家独立企业联合会(NFIB：the National Federation of Independent Business)、新墨西哥企业发展中心均对创业教育提供过资金赞助。

随着我国创业教育理论及实践的不断完善，我国的创业教育也应作为一项社会公益事业来发展，使企业、学校及国家共同成为创业教育的主体。国家及社会应对个体的创业活动提供政策及资金方面的支持，如对社会创业群体及个体发放小额贷款，减免其利息、税收，对其进行免费的创业培训及创业过程的指导等。

创业教育内容将由宏观走向细化。发达国家十分强调创业教育的可操作性及实用性，对于创业教育内容的制定与规划已远远超出了初级阶段的宏观与概念化，创业教育内容的针对性已细化到各个类型创业活动的具体环节。如何把握机会，提出开创企业的设想，怎样创设、规划和实施创业计划，怎样进行企业扩张等微观层面的创业知识。发达国家创业教育内容的细化，增强了其可操作性，也使创业教育的功能得到了最大化发挥，使创业教育成为一种被社会广泛认同与信赖的教育。

我们不应笼统地谈创业教育，如培养社会个体的创业心理素质、创业能力及创业精神。怎样培养是创业教育实施的关键所在，这就要求我们的创业教育要增强可操作性及实用性.由宏观走向细化，只有这样，创业教育的功能才能得到真正发挥。

【参考】 金库网掀起杭城创业热潮

“天使投资”这一舶来语，近年在国内的创业投资领域大热。多少创业者翘首企盼着天使的垂青，天使投资人也在寻觅着优秀的创业项目。2006 年，金库网（http://www.joykoo.com）带着一个挥动着翅膀的天使，在杭州悄然降落。

杭州一位张先生经过潜心研究，拥有了自己的专利发明。但就在成立公司前夕，资金方突然退出，张先生只好忍痛割爱，搁浅了项目。然而他在金库网上看到了希望。

日前《每日商报》以《首家民营风险投资公司现身浙江主要锁定优质的草根项目》为题，报道了本土第一家由自然人创办的天使投资公司——红鼎创业投资公司成立，并与金库网合作的“千万基金征集创业项目”活动启动的事件。新闻发布会召开后，引起了创业人群的强烈反响，一些省外的媒体纷纷转载。活动的主办方——金库网也因此收获了点击率、客户浏览量达到空前高峰。活动启动当天，名为“天使寻宝”的征集活动在金库网正式上线的 16 时至晚 22 时，报名项目已有超过 50 个。截止到活动开展的第 22 天，报名参与征集的创业项目已经突破 500 个。

此次由天使投资方主动发起的创业项目征集活动，透明、公开、公平，在我国当属首次。天使投资人的真实“现身”，更鼓舞了创业者的积极性。金库的客服中心里，电话铃声不断。参与者都表示：这样的活动，不仅给予了创业者展示梦想的平台，更以真实的资金支持给了他们放飞创业梦想的希望。同时人们也相信，天使不只存在于传说之中，也聚集着民间资本的民营企业家们，就像红鼎创投，随时都可能成为天使，出现在创业人的身边。

“千万基金，腾飞创业梦想”——这是本次活动的召集语。主办方希望通过这次征集活动，能够挑选到真正优秀的项目，借助天使的翅膀，与成功共同腾飞。

（摘自《每日商报》，2006 年 7 月 10 日）

第二节 创业教育组织与实施

随着社会信息化和市场经济的飞速发展，当代大学生的思想观念逐渐发生了变化，有很多大学生利用寒暑假以及课余时间外出打工，他们开始在创业方面有一些尝试，他们渴望拥有自己的公司。1991 年公布的《面向 21 世纪教育振兴行动计划》中指出：“加强对教师和学生的创业教育，鼓励他们自主创办高新技术企业。”2000 年教育部出台了一项关于“大学生、研究生可以保留学籍创办高新技术企业”的政策，以增强学生的创业意识和实践能力。1999 年团中央、中国科协、全国学联举办了全国首届“挑战杯”大学生创业大赛。许多学校采取了相应措施，开展创业教育，支持创业活动。清华大学将写字楼以半价出租给学生创办公司；复旦大学专门拨出一百万元，实施学生科技创新的行动计划，学校还与浦东张江高科技园区合作，专门为学生设立了一千万元的创业基金；华东师大开设了“创业教育课”；东华大学开设了“创业与风险投资”的选修课程。特别是我国的一些高新科技园区，更是为大学生进行高新科技创业提供了便利。如北京的中关村、武汉的“光谷”，提供了技术入股、前期免税、低利贷款及简化公司注册程序等优惠措施。北航的“孵化器”已成功“孵化”数家企业，商界中也不乏大学生“白手起家”成为巨富的例子，百度中文搜索引擎的 CEO 李彦宏就是其中之一。

总的来说，我国高校创业教育仅仅是处于起步的初期阶段，新的形势要求高等教育大力推进创业教育，创业教育在高等教育中处于重要地位，高校创业教育亟待加强。创业教育的教学实践活动需要妥善解决以下问题：

第一，妥善解决知识传授与能力、素质培养的矛盾，不仅仅停留在强调知识的传授，更重视将知识内化为学生能力与素质的提高；

第二，妥善处理理论与实践的矛盾，不仅仅进行理论教学，更注重实践教学与理论的应用；

第三，妥善处理教与学的矛盾，教学活动的设计与组织强调以学为中心，调动学生学习的自主性、主动性与创造性的发挥。

在此我们将浙江省高校创业教育模式作较为详细的介绍。浙江省大学生创业教育开展至今走过了一段摸索期，目前基本上可以归纳为以下六大类型，这些教育模式是相互融合和循序渐进的关系。

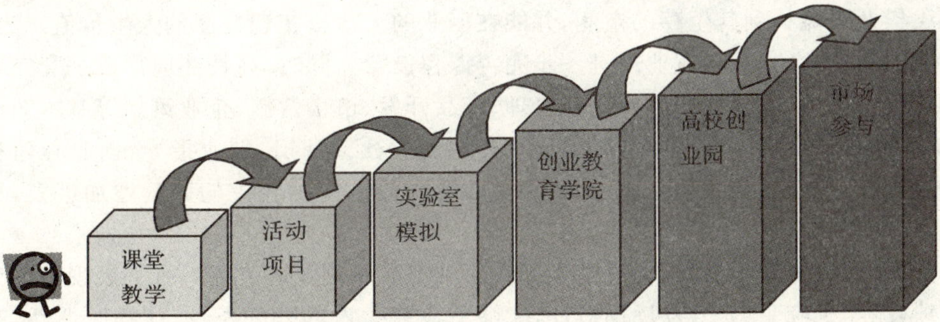

一、课堂教学——企业与商务基础学习

全面推进基于创业教育的教与学，是构建高校教育教学体系的重要内容。积极探索实践性学习、研究性学习，培养和提高大学生的创新精神和动手能力，是创新创业教育和普通教育的根本区别。构建自主性教学平台，不仅体现在教学内容的更新上，而且也体现在教学方式、方法、手段和考核等教学模式上。

目前，高校创业教育的课堂教学主要包括四种形式：一是管理类选修课，二是就业指导课，三是KAB(know about business)等项目课程，四是创业教育基础课程。其中高校创业教育最简单的方式就是对理工科学生开设一部分管理类选修课；高校就业指导课程的建设也在不断地发展，在国家对毕业生创业的政策指向的指引下，指导教材经历了从单纯地找工作，求职过程性的指导，发展为职业指导和生涯规划，创业成为毕业生生涯设计的一个内容，把指导毕业生创业和创业的应知应会，纳入了就业指导的课程中。大学生创业教育KAB项目是国际劳工组织为培养大学生的创业意识和创业能力而专门开发的新项目，以在校大学生为主要对象，通过教授有关企业和创业的基本知识，帮助大学生树立企业家精神。该项目一般以选修课形式在大学开展，学生通过选修该课程可以获得相应的学分。与就业指导课相比，管理类选修课的普及程度相对较低，还不是全校学生的必修课，KAB教育也是如此。值得重视的是，不少高校已经开始在就业指导课基础上，对全校学生尝试开设创业教育基础课的教学。

课堂教学模式的工作重点在于：一要关注怎么教与怎样学。学生除了在课堂上学习知识外，还应在课外学习和实践，通过研究活动、实践活动来培养获取知识和创造知识的能力。即把自主性学习和研究性学习相结合，推动创新性人才的培养。创新教育要构建基于自主、研究和探索性学习的平台，首先要转变教育观念，率先改革教师中心、教材中心和课堂中心的传统教学观。一切有目的地促进学生知识增进、能力增长、素质提高的活动都是教学，这种有计划地实现学生学习经验和情感体验增强的活动，本身就是“课程”，或者称为教学环节。在此认识下，以第一课堂的理论学习为经，第二课堂的自主性、探索性学习为纬，把知识、能力、素质的培养，课内教学、课外实践编织起来，构成新的教育平台。

二是在课程设计中需要深化落实。创业课程设置要为大学生创业提供专业和技术上的支持。一方面，要改革课程设置，构建具有创业教育特色的课程结构。课程改革在一定程度上决定实现培养目标的程度，决定着高校的生存空间和发展价值。学校的课程设置旨在为高校大学生毕业后能找到其生存的空间，并能在职业的天地里实现自己的人生价值。为此，高校应紧紧围绕学生的创业、就业来进一步完善课程设置。同时，高校还应形成一套完善的创业教育课程体系，开设以创业学及企业管理、产品开发、市场营销、企业策划等基本知识为主体的选修课，使之与专业课程设置相配套；要把创业社会常识、创业指导、创业心理和技能、市场经济、经营管理、公关和交往、法律和税收等与创业密切相关的课程增加进去，从而促成学生对创业基础理论的了解。

另一方面，要改革教学方法，促成学生创新思维提高。创业人才在思维上表现出不为陈规旧俗束缚，能随机应变，充分发挥创造性，能够适应变化着的外部条件，能摆脱惯性，改变定势等特点。所以，在教学模式上，创业教育要求教学内容的选择不能固定不变，要有开放性和灵活性，让师生共同参与探索，从强调积累走向发现和创造。通过探索，使知识结构不断得到充实和完善。对学生来说，与创业有关的知识、技能必不可少，但更重要的是强烈的创业欲望以及自信心和进取精神，因而需要在教学过程中营造一种民主、平等的教学氛围，注意培养学生思维的灵活性、敏锐性、独创性。

总体来看，课堂教学模式的优点是可行性强、成本低、容易组织实施，缺点是师资力量要求较高，如果教师缺乏实战经验容易与实践脱节。

【案例】 宁波高校竞相加强创业教育

宁波大学成立创业指导中心

宁波大学学生处副处长史宏协告诉记者，宁波大学2005年11月成立了创业指导中心，负责全校学生创业教育和创业实践指导工作。开设的课程主要包括：创业者的素质、创业准备、创业历程、创业风险意识等。

宁波大学邀请了零点研究集团董事长兼总裁袁岳，华旗资讯数码科技有限公司总裁冯军，北京大学光华管理学院访问学者、北大博雅管理咨询公司首席顾问邢志强等，来学校“现身说法”为大学生提供创业指导。

同时开设创业教育讲座：邀请创业成功者现身说法，讲自己的创业故事，激发了同学们的创业热情。开设企业家论坛，邀请社会上的创业者、企业家、校友来校做创业教育讲座。此外，编印了创业指导手册。

浙大宁波理工学院开办“创业实验班”

据浙大宁波理工学院周耀烈教授介绍，2005年该校开办了“创新与创业实验班”。该班选拔学员的条件很特别，学生基本上都是一等奖奖学金获得者。

经过严格筛选，来自5个分院的24名同学成为这个班首批学生。这个班主要教授经济学、管理学、创造学等方面知识，培养学生创业意识。学生们要在一年半时间里系统学习创业以及经营企业的知识。课堂教学由师生互动的案例分析代替原有的传授式教育，高水平的教授、成功企业家、职业经理人、政府官员成为该班课堂上的常客。

二、活动项目——在竞赛中检验自己

课堂教学和课外实践活动结合起来，这是锻炼和提高大学生创业能力、科研能力、协调能力的重要途径。创业教育的实践活动既要加强教学计划内的实践环节，如科研实验、专业实习等；还要加强教学计划外的实践活动，如专业技能竞赛、各种类型的文化指导服务等。不仅要在校园内进行，还要走向社会、服务社会。把课堂教学和课外实践活动有机融合起来，开展多种形式的创业实践活动。

目前，我国高校实施创业教育实践的主要形式是“挑战杯”和“创业计划大赛”。这些形式在学校有关部门的支持下，为在校学生提供了一个展示创业才能的舞台。

“挑战杯”中国大学生创业计划竞赛最早于1998年在清华大学举行。1999年，由共青团中央、中国科协、全国学联主办，清华大学承办的首届“挑战杯”中国大学生创业计划竞赛成功举行。2000年，第二届“挑战杯”中国大学生创业计划竞赛在上海交通大学成功举办，则将大学生创业浪潮推向了新的高峰。第三届和第四届“挑战杯”中国大学生创业计划竞赛分别于2002年、2004年在浙江大学和厦门大学成功举办。浙江大学的学生在每次竞赛中都有很优秀的表现，他们已经将商业计划书的策划编写纳入正常的教学体系。

除了国家级比赛之外，浙江省高校每年定期在校内组织各类创业计划大赛。一般参赛者提出一个具有市场前景的技术、产品或服务，围绕这一技术、产品或服务，完成一份完整、具体、深入的创业计划，以描述公司的创业机会，阐述创立公司、把握这一机会的进程，说明所需要的资源，提示风险和预期回报，并提出行动建议。创业计划聚焦于特定的策略、目标、计划和行动，对于一个非技术背景的有兴趣的人士应清晰易读。

活动项目方式可帮助大学生对理论知识的掌握与应用，并且相互之间有竞争和交流，对大学生的学习主动性有很大推动作用，通过比赛发现自身知识的不足，为后续学习起到指引方向的作用。但是比赛终究还是没有真正市场化，很多实际问题不会真正发生，也无从提高。这是一种“结果”式的培养，它关注的只是结果的优劣，对形成成果的过程则无法给予更多的关注，而培养的过程往往是十分重要的。因此即使在创业计划大赛中获得了大奖，也不能完全说明创业教育开展的深度与广度，完善的创业教育实践活动应是对创业全过程所需要知识和实际操作能力进行培养。

【案例】 创业金点子 PK 大赛

创业计划竞赛是浙江大学城市学院推动创业教育的重要手段，学院领导亲自担任顾问，学校主要部门教务部、科研部、学工委共同推动，相关专业背景教师对参赛团个性化指导，同时聘请专家担任大赛全程业务指导。学院以创业计划竞赛为主线，将创业计划竞赛办成学院科技创新、营造学院良好创业氛围的一个学院最重大的活动。

整个大赛从低门槛的“创业金点子海选”开始，挑选其中优秀团队进入为期一个月的“创业特训营”系统培训，尔后进一步进入实践环节的调查和完善创业计划书，再经过“创业之旅”的参观和学习，最后进入实际 PK 阶段，挑选出最好的创业项目进入创新创业基地进行孵化。使创业计划大赛成为一个系统的，具有较大普及面的，注重学生创业意识培养而又有实战环节的学生创业体验平台。

三、(实验室)商业模拟——虚拟世界学创业

创业教育的本质就在于进行商业知识的系统教育，其核心在于商业实践本身，使学生掌握实实在在的商业知识，并能在尝试创业之初对商业竞争、商业运营有系统和深刻的理解和认识。然而，在目前我国的创业教育中，要让每一位学生通过真实的创业活动来掌握商业经验，这无论对学生还是对社会来说，都是有可能付出很大代价的。

为了解决上述问题，高校开始引入一些全新的学习方法。通过模拟商业运营和商业竞争过程的方法让学生亲自动手实践，来辅助课程知识的学习与理解，已逐步发展为一种重要的学习工具和方法。

商业模拟(Business Simulation)20 世纪 50 年代起源于欧洲，并不断发展完善。其宗旨在于为客户提高管理水平，促进企业客户管理技术的规范化。商业模拟的应用层面包括实验室软件环境与商业模拟课程。

实验室软件环境是通过商业模拟技术来实现的，商业模拟技术综合运用了各种管理模拟技术，包括角色扮演、计算机模拟、博弈、训练模拟等，并已在经营决策、财务计划、预测管理、风险控制等领域得到广泛应用，并成为一种重要的提升管理技能与实际操作能力的最佳培训方法。

商业模拟课程运用了先进的系统经济学理论及博弈理论，通过系统、标准的企业管理仿真模型，模拟真实商业环境，使学生最大限度模拟企业运作状态，在“实践”中学习管理，不冒风险，积累经验，轻松学习，自然改变。商业模拟课程是运用商业模拟技术来实现的教学课程或教学实践工具。与传统授课式或案例式学习方法比较，商业模拟课程有效解决了传统培训枯燥的说教模式和空洞的讨论内容，使学生在讲师的指导下，通过亲自参与和实战演

练，大大提升了培训效果，加深和巩固了学生对所学知识的理解与掌握。

商业模拟课程不同于一般的培训或实践，它没有一成不变的问题和标准答案，其核心是一套完善的模拟系统和全面、专业的管理学知识体系。由若干名学生组成模拟企业或团队，为完成经营目标，借助现代管理学的知识和技术，做出各种运营决策，并及时得到其决策影响企业目标实现的反馈信息。循环反复论证各种运营的手段和方法，帮助学生从思维上改变，轻松掌握学习要点，实现改变。

学生通过在模拟商业环境中对虚拟企业的运营管理，亲自参与企业运营管理的团队分工、战略规划、市场研究、生产计划、研发投入、销售管理、市场拓展、报表分析等决策，掌握在真实企业运营中会遇到的各种决策情况，并对出现的问题和运营结果进行有效分析与评估，从而对企业管理中的各种知识技能有更深切的体会与感受，并达到提升综合管理技能与分析解决问题的能力。

随着商业模拟技术的发展完善，商业模拟已被越来越多的高校学习和被企业培训所运用。特别是在高校中，由于学生本身没有企业实际运营和商业竞争的经验，对行之有效的学习实践工具的需求更加迫切。

商业模拟方式的优点是比较系统全面地运用理论知识和响应现实商业要求，也让学生有了动手实践的机会，在理论学习的基础上，使用实验室模拟来体验商业社会中的各类职业角色是很生动的，但它依然不是真实的环境，实验中的角色也不是社会真实人物，只是虚拟的，许多技术参数与环节还是比较理想化的，往往趣味性会多于真实性。

【案例】 商务模拟公司的运作实例

浙江省温州职业技术学院采用了商业模拟公司教学法，主要内容有：

模拟公司运作之一：模拟市场

模拟市场是商务模拟中心为各模拟公司提供的一个虚拟买卖商品的场所。同时，模拟市场也可以为各个模拟公司提供服务。(1)模拟市场销售部：各模拟公司可以把模拟市场销售部作为供货商，向它寄发订单并通过模拟银行划拨货款，以此组织货源。(2)模拟市场采购部：当模拟公司现存货物没有找到合适的客户进行销售时，可以把模拟市场虚拟为客户。(3)模拟市场服务部：模拟市场为模拟公司提供收取常规费用如租金、保险和电话费等的服务，并提供发票。模拟公司还可向模拟市场寄送票据购买申请书定购各类业务用票据。票据的格式由模拟市场统一制定。(4)模拟公司交易会：模拟市场负责每年举行全国模拟公司交易会。该交易会的目的是为了模拟公司运作更趋向于现实化。与模拟公司平时的工作不同的是，模拟公司的职员此时有机会真正地进行实物的操作。他们在交易会上布置展位，展示自己的产品，向客户解释产品的特征、价格等，直至达成交易。在交易会期间，样品和宣传资料得以传发，并举行各种展览会和促销活动。模拟市场将负责各项准备工作，并提供具有专门用途的交易会费用票据。

模拟公司运作之二：模拟公司招聘

模拟公司面向全校同学进行招聘，事先准备好招聘广告和介绍模拟公司的资料。招聘本着公开、平等的原则，从全体应聘人员中择优录取贸易部经理、人事部经理、市场部经理、企划部经理等。整个招聘工作可以全部由同学们负责主持和承担。拟好“模拟公司应聘”表，对应聘者的姓名、性别、年龄、籍贯、民族、出生年月、政治面貌、班级、身体状况、专业、学制、毕业时间、家庭住址、联系电话、申请进入本公司的原因及今后工作打算等各项逐一填写。

模拟公司运作之三：模拟业务流程

模拟公司在利用实训室进行实地操作的同时，可同时利用各岗位学生参加各模拟公司通过电脑网络形成的模拟市场业务。"模拟市场"是商务模拟中心为各模拟公司提供的一个虚拟买卖商品的场所，模拟公司各部门相关实操单据、凭证、账簿。办公室：员工招聘表、年度考核表、员工档案；采购部：请购单、订货单、验收单；销售部：销售清单、提货单；生产车间：领料单、收料单、成品入库单、成品出库单；财务部：支票、收据、发票、差旅费报销单、进账单、借支单、工资结算单等，账务同时采取手工账（各种原始凭证、收付转凭证、各类明细账及总账、报表）和电脑账（用友财务软件）。

商务模拟公司可实践的业务范围还可以包括：社会公益活动、市场调研、营销、广告与管理咨询、市场推广、商务策划、市场开发以及投招投标业务等。实践证明，"商务模拟公司"实训教学方式，能够有效地解决中等职业技术学校商科类专业实训场地不足、实训投资有限等实践教学的难题，有助于培养学生的实践能力和增长相关职业能力，充分并有效地利用商务模拟公司培训将对我国的商业职教事业的发展产生重要的影响。

（资料来源：由创业者毕业院校整理提供）

四、创业教育学院——全方位打造创业人才

创业教育作为一个系统工程，需要整合一切资源，必须动员多方力量共同为之努力，在部分高校中专门设立创业教育学院已经成为一种创新模式。

创业教育学院作为组织实施创业教育的"平台"，由学校创业教育领导小组领导，负责全校创业教育的具体组织与实施，一般包括专业教学、认证培训、企业管理、模拟训练、创业孵化、基金管理、宣传教育等多个专项服务内容。

创业教育学院需要坚持在完善素质教育体系中推进创业教育的指导思想，以个性化教育为指向，以多元化质量观为基础，以"制定规则，制造空间，整合资源"为工作方针，以学分制的形式，以教育教学改革为基础，从基础层面（专业教学）和操作层面（创业实践）两方面入手，从广义的创业教育着眼，优化学生学习资源，深化学生创新能力培养，引导、鼓励和支持学生创业实践，培养学生的创业意识、创业精神和创业能力，与学生就业工作接轨，推动学生灵活就业和自主创业。

创业教育学院模式从理论教学来看已经相当全面，教学形式也是丰富多样，对学生的学习主动性和乐趣都有很大的促进作用，它综合了前面几种教育模式的优点，但还缺少市场化和实战环节。

【案例】 浙江万里学院的创业教育学院

2006年6月，浙江万里学院的创业教育学院正式成立。成立仪式上聘请了168名有关部门和行业领导、企事业单位负责人、法律专家、企业家、职业经理人等有关方面专家为学院的创业导师，目前已接近200名，通过他们的言传身教，带动学生的创业热情，传授给学生创业技能，拉近现有创业教育与社会实际的结合度，提高创业教育的水准。

创业教育学院并不具有实体性质，而是一个虚拟的"平台"。推动工作开展的不是庞大的组织架构和人员编制，而是以学校一直以来行之有效的在创业教育上的理论和实践为依

据建立起来的一套机制。该校以从事就业指导工作教师和相关专业教师为主体,以具有丰富实践经验的校外经营管理人员、专家学者和校内的浙江省民营企业家培训基地为依托,以创新创业基金、创新创业中心、大学生创新创业实践基地等为阵地,以创业家论坛、万里创业者联盟、大学生创业训练营等为工作载体。上述因素一起共同努力,推动创业教育的开展。学生在创业教育学院注册并自主参加各种活动,接受多样化教育,从而获得记载性学分,并最终经考核走出创业教育学院。创业教育学院既保证了创业教育工作能够落到实处,名虚而实不虚,又避免了人员编制的膨胀。

目前,创业教育学院正积极制定专门的创业教育课程体系,力推将创业思维融入各学院的专业教学中。通过调整教学计划,改革课程设置,增设选修课程,开办辅修专业,引进国外原版教材,编写特色新教材,选用优质教材等手段落实创业教育理念于教学实践中。

五、高校创业园——白手起家当老板

全国高校在条件允许的情况下正积极建设大学生创业培训和孵化基地,为大学生创业搭建孵化平台。

已有科技创业园区(中心或基地)的高校充分利用现有条件,发挥已有资源作用,使其成为大学生创业孵化基地,没有建立相关设施的高校,也在加快创业孵化基地建设,尽快为大学生自主创业搭建孵化平台。不少高校还积极争取所在地区的中小企业服务中心和各行业协会的支持,为高校毕业生自主创业创造条件。高校通过选拔、推荐具有较强创业愿望和浓厚创业兴趣的大学生进入校级创业培训和孵化基地。为他们提供创业政策解读、创业技能培训、创业项目研究、模拟和真实的创业实践等服务,使大学生尽快掌握创业技能,做好创业准备,成为创业带头人。

大学生创业孵化基地建成后,每年将从大学生创业基地中选拔数名大学生创业带头人进入社会创业孵化基地进行孵化,为其提供政策扶持、项目论证、一站式综合服务,并聘请专家对其创业全过程进行针对性指导等。同时,创业孵化基地为其提供企业发展和办公的条件,提供工作、生活的公益性服务,努力使进入基地的大学生企业成功发展,并成为全国大学生创业的典型。

创业园形式是非常具有挑战性的,所有的理论学习都要经得起实践的考验,对学生来说,入驻创业园创业本身就是一大突破,在创业期内不但体验了创业的艰辛也对知识的掌握有了更明确的方向。但创业园还不完全是在社会上创业,作为企业要考虑人力资源、经营成本、战略决策等诸多问题,学生创业办的企业规模普遍较小,技术含量低,相对社会企业竞争性还远远不够,对社会需求的了解和体验还是有限的。

【案例】 高校相继建立创业中心、创业园、创业街

大学生创业中心:绍兴托普信息职业技术学院

2002年7月,绍兴托普信息职业技术学院在校内建立了"大学生创业中心",出台了《绍兴托普信息职业技术学院关于成立大学生创业中心的若干意见》、《绍兴托普信息职业技术学院学生创业中心管理规定》和《学生创业办事程序》,对学生创业进行指导、规范和管理。

"大学生创业中心"是学院为帮助一些学生实现自己的创业梦想所开辟的。学生只要提供一份详细的创业方案,该方案经学院创业项目评估小组审核认定、帮助完善后,学生所创立的准公司便可入驻其中。不仅享受办公用房免费、水电优惠，还会得到相关专家教师的技术支持。在“大学生创业中心”，学生可以模拟成熟公司运作，对外承接少量业务，为真正走向社会打下基础。截至2006年底，先后有“绍兴菲常视觉广告有限公司”、绍兴冰点视觉传媒有限公司等24家大学生公司经过一定时间的创业孵化“活着”走出了校园。2005年11月25日，《浙江日报》头版显著位置发表了以《大学生就业新门路：自主创业——绍兴托普信息职业技术学院提供“创业孵化”》为标题的文章，对我院学生的创业工作进行了专题报道，在省教育界引起了强烈反响；2006年5月13日，《教育信息报》在《我省大学生创业势头猛》的专题中发表了题为《绍兴托普：创业有个“孵化器”》的文章，进一步肯定了绍兴托普信息职业技术学院的学生创业和创业教育工作。

全真环境下的创业园：浙江商业职业技术学院

浙江商业职业技术学院在坚持“以学生为本、以就业为导向”的办学指导思想下，不断创新人才培养模式，从2005年下半年开始，系统地筹划创业教育活动。通过一年多努力，创业园已初步形成了以项目开发为纽带，以创业素质和创业能力培养为重点，以全真训练为抓手，在省内外具有一定规模和影响的“创业孵化中心”，同时也成为学生半工半读、产教结合的实践性教学基地和素质教育的重要阵地。

具体做法是，划出近1000平方米的孵化场地供学生创业，并配备有企业实际工作经验的教师专门负责此项工作。经过学生申报、家长同意、系审核、学院评估，一年内，已有2批次33个学生创业项目在创业园进行了创业实践，与其他兄弟院校所开展的“模拟环境下”的创业活动明显不同的是，我院学生创业完全在“全真的环境下”进行，即学生必须按照国家工商、税务管理有关规定进行注册登记，所创办企业在经营活动中完全按照市场化运作，依法纳税，优胜劣汰，同时接受政府有关部门的监督管理。其中，首批15家企业已完成半年的阶段性训练任务要求并顺利孵化毕业，第二批18家企业于9月15日入园正在进行创业实践，第三批学生创业项目于2007年3月15日顺利入园。

所批准入园的企业经营范围涉及电子商务和网上交易，市场调查，软件设计与开发，艺术设计和工艺品制作，计算机安装与维修，教材、书刊、服装及小百货经销，数码产品代理等。由于每个创业项目都由3～8个学生组建的团队共同经营，创业团队根据业务的需要又聘用一些学生，因此，每批入园企业实际受到锻炼的学生有1000多人，这就意味着，在学校提供的1000平方米的学生创业园内，每年会有30多家学生企业带动数千名学生参与创业实践，而且这些数字还在不断增加中。

从入园项目经营情况看，由于学院严格把握入园“商业计划关”，因此，33家入园企业基本上都取得了预期的经济收益，无企业亏损。从今年3月创业园开园到12月的七个月内，33个学生创业项目累计实现营业收入140万元，收益达到53万元。学生通过创业，不仅缓解了部分学生的家庭经济压力，更重要的是学生个体创业素质和创业能力得到了明显的提高，个人也变得更加成熟。通过创业学生的影响，一个“想创业、敢创业、会创业”的氛围正在校园内形成，同时，也使校园文化的内涵得到丰富和升华，达到了以点带面的效果。

在全真环境下开展创业实践活动，学生创业企业数量之多、参与和受益学生之众，创业项目成功率之高，这在全国高校中尚不多见。该院大学生创业实践活动引起了社会各方面的关注，全国政协教科文卫体委员考察团、全国人大代表职业教育考察团先后来创业园调研考察，对该院开展全真环境下的创业教育实践表示充分肯定；2006年5月至2006年11月短短的7个月内，该院先后3次受邀参加浙江大学主办的“创业与家族企业成长”国际会议、北京航空航天大学主办的“全国高校创业教育经验交流会”以及中国高教学会主办的“全国创业教育学术研讨会”，向国内外7个国家240多所高校的创业教育专家、学者介绍了我院创业教育活动的开展情况，引起了与会代表的浓厚兴趣和广泛好评。10月16日，来自加蓬、布隆迪、赤道几内亚、贝宁、中非共和国5个非洲国家的教育部官员和大学校长考察团与该院创业学生进行交流后，对该院创业教育所产生的实际效果表示惊讶。省内外主要新闻媒体《中国教育报》、《青年时报》、《钱江晚报》、《浙江电视台》、《浙江电台》、《浙江日报》对该院的创业教育也作了相关报道；浙江省财政厅还拨出300万元专款支持我院创业园二期建设。11月6—9日，以教育部高职高专院校人才培养工作水平评估委员会主任委员杨应崧教授为组长的专家组一行9人对该院创业教育活动进行认真考察后，一致认同该院这一人才培养创新项目，并特别强调：全真环境下的创业教育具有创新意义和推广价值！

大学生创业街：宁波职业技术学院

宁波职业技术学院率先在全省高校中推出“大学生创业街”。宁波职业技术学院创业中心主任王平尧告诉记者，2005年创业街运营，学校进行了2次投标，有80多名创业者报名，最后30多位大学生入驻创业街，开起了各式店铺，包括广告设计公司、照相馆、电脑屋、花卉公司等。这些店铺都是大学生自己出资经营，盈亏自负。

为帮助学生老板们稳步经营，学院还为每位创业者配备了指导老师。指导老师在经营方向、定位、手段乃至进货等方面给同学们出谋划策，以降低风险。每学年，学校还将在创业街的公司中按等级评定公司，对于经营状况极佳的A级公司给予奖励，一般经营的B级公司则继续保留，对于亏损的、经营不善的C级公司校方则会让其退出创业街。店主们毕业离校后，可以将公司迁走，也可以清产核资过户给后来者。

六、市场参与——与社会零距离接触

如果说前面五种模式都比较具有学习性，那么第六种模式更具有挑战性，几乎完全脱离了学校这个“保护伞”，就像平时人们都在游泳池里尽情戏水，而这次就是“下海”遨游了，无论如何也要踩下去试个深浅。

到社会中去实践是创业教育的一大突破，比如在香港多个机构合办了“学校创意营运体验计划”，选出15队来自不同学校的学生，让他们接受有关创业及营业技巧培训后，于7～8月中旬期间，连续4～6个周末在维多利亚公园摆放摊位，售卖自制产品及年轻人用品，一尝创业的滋味。该计划还安排了来自商界和其他界别的导师，在过程中为学生提供意见，加深学生对工作实践的了解和认识，并提高营运技能。通过这样的实习创业机会，可以让学生体验创业的苦与乐，可以使更多的学生脱颖而出，加入到创业者的行列。

浙江省高职院校也采用此种途径，组织学生进行丰富多彩的创业体验。浙江的义乌虽说只一个县级市，但它拥有闻名全球的中国小商品城，是全球最大的小商品超市。据统计，在义经商的来自全国乃至全世界的经营户达十万余户，每位经营户自身的发展过程实际上也是一个艰难的创业过程。义乌市场自身的从无到有，从小规模发展到目前的如此大的规模，本身也是一个创业发展的历程。义乌工商职业技术学院的学生深受义乌整个创业大氛围的熏陶，内心积聚着创业的冲动和激情。以创业为荣，在学生中已成为一种风气，每年有近70%的学生选择在义乌工作，其中又有不少毕业生选择自己创业当老板或工作一段时间后自己创业。

学校动员广大学生利用课余、节假日时间走出校门，积极参加各种形式的勤工助学、社会实践活动，如促销、兼职外贸、销售、家教、青年志愿者等，学生通过这些到市场上真枪实干的实践活动，一方面接触、了解市场，熟悉市场规则；另一方面也积累了一定的市场资源(如客户资源、渠道资源、项目资源等)；同时，也为学生增加了不少收入，减轻了家庭负担。义乌职业技术学院在当地的每年两次的小商品交易会时会安排停课，全部学生参与交易会的活动，让学生真正直接面对市场、感受市场。

参与社会实践的学生感触颇深，说学校虽有很多实践教育基地，但那些模拟场所多少有些程式化，缺少压力，置身市场真正操练就不同了，压力会变成动力，其中的收获是课堂上难以比拟的。在市场上为了生存，同样需要理论的支持，这会促使他们回到学校课堂里更努力地学习。参加社会实践后的学生，学习态度上发生了很大的改变，以前是要他们学，现在是他们自己要求学。

市场参与模式是真正的与社会接轨，但由于市场环境的复杂性和多变性，学校对学生的辅导难度明显大增，对学生的自学能力和开创性有很大的要求，某种程度上有一定的风险性。

【案例】 “义乌制造”大学生为啥能创业

走出校门，他们就是创业者

“学弟学妹们，我提供的奖学金虽然不多，但我希望这能够激励你们，我能行，你们也一定行！”日前，回到母校设立“源野奖学金”的邬奇非对校友说。邬奇非，今年25岁，大学毕业前就读于义乌工商职业技术学院。现在他的身份是“义乌市源野旅游用品有限公司总经理”。而这，距他离开大学校园还不到一年。

在学校，邬奇非就是一个爱“折腾”的学生。从大一开始，他就利用业余时间上街推销牙刷，给人当家教；大二时，到货运代理公司当业务员，在外资公司驻义乌代表处当雇员。大三下学期，他又在学校附近开办“源野”户外运动俱乐部，并注册成立了自己的公司。“除了求学，我把所有业余时间都充分利用了起来。”邬奇非说，在课堂上学到的知识，加上商海实战积累的经验，成了他自主创业的最大资本。

据跟踪调查，在义乌工商职业技术学院毕业生中，学生自主创业的比例达到了11%，其中有8%的学生自己当起了老板。他们被人称为“义乌制造”大学生。“是学校实战性的教育，练就了同学们创业的胆量。”邬奇非说。

身为校领导，常务副院长贾少华见多了热衷创业的学生。但当还是大二学生的应剑俊拿着名片走进院长室，要求承揽学校所有的花卉业务时，他还是吃了一惊。应剑俊读的是市场营销专业，开花店是他大二时作出的决定。之前，应剑俊进行了一个多月的市场调研，对义乌市民的消费倾向、鲜花行业的发展现状及走向进行了论证，并形成了《义乌鲜花行业可行性发展报告》。拿着这份报告，应剑俊向父母借了6.5万元，然后又向朋友筹款，租来房子，并对店面进行简单装潢，开始了他的创业生涯。

让学生“真刀真枪”地练

已是假期，可艺术设计系04级学生王雄峰还在校园里，和同学一起为一个店面的设计装潢忙得不亦乐乎。这是他和同学一起从一家企业承接来的活儿。其实，不仅仅是王雄峰，在艺术设计系的麦奇克工作室、三C工作室、服饰品工作室，都有忙碌的学生。据了解，2007年暑假，义乌工商学院有1300名学生不回家，而是留在学校。

大量学生留校，与学校的积极鼓励有关。每年寒暑假，义乌工商学院都有大量的学生留校，或从事勤工俭学，或到与专业相关的企业打工。据统计，往年暑假，最多时留校学生达到70%以上，在学院毕业学生中，80%以上学生有从事勤工俭学和到企业打工的经历。

记者发现，这里的老师，总是鼓励学生利用时间，到社会、到企业直接从事实战实践。

从2003年开始，学院把每年10月22日至26日（义乌国际小商品博览会召开期间）设为实践周，今年又决定把每年4月底（义乌文化产业博览会期间）也定为全校学生的实践周。就是在课堂教学中，义乌工商学院也千方百计地把实践课引进来。课堂上，老师给学生传授挖掘客户、把握心理等销售技巧。课后，联系厂家拿来产品给学生布置任务，等卖完了向工厂结账等，是学院国际贸易系的做法。工商管理系的市场营销课程，则让学生从市场批来商品，在校园里摆摊兜售；计算机系在课程讲授中让学生在网上开商铺练摊；服装设计专业又让学生经常为义乌服务行业设计工作服，替厂家做床上用品设计辅助图形。

"真刀真枪"实践的结果，使学生增强了市场适应的能力和岗位竞争的能力，让学生自己拥有了市场。

经过市场洗礼，课堂学习更努力

书面考试得满分，走到市场却寸步难行，这样的例子现如今实在太多。但在义乌工商学院，有60%的学生生活费能够自理，有不少学生还能用自己赚来的钱交学费，甚至还寄钱回家补贴家用。全院7000多名学生一年"打工"创收总额可达1000多万元。

对理论知识的学习，学校的要求是"必需、够用"，"而没有参加实践的就不一定能获得学分。"义乌工商学院负责人说。据了解，在义乌工商学院就读学习的学生，是第四批录取的高考考生，大约有55%的学生从职业高中升上来。

目前，义乌工商学院的实践教学占到了学生总学时的40%。校内先后建起了30多个实验实训室，并建有"小商品城会展中心"等校外实践基地40个。学院领导认为，企业为了取得竞争优势，总会购置最先进的设备，引企业进校就为学生提供了很好的实训场所。实训中，学生以正式工人的身份出现，就必须生产出真实的合格产品，产品不合格、达不到标准，必须返工重来。

据了解，近年义乌工商学院毕业生的就业率高达98%，市场营销、国际贸易、实用英语、酒店管理等专业学生的供需比更是达到了1∶9。

（摘自人民网2007年9月）

所以，创业实践是创业教育中一种非常特别的模式，它具有真实性和挑战性，是学生学习和创业的强力针，会刺激学生往正确的、有用的、适合社会发展需要的方向去不断进取。

创业教育是时代的要求，高校要成为创业者成长的摇篮，教育和鼓励学生的创新精神和创业本领，主动适应社会需求，凭着坚韧不拔的意志力，凭着组织才能和协作精神，开创出一片属于自己的天空，证实自我生存的价值。

本章小结

■ 本章关键词：

创业教育，大学生，创业园，创业竞赛

■ 问题思考：

1. 国内外创业教育的现状如何？
2. 创业教育的意义和发展趋势有哪些？

3. 高校在创业教育方面有哪些工作需要开展？

■ 参考文献：

①卢丽华，孙凌波. 发达国家创业教育的新趋势. 职教论坛，2006 年第 1 期.
②杨敏等. 创业教育新模式：基于互联网的创业教育平台. 新课程研究，2007 年.
③金秋萍. 坚持“民、独、优”走高起点特色化办学之路[J]. 中国高等教育，2005 第 17 期.
④杨芳. 革新工作范式——构建创新创业教育新机制[J]. 中国高等教育，2005 年 17 期.
⑤房欲飞. 创业教育——世界高等教育新理念. 上海教育，2004 年第 38 期.

16 创业案例分析

创业，其实就是想做事，想做实事，但不一定是什么惊天动地的事，而是把自己的事做好，一点一滴累积，到一定程度就是大事了。对于年轻人创业，我是鼓励的。我欣赏他们身上那种精神，但是，我更欣赏一个团队合作的精神。成功这个东西，个人的因素，往往不是决定性的。

——苏宁电器董事长 张近东

本章概要

本章介绍了近十年国内外创业者的故事，有成功也有失败，有喜悦也有沉痛，不论如何，前人的经验都是为后人照亮了前进的路途，通过揣摩他们的创业过程，分析其中的奥妙，都将使我们受益匪浅，成功的结果不能复制，但成功的过程值得学习。

第一节　科技创业类

一、马化腾：从“技术小角色”到“.COM 公敌”

淘宝网新推出不到一个月的收费服务“招财进宝”的夭折，引发了马云和马化腾的一番口水大战。

“这一年半以来，我们承受了无数的压力和明枪暗箭”，也许是感慨万千，马云直接将矛头对准了马化腾。“我自己认为挖人很累，互联网同行竞争应该遵守一定的游戏规则，光靠挖人很难做到创新。而现在腾讯拍拍网最大的问题就是没有创新，所有的东西都是抄来的。”

“马化腾是业内有名的抄袭大王，而且他是明目张胆地、公开地抄……”王志东也发出了同样的“指责”。

如果不是因为这两位 IT 界重量级“大佬”的一番“指责”，恐怕很少有人会关心腾讯的业绩，然而 2006 年第一季，腾讯的互联网增值服务收入达到 5430 万美元，同比增长 193%，与网络游戏老大网易的收入 5620 万美元几乎相同。但腾讯的总收入则高达 8030 万美元，同比增长 115%，远远甩开了网易，居中国互联网之冠。

不可否认，在腾讯的发展历程中，确实有着太多的模仿痕迹，从早期的 OICQ

到最新的拍拍网，无一不散发出些许“抄袭”的味道，但当我们在梳理马化腾的成功基因时，却发现腾讯的成功不仅仅是“抄袭”那么简单。

发现互联网的价值

在业界中流传着这样一种说法：在管理一家大企业方面，马化腾可能比不上杨元庆，但如果给他们同样的资金去创业，马化腾会远远胜过杨元庆。

虽然这种说法有偏颇的成分在内，但不可否认的是，马化腾对于市场的敏感度，对同类产品的取优补劣，在中国网络界确实无人能出其右。换句话说，马化腾能够懂得如何把握潮流，知道该从潮流中学什么，并懂得将学到的东西进行怎样的改进。

“马总对事物判断的眼光很独到，很特别！”在今天的腾讯公司，马化腾可以充分享受到来自职员的奉承。但平心而论，和比尔·盖茨等人相比，马化腾并不属于能够被划入天才范围的那类人。

只想做将技术推向市场的小角色

从一开始，年轻的马化腾就和当时大多数软件工程师不同，他并不安心于埋头机房与枯燥的代码打交道，而是非常注重程序的实用性。

1984 年，年仅 13 岁的马化腾跟着追赶经济大潮的父母举家从海南迁到了深圳，作为改革开放的潮头，以计算机配件为代表的电子加工业开始逐步成为深圳工业的主流，这使得青春期的马化腾有机会比同龄人更早地接触到计算机。

当计算机的魔力展现在面前时，中学生马化腾认识到生活中将出现新的主宰，他开始与那些神奇的二进制代码打起了交道。于是接下来的事情就顺理成章，高考时，马化腾想都没想就在志愿表上选择了计算机专业。

求学的四年中，马化腾的“偶像”一直是在 UNIX、C 语言方面的大师级程序员，而在深圳大学内部，马化腾的计算机水准已到了令老师和同学刮目相看的地步，甚至经常为学校计算机维护提供相当不错的解决方案。此时的马化腾就已经表现出了原始的价值意识——技术要转化成生产力，以清除机房机器中的各种病毒为条件来换取上机的时间，甚至为了能有更多的上机时间，常常干些将机器锁住的恶作剧，这一度让学校机房管理员哭笑不得。

1993 年从深大毕业后，马化腾进入了当时业界名气很大的润迅公司，开始做软件工程师，专注于寻呼机软件的开发。由于表现优异，一直做到了开发部主管的位置上。回顾这段时光，对于马化腾而言是真正意义上的黄金时代。

“许多软件技术人员往往对自己的智力非常自信，搞软件只是互相攀比的一种方式，而我则希望自己搞出的东西被更多的人应用，也愿意扮演一个将技术推向市场的小角色。”这段经历使马化腾更加明确了开发软件的意义在于实用，而不是作者的自娱自乐。

从软件到互联网 认识信息的商业价值

很少有人知道在真正的互联网普及之前，有许多网迷已在惠多网（FidoNet，它诞生在 1984 年的美国，非传统意义上的互联网）上早早体会到网络的乐趣，马化腾就是其中之一。

1995 年，在惠多网上挂了半年之后，马化腾就义无反顾地投入了 5 万元，在家里搞了 4 条电话线和 8 台电脑，承担起了惠多网深圳站站长的角色，甚至为此每天忙得不可开交。在接下来的很长一段时间内，深圳“马站”在惠多网上有着极高的人气。回忆起那段生活，马化腾有些自豪，“在网上我才会获得完全的兴奋，至今也没有改变过”。

当时马化腾为何会在网络上花这样一笔不菲的财力以及物力和人力？除去本身的兴趣所在之外，更重要的是马化腾认识到了网络能够带给自己的价值，他也需要对这个新生事物进行尝试和摸索，而这一切还要从当年马化腾的副业炒股票开始。

在1992年以后的几年时间里，股市成为中国经济的热点，尤其在深圳，炒股几乎成为了一项全民“运动”，那是一个“疯狂”的年代。“有一家公司的楼下就是营业厅，在营业厅看盘的时候还是5块钱一股，跑上楼找人买股票时，已经涨到了6块钱，下楼时就变成了7块钱。一个上午账面就多了几十万，吃饭都不知道什么味道，简直是捡钱。”

在这种形势下，仅仅工作了一年多的马化腾也跟随大潮进入了股市。在炒股的同时，马化腾发现有一种安装在计算机上的板卡能通过网络实时显示股票走势，这无疑方便了那些希望在家中就能了解股市实时动态的股民们。

“别人能做，自己为什么不能做?”马化腾和几个朋友一起分析了市场上已有的各种股票板卡优缺点，并模仿相关的产品，开发出了风靡一时的股霸卡，甚至有一段时间在深圳著名的赛格电子市场卖断了货。

有了股霸卡以及平静而有耐心的个性，马化腾两头“开花”，在股市上也如鱼得水，手头很快就有了百万资金，这也为马化腾后来的独立创业打下了基础。而此时，网易的丁磊正流落广州街头，还在抱怨“人生就像一盒手榴弹”。

赚到了钱的同时，马化腾却一直在思考一个问题——信息的价值将逐渐被人们所认识，也将成为一种重要的生产力要素，但如何将它转化成实在的商品价值?

“要相信自己写的东西可以卖钱。”实用软件概念培养了马化腾敏锐的软件市场感觉，但通过开发能够联网显示即时信息的股霸卡，马化腾认识到了信息的价值，也使得自己将目光开始转向互联网。

创业只是为了将兴趣和职业结合

马化腾最初的创业想法其实并不复杂，和许多成功人士的最初想法一样——“探索、提升自己的价值”。当时，马化腾手中已经有了上百万的原始积累，已经不再需要为生计而奔波，可以使自己把精力和爱好更有目的地转移到自己更热爱的行业上。

马化腾热爱互联网，但当时润迅开发部主管的职位却与自己对于互联网的兴趣发生了冲突。

作为开发主管，因为市场的需求，公司要求马化腾的大部分精力和时间必须放在寻呼业务上，而对于马化腾提出关于互联网方面的相关开发，由于当时寻呼业的火爆形势，使得润迅并没有重视。

由于职业不能与自己的兴趣关联，作为中国最早的一批网民，已经深刻认识到互联网价值的马化腾开始有了离开润迅自主创业的想法，但惟一让马化腾感到担心的就是做互联网软件是否有前途。

“丁磊后来的成功为我带来了启发，只要去做，在互联网上没有什么事情是不可能的。”1998年2月，由于资金紧张，在丁磊将耗时7个月写出的网易免费邮箱系统及163.net域名以119万元的价格卖给了位于广州的飞华网之后，对于摇摆不定的马化腾而言，中国互联网未来的走向无疑开始变得清晰起来：网络必然会成为今后的一种潮流。从现在看来，马化腾当时的决定尽管有着一定的风险性，但无疑是明智的——随着手机的兴起，寻呼业务迅速地走向了衰落。

1998年底，27岁的马化腾与大学同学张志东一同创办了腾讯，开始研发无线网络寻呼系统。这套系统最主要的功能是让用户可以不必拨打长途电话，而直接通过互联网将信息发送到寻呼机上。实际上，在创建腾讯之初，马化腾对公司未来的发展方向并不是非常明晰，“只是感觉可以在寻呼与网络两大资源中找到空间”，所有的判断是来自自己5年来的网龄和职业经验。

（摘自中国财经信息网 http://cfinet.cn）

【思考】

1. 该案例的行业背景是怎样的？
2. 请你为该公司的营销策略进行归纳。
3. 马化腾创业过程中遇到的困难主要有哪些？
4. 马化腾关于创业融资做了哪些工作？

二、李郁丰——从小我变大我

孤独、寂寞、对抗、怨恨，贫穷、被低估、不得志化为一种力量。这力量燃烧着人内心里浓浓的斗志，激发出人无穷的智慧，激励人走出困境，走向成功。

李郁丰是浙江富阳人，出生于1970年。他小学留级一年，小学升初中因为0.5分差点没被录取。考上高中感觉很意外。

1989年7月，20岁的李郁丰高考落榜，回到四周环山的小山村。一个长满青春痘、吃了近十年霉干菜的干瘦青年用自行车驮着读书时的生活和学习用品，沿着三十多公里的蜿蜒山路回到家。

被从教——校长请我当老师

家乡的农村小学没有老师来上课，村中小孩每天到村口去等盼。大概是乡里实在派不出老师，校长就托人请赋闲在家的李郁丰去做一名代课教师，教授冠形塔小学四五年级复式班。20岁的李郁丰拿起教鞭站到黑板前成为一名代课老师，月收入70元。

大量的代课老师一边务农，一边教书。通过师范自学考试获得文凭经教育局批准成为有编制的老师，再也不会被替岗，工资待遇提升到代课教师的五倍以上。李郁丰选择参加自学考试取得师范文凭，希望转正为有正式编制的老师。

中等师范自学考试共有11门功课，李郁丰拿着微薄的工资报考了全部功课。身边有的老师不理解，觉得是浪费钱，也有的人表示鼓励。这次报考，展示了李郁丰爱搏、敢搏的性格。

没有课本就借书、抄书。李郁丰安排了学习计划，像一个斗士，沉浸在奋斗的喜悦中。抄书是一件非常辛苦的事，在两个星期中，他抄了三本书，常常抄读到深夜——一张爷爷传下来的书桌、一个25瓦的灯泡、一张竹凳子、一只茶杯、一壶开水、一个又一个挑灯夜读的晚上。在县城参加自考后，报考10门科目一次性通过8门，在乡里创下了纪录。

第二学期李郁丰将教室迁入到了自己家的新房子。新房子坐落在山脚下，在村的外围显得比较安静。教室墙上贴着毛笔写的“天将降大任于斯人也，必将劳其筋骨，饿其体肤……”“好好学习，天天向上”、教室设置了“荡秋千”的麻绳——李郁丰沉浸在当一名优秀教师的梦想中。这一学期的期末考试，四年级和五年级的平均成绩排到乡里的第三和第四名，受到校长的点名表扬。但是在下一学年分配工作的问题上，校长却让他"回家等通知"。被委婉的拒绝后，一种无法描述的感觉涌遍全身——黑暗、痛苦、弱小、愤怒、要哭——愤然离开中心小学。失去工作的李郁丰选择和妈妈一样，做一名织被面的挡车工。

当了几个月挡车工以后，李郁丰又被安排去当代课老师。

1992 年 6 月，老师又当不成了。

谋生养猪场，决意学中医

为了谋生，1992 年夏，李郁丰到义乌——姐夫的表哥开办的养猪场帮助建设猪房，做泥水小工——继而成了一个喂猪的人，负责一百多头猪的吃喝拉撒。白日与猪为伴，夜晚与无边的黑夜共枕——孤独、寂寞、痛苦，甚至对人生的绝望。晚餐后他常常看着水面，独坐水库旁——半知识分子，农村不再接受，城市像一座城堡无法进入，他成了农村和城市都不接受的缝隙中的人物。

虽然现实如此，但他总是面挂微笑，露出两个令人喜爱的酒窝。

养猪场工作期间，他认识了在浙江中医学院读书的何永生，何永生告诉了他一个令人振奋的消息——浙江中医学院计划招收部分自费生。1992 年的 10 月份，李郁丰踏进了位于杭州庆春门的浙江中医学院，成为一名自费求学的学生。

学医的机会有了，钱从哪里来——四年的学费和生活费。养猪场赚取 400 多元、骑自行车借到 200 元、妈妈悄悄递给 1000 元——1600 元交学费。开学后的每一天，李郁丰都在想着怎么赚钱。

一天，他偶尔走进了学校旁的职业介绍中心，看到墙上贴着招聘信息，他盘算着寒假介绍老乡来找工作，赚介绍费。

开学临近，他带着 12 位农村青年到达杭州，住进学校旁的旅馆。面试过程中，老乡的要求高、本事低是他没想到的——计划介绍成功 10 人赚取 200 元的谋划以失败告终。

第二学期，在妈妈和二姐的资助下解决了学费。想要钱、寻找钱成为他学习之外的重中之重。

在宿舍楼下卖粽子，解决了很长一段时间的生活问题。与室友到义乌批发节日卡片，和大家分了一些钱。

赚钱，再赚钱。

寻找贵人，创业成为医生

在一次中医方剂课上，坐在后排的李郁丰突然眼睛一亮——让老师帮助我。

他悄悄坐到第一排，眼光与老师开始互动、口袋里备了一包略好于老师日常抽的香烟、不时地请教一二个问题、时机成熟时登门拜访——他得到了老师的认可和帮助，这位老师名字叫史一谦，中医方剂学副教授。

在史老师的帮助下，李郁丰以进修的名义进入杭州市中医院学习，在杭州市中医院学习一年半，重点学习肛肠专科，西医内科和针灸推拿科，初步具备成为一名医生的技能。

富阳中医院医教处长与学校范副院长和史老师是同班同学，李郁丰请两位老师帮助推荐、写推荐信，拜访处长，获得了在后周村中医分院独立开设专科的机会——独立核算、开设风湿病专科。第一个月收益 2500 元，那年他父亲 62 岁，从老家赶来给他烧饭当家。

行医期间，李郁丰为一位半身不遂、经济窘迫的患者提供上门服务，针灸、推拿、输液——连续42天。患者家人送来了锦旗，富阳日报登出了“这样的医生值得表扬”的文章，父亲笑了。

为了强化技能，李郁丰到当地人民医院偷学，在急诊室观望、与值班医生交流。交流期间，成功利用针灸内关和足三里穴，止住一位四十多岁男子的严重打嗝，获赠200元治疗费。

参加成人高考，考取富阳电大英语专业，梦想带外国徒弟，收培训费；参加浙江中医学院中医针灸专业的函授学习——梦想成真的一年，李郁丰期望做一名好医生。

不料，中医院和后周村产生矛盾，李郁丰失去了靠山，医院翻倍提高房租。与新民卫生院富阳门诊部合作不久遭遇卫生局发布红头文件阻隔，不得已迁到卫生院。常常在凌晨独自骑着自行车、背着药箱到村上卫生所和友人家里就诊，赚点儿生活费。

这一年李郁丰28岁，一贫如洗。

新创业，开始营销员生活

高考失败、创业开设风湿病专科失败，28岁在走投无路时李郁丰来到杭州。在朋友的引荐下，进入杭州天利鸟计算机公司工作，从事供水营业管理软件的营销。

1997年4月的一个下午，骑着一辆旧自行车，带着一只收放机和学医时盖着的棉被，李郁丰住进了杭州城西康乐新村的出租房。

第一次出差去四川的路上，他后来的合作伙伴——一个聪明、精神的同事侃侃而谈——他的过去和现在，公司的过去和现在，未来的美好理想。第一次聆听一个年龄相近的人畅谈梦想，感觉他的天空是那么的高，那么的晴空万里，也庆幸自己加入他们的公司，也点燃了李郁丰压抑已久的追求成功的欲望火焰，感觉自己不是打工而是共创一份阳光灿烂的事业。

从此，李郁丰的营销生涯真正开始了——西至四川重庆、中至湖南、南至广东深圳、东至福建、北至山东和黑龙江，每月二十多天穿行于不同省份、城市水司，常与人说“我天天在不同的城市睡觉”。

营销生活走过千山万水，经过千辛万苦，进一步锤炼了李郁丰成长为优秀的营销员——经历了第一次坐飞机，石狮被敲诈、广州生病、龙岗被偷、宜宾路抢劫。

收获了营销的成功果实如乐山水司成功、内江水司成功、马尾成功、三明成功、平潭成功等等。

找到适合自己天赋和个性的事业是成功的开始。营销中李郁丰享受到自由和快乐，在营销大舞台上得到锤炼、提升和发挥——从一贫如洗到有所积蓄。

如何成为一名优秀的营销人员呢？

营销是一项围绕客户展开的一系列销售工作，以达到产品或服务项目被客户购买，从而实现交易获得现金，因此它是一项实战性很强的工作，需要寻找客户、联系客户、告之客户、拜访客户，建立、巩固关系，签订合同，产品或服务项目实施，收回货款，售后跟踪服务等等，在一些人看来只是跑跑腿没有技术含量的低级工作，其实它是一项对人极具挑战的艰难工作。

如果感觉自己的性格适合此业，自己从内心喜欢且能坚持下来，那么一定会成为优秀的营销人员，成为拥有丰富财富的人，成为更有魅力的人。但要成就优秀也绝非易事，需要在社会上，客户中不断地实践和历练。

要有方法地历练，李郁丰总结四个字：“技、行、思、慧。”“技”即技能，“行”即行动，“思”

即思考，“慧”即智慧。“技”就是学习和训练公司产品知识的详细讲解与基本营销技巧，“行”就是拿好产品和资料，背起行囊去寻找客户、接近客户、销售产品、换回现金，更重要的是在行动中检验自己的性格习惯，思维和工作方法，思指导行，行促进思。在营销实践上要思考自己的工作方法是否有效？营销思路是否要修正？工作生活习惯是否要调整？性格是否要改变与修养。思考、分析、判断客户是否真有需求？购买的条件是否成熟？若要营销成功，前面的拦路虎还有谁？还需要对他怎样开展一些有效的工作？客户相关人员的性格需要和自己的关系程度怎样？如何来发挥客户内部人员关系推进工作，实现营销成功？怎样来应用成功的客户影响其他待开发客户。“慧”就是人生观，营销员常年奔波各地，身处异乡的陌生环境，孤独寂寞甚至渺茫失落、无助之感常袭心头。树立智慧人生，善于创造生活，丰富生活来消除消极情绪。同时对于客户也是，人与人之间根本上是心与心的交往，也就是人生观的交往，树立智慧也就赋予了自己内心强大的力量。常常说做好事先需要学会做人，慧就是学会做人，懂得他人，理解人生和人生意义。

李郁丰说，健康才能幸福，学习才能聪慧，诚信才能发展，宽容才能善良，行动才能结果，合作才能成功，感恩才能积德，勤俭才能致富，明确目标才有方向，善结人缘才有力量。

再创业，成立公司

伙伴和朋友钱炳炯向李郁丰提出，能否自己创建一家公司。1999 年，山科电子在汽轮大厦十楼成立，租了 50 个平方，5 张办公桌椅，销售水表数据采集器。创始人钱炳炯、李郁丰、王雪洲。

2000 年，山科供水智能远程抄表系统产品问世。第一年收入 97 万。当第一笔 1 万元现金收到的时候，李郁丰激动地打电话给钱炳炯：钱总，我们赚到一万了。

2001 年，山科电子成为杭州高新区高新技术企业。2003 年创立山科智能公司。2007 年，武汉山科成立。东北、西安、合肥山科相继成立。2008 年，山可能源成立，开展节能服务，面向学校、政府、医院。2012 年，组建北京分公司，业务涉及建筑节能、高校医院节能、政府节能、企业节能、供热节能、供气节能。同年开始与浙江树人大学签订校企合作协议，开启校企合作。2012 年 3 月，杭州山科电子公司董事会决定要积极推进公司上市目标。

山科电子 13 年创业历程，产值突破一个亿。同时期，中国能活过十年的企业只占千分之一。

未来，山可公司正锁定节能产业，立志成为中国数字化节能监控管理平台整体解决方案的专业提供商。对于成功，李郁丰的解读是股东产权明晰，他和他的团队非常勤奋、非常想赚钱、非常会想象、非常能策划、非常爱沟通。李郁丰的事业目标是成为一名优秀成功的企业家，为政府多纳税为社会多解决就业；为弱势人多提供帮助，从小我演变为大我的人。

【思考】

1. 从李郁丰的创业经历看，你认为成功创业者应具备哪些特质？
2. 根据案例，谈谈你对创业过程中市场机会、商业模式等方面的认识。
3. 大学生想取得创业成功在大学学习期间应该有些什么准备？
4. 你对李郁丰提出的成功信条如何理解，结合自身情况谈谈有哪些差距。
5. 李郁丰的成功之路有哪些特点值得你学习？

三、高燃：霸蛮的“80后”创业者

热衷研究政治、历史，一向对IT及财经“狂讨厌”的高燃——2003年毕业后曾“鬼使神差”地成为一名财经记者。2004年吸收风险投资创办MYSEE直播网，任总裁。2005年10月MYSEE直播网获得美国顶级风险投资公司巨额风险投资，高燃成为国内最年轻、最活跃的青年创业企业家之一。

他说财经、IT的东西，“在一些政治家的眼中，都是细枝末节的”，而他目前所从事的事业恰恰代表着IT技术发展的最前沿。在高燃身上总能看到一些截然对立的东西。“我觉得自己很多东西与常人不一样，包括目标，所以不一定要跟常人做一样的事情。”

高燃的桌上摆着一摞毛泽东的著作，从刚识字时就开始读毛泽东，并把毛泽东作为今生追随的偶像，高燃觉得可以把毛泽东建设新中国理解为一种创业，而毛泽东的一些经验完全可以移植到自己的创业历程中去。“在战略上我可能比较擅长，战术上差一点”，高燃笑着说。

办公室周围每开设一家新餐馆，高燃总是第一时间跑去品尝，他说喜欢做“第一个吃螃蟹”的人。在P2P流媒体领域的神奇创业经历，让他有足够的底气预测宽频时代将引发一场革命，同时流媒体技术在行业中的运用将日趋明显地成为主流业务，其中就包括远程教育。他期待着远程教育领域第一个尝鲜的人早日出现。

寻找远教“第一个吃螃蟹”者

因家境原因，高燃1998年中专毕业后，在东莞樟木头的一家厂里打工。半年后，他考上清华大学时，村里乡亲激动地评论：“高燃将来肯定能当中央委员！”在那个小山村里人们都以为读了清华就能“当大官”。

25岁的高燃，并没有如乡亲们期望的那样走上仕途，但他却开启了另一片天空。作为P2P(点对点)流媒体企业的典型代表，mysee成功地直播了连战、宋楚瑜大陆行和“发现号”发射及返回。在新浪、搜狐、网易这三家门户网站关于“神六”的新闻大战中，mysee稳坐一隅，为新浪和网易同时提供P2P流媒体直播服务。mysee开创了中国互联网大规模视频直播的先河，而北京高维视讯科技有限公司(www.mysee.com)的总裁就是高燃，他被媒体称为“中国最年轻最活跃的青年创业企业家”之一。为此，今天的媒体才拿他与柳传志级的人物相提并论。

软银总裁孙正义曾预言：如果未来几年有一家网络公司能够超越google，那么这家公司必定出现在P2P的网络视频直播领域。目前，P2P技术被业界一致看好，认为其将改变互联网整体传输结构与传输模式，将激发出更加丰富、更具互动性的内容或信息形式，同时也将衍生出无穷的商业机会。而通过网络看视频节目，就是最典型的P2P模式。

高燃在与一些网络教育机构接触后感觉到，尽管中国网络教育已发展了七年，但远程教学中多是文字、图片的形式，作为高科技手段的视频还少有补充进去，即使一些网院有视频内容也多体现在非实时的点播上。“传统的课堂可能是最好的课程，为什么我们不能做成像传统课堂一样？主要还是技术条件达不到。”高燃认为如果远教行业引入P2P技术后，很可能向实时教育转变，技术成本将至少降低到原来的1/10。“宽带将引发远程教育的革命”，“宽带与窄带的区别，就如同电视台与报纸的区别，我相信宽带的市场会以10倍左右的速度增长，到2010年以前一定会有市值超过100亿的宽带互联网公司出现”。同时mysee也在商业模式的探讨中，逐渐意识到行业中更有可能出现主流的应用，以及可以做大的商业模式。而远程教育是其中最重要的一块，尽管mysee的这一部分业务目前还不到5%，“将来希望能达到20%”，高燃表示。谈起对教育行业的看法，高燃觉得主要是教育行业对新技术接受起来不如IT行业敏感，“如果有一个人勇敢地站出来‘吃螃蟹’，这个市场很快就会成长起来”，而mysee目前正在寻找步伐坚定的合作者。

希望比同龄人成长得更快

在上岛咖啡店，高燃对面的同学兴奋地告诉他：“我的答辩过了。”高燃一时无语，“感觉真的是两个世界的人了”。高燃心气很高，但并不认为他比自己那些大学同学更成功。他的同学中有几十亿规模房地产公司的老总，也有每年利润几十个亿的创业者，高燃说：“他们其实比我更成功。如果说我现在还算有了一点点成功，就是因为我希望比同龄人成长得更快。我有一个大的理想，我自己知道该做哪些事情，会去做一些准备、知识上的准备，人脉的准备，包括财富上的准备。”

高燃谈及自己的个性时，喜欢用“霸蛮”一词，也许担心记者误以为是霸气、蛮横之意，立即解释说：“我们湖南人都明白这个词其中的含义，主要是一种执著和勇气。”也许正是这种精神让高燃总能得到上帝的垂青、命运的恩宠。毕业近四年，创业仅三年，已获得海外1000万美元以上的风险投资；在清华科技园拥有900平方米的办公区、100多人的团队，与google、sohu等知名企业毗邻。这一切对一个20出头的年轻人来说，总觉得有些不真实。然而发生在高燃身上就显得很是顺理成章，“高燃是个有心人”，一些前辈如此评价他。

大学时代高燃就非常活跃，第一年加入的社团就达17个，并创办清华大学国际问题研究协会；获得过清华大学皮划艇冠军、攀岩冠军的称号。组织过多次演讲、论坛；为积累人脉，他经常与一些邀请过的政府官员、专家、企业家保持联系，“大学四年每个节假日别人都出去玩儿了，我都会拿出名片、拿出电话本，给他们打电话，问候他们。也许一次两次他们没有印象，但是时间久了大家就记住我了”。

大学毕业后的记者职业，更为高燃近距离接触企业家提供了机会，当雅虎创始人杨致远出现在公众面前时，多数记者都在想着如何做一篇漂亮的报道，怎样起一个炫目的标题，高燃却在电梯里将一份不是很成熟的商业计划书递给了杨致远。当得知远东集团蒋锡培在吉林长春出席团中央组织的会议时，高燃“不知天高地厚，初生牛犊不怕虎”的劲儿又上来了，随即站了一夜火车，第二天凌晨到了长春，双手递上他的电子商务计划书。远东集团董事会经过激烈的讨论，最终在高燃软硬兼施的策略下，蒋锡培给了高燃100万。蒋锡培拍拍高燃的肩膀说：“我知道这个项目很有风险，但你这个人没有风险。”这句话让高燃终身难忘。而就在投资商资金到位那一天，高燃突然宣布，因电子商务计划的风险性，不做了，改做增值服务，因此他的公司从成立第一天起就没做过电子商务。在经过几个月彩信、博客业务的探索、折腾后，高燃最终找到了适合自身发展的业务——P2P流媒体技术。

在高燃的桌上，摆放着《媒体活动实战报告》、《东西论剑：东西方传媒大亨的对话》等书籍，他对媒体非常感兴趣，总觉得自己还是媒体人，将来可能还会回到这个群体。“也许有一天我会离开IT这个圈子，创业的圈子，我会高兴地来高兴地走。”“希望做默多克那样的整合者。”高燃淡淡地说。

（摘自《中国远程教育》2006年第6期）

【思考】

1. 高燃的哪些个性因素造就了他的初次创业就获得成功?

2. 从高燃身上如何看待大学生所学专业与创业之间的关系?

3. 如何认识大学里能力的培养与所学知识之间的关系?

4. 如何寻找新的创业方向?

5. 如何认识、评估人际关系与社会资源在创业活动中的作用?

第二节　生产制造类

一、翁浙敏:输配电设备制造业的探索者

中国儒家育人经典——《大学》中有一章"诚意",其中两次提到"慎独"。晚清能臣曾国藩说:"慎独则心安"。翁浙敏从"慎独"体会到了"人品",从"人品"体会到了"产品"。带着"产品"从输配电设备制造领域的"必然王国"走向了"自由王国"。

一、长命的质量

稳重、坚持而又热情、创新的翁浙敏,带领浙宝进军高低压成套、高低压断路器、低压三箱型产品三个产业,涉足电力安装服务业。品牌产品广泛应用于电厂、变电站、大型工矿企业。2005年,公司进入中国机械工业500强,2011年加入国家智能电网委员会。

廿年回首,翁浙敏带领着他的团队,以长命的质量,实践着企业的长征路。

在追逐财富的路上,让翁浙敏第一次跌倒的是因为产品质量问题,让浙宝稳健发展的也首推质量保证。1983年春天,曾在波浪滔天的大海里捕鱼的渔民翁浙敏初涉商海时接到一笔电器生意——利润3500元,这笔钱当年几乎能造一座两间两层楼房。但是客户在接到产品后退货了,原因是质量不行。价格可以商量,质量不能商量——客户说。这个跟头跌得不轻。

1989年,翁浙敏离开乐清到省城杭州创业。后来成立杭州电器开关厂,专业生产高低压成套开关设备。为保证产品质量,元器件进货首选中国机电设备总公司上海华东一级站。1998年企业建立ISO9001体系,并逐步把"质量、环境、计量、标准化、职业健康"整合为一体化。从日本引进数控设备,生产过程实现数控化。2005年导入ERP管理系统。

"质量",对于做实业的翁浙敏来说特别敏感。

2002年的一天,翁浙敏到装配车间检查,发现一批已经安装调试好的SIKUS柜,侧封板喷漆颜色与柜体存在差异。

翁浙敏随手操起一把螺丝刀,在整批开关柜侧封板上重重地划上叉。

意思很明白——全部返工。朴实的工人不理解:不就是一点颜色的差别么?可对翁浙敏来说,质量上的细点微瑕都是了不得的大事。

质量管理人员很内疚。从"侧封板质量门"开始,"长命的质量"理念得到广泛认同。

质量,是产品的质量,是企业的质量,也是人的质量,企业的质量同时需要产品和人来

体现。

二、把浙宝制造演绎成浙宝创造

“成功的企业，必须要在刚开始，解决拳头产品的问题，也就是说，在竞争中，研发出自己的独到产品，才能脱颖而出。”翁浙敏从企业创办以来，一直把自主研发作为技术创新的主要形式，创新，是企业不断发展的动力。

从2003年开始，研发投入开始占销售额4%以上，以后逐年递增。作为行业龙头企业，2006年浙宝集团初步具备完整的产业链结构，拥有5个现代化专业输配电设备生产基地，电力安装、产业投资、现代电力服务、电力设计4个业务领域。十二五期间，浙宝电气将产业链整合成为产业投资、电气成套、电器开关3个事业部。

2007年以来，浙宝获得国家专利20多项。2008年，自主研发的ZBF－12气体绝缘共箱式环网柜通过国家试验，多项指标国际领先。研发这个新产品，翁浙敏投了1000多万元，花了2年时间。“技术性能方面，转移电流达到2200A，国内领先，国际先进”，被认定为国内重大装备领域首台套产品。作为箱式变电站全国联合设计副组长单位，参加6个国家标准和行业标准的制定。2011年研发中心晋级为省级中心。

优化资产、调整结构、提升产业，翁浙敏规划了建筑面积57000平方米的总部科技工业园，定位为高新技术产业园区。入驻30家以上高新企业，进行产业互动，形成配套产业群。2014年，浙宝大厦竣工投入使用。

从传统行业起家，翁浙敏和他的企业却随着时代的步伐，在创新的道路上越走越远。产品更新速度越来越快，生命周期越来越短。产品研发一旦在哪一个环节上止步了，就会被赶超。创新，是没有回头路可走的。

技术创新的背后也负载着无数汗水与泪水。“我们的新产品集中了很多国际品牌的优势，研发过程很艰辛，是垫着无数次失败成功的”。拿着获得国家科技部产业资金资助的快速真空旁路保护断路器的新产品试验报告，看着发明专利证书，翁浙敏正思考着下一步的新产品推广之路……

三、经营浙宝人

“产品就是人品，做企业真的得先会做人”，翁浙敏这样想也这样做，坚持自己的信念和原则，而这种坚持也让他日后的发展受益匪浅。“在碰到困难的时候，出于对人品和产品的信任，很多人会愿意伸出手来帮你。”翁浙敏说。余杭原来有个客户，得知他缺乏技术人员，毫不犹豫就派了技术员，甚至连自己的儿子都派过来帮他。这让翁浙敏一直记到现在，也让他对自己的信念和原则更坚定不移，同时这也成了浙宝电气的“生命”。

如今的浙宝公司把这些经营感悟发展成了企业文化，崇尚做产品就是做人的理念，坚持产品来自人品，“以人为本，立德为先”。

让年轻的优秀员工担当重要职位、通过资本联系员工与企业——翁浙敏认为企业文化需要塑造和提升，需要通过教育培训来强化。10多名中高级管理人员选送到浙江大学、西安交通大学、浙江工商大学进修，攻读硕士学位和EMBA学位。2005年，浙江大学EMBA案例基地在浙宝电气（杭州）集团有限公司挂牌。2006年，新加坡管理大学把浙宝作为中国企业调研基地。2007年开始，华中科技大学多名客座教授在浙宝开设经营与创新专题讲座。2008年“第一批杭州市大学生实训基地和第一批大学生实习基地”在浙宝创建。2013

年浙宝和浙江树人大学通过“营销虚拟班”开创校企合作新模式，受到社会各界的广泛关注。浙宝被誉为“输配电设备行业人才的摇篮”。

（摘自《长风破浪正当时——杭州市政协委员创新创业风采录（第一辑）》，杭州出版社，2013 年）

【思考】

1. 翁浙敏的创业成功对大学生创业有什么启示？创业是否主要以赢利为目的？哪些是影响创业成败的重要因素？

2. 企业文化包括什么内容？它对创业起到什么作用？

3. 技术创新是否会影响企业的经济效益？如何处理矛盾关系？

4. 大学生没有技术能否走科技创业之路？如何实现？

二、兰老太：我有一个梦想

我姓兰，今年虚岁 62 岁，你一定很奇怪我和我家老伴为什么选择在这时候去创建一个企业。先给你说说我自己吧。我是一个《红楼梦》迷，从小迷恋“林黛玉”，也因自己神似黛玉，老被人称作她。“两弯似蹙非蹙罥烟眉，一双似喜非喜含情目。态生两靥之愁，娇袭一身之病。”这些描写黛玉柔美病态的气质的诗句我背得可熟了。

我知道做林黛玉并不好，老和自己过不去。就像我现在一样，其实人这辈子能在阳光下，坐在小院的椅子上，品一杯茶翻一本书，进入这种生活状态，财富、名誉、地位等就会变得黯然失色了。这种风轻云淡的生活其实触手可及，只要我放弃创业。

但我不想，我想改变自己，我要学学王熙凤的泼辣和果断，去尝试一下，哪怕到最后无路可走。这是我的梦想，所以我一定要去做，不管自己年纪多大了。

人活着为了什么？

人活着为什么？这是我一直在问自己的问题。后来我告诉自己，就是在有生之年一定要做一份事业。

呵呵，可能是因为我骨子里流着父亲的血液，他是个地道的商人，曾经创建过一个老杭州家喻户晓的糕点牌子“任裕昌”。他意志坚强，为人真诚豁达，很讲信誉。我从小就立志要当像父亲那样优秀的商人。这个“志向”一直放在我心里。

作为一个女人，年轻时都在为儿子和丈夫而活，为这个家而活，根本没为自己活过。熬到现在，儿子长大了，丈夫退休了，我是到了该为自己活的时候了。

做什么事业呢？

这个问题对我来说不难，当然和丈夫一起开创保健品事业。我在医药系统工作多年，而大我 4 岁的丈夫是南京大学生化专业的高才生，是国内最早从事保健食品开发的专家，策划并创建了中国最早的保健食品研究所。

20 世纪 80 年代，他负责研发的“中国花粉口服液”因功效显著，被列入国家首批星火项目，在 1986—1988 年中销售近亿元，成为全国畅销的保健品。

但一个人过于受瞩目也不是好事儿。因为生产公司欠研究所里技术转让费，不少人误认为这笔钱被他独吞了，非要查他的账。其实丈夫是个老实人，为企业研发的新产品名是有的，但利是挂不上边儿的，只是他一门心思搞科研，不懂人情世故，从不与人争辩和沟通，这样自然就得不到人家信任。你说人在社会上生存，不结一个人脉，这路怎么好走？

我那时就鼓励丈夫辞职，自己研发自己搞生产，不受制于人。但他没有那么大的魄力。哎，其实国家改革开放那几年，不少民营企业叫他入股合作开发保健品，他就是怕事不敢去，白白错过了很多创业机会。

如果失败了，怎么办？怎么办？

丈夫退休后在我的鼓舞下，终于下决心了。

1999年，我们倾其所有在高新区搞了蓝康生物技术开发研究所，专门开发新产品，并成功开发了四种产品：牡蛎钙片、王浆含片、速溶王浆与王浆伴侣，美人凤双美片。

产品开发出来而自己没有生产和销售渠道。如果转让又很难转个好价钱。我当然不甘心这样，于是我们成立了自己的公司。

虽然野心勃勃，但要成立公司谈何容易，那需要一笔巨款啊！开研究所已耗尽了我们的积蓄，我们到哪找钱去？

2003年初，机会来了。高新开发区有个领导说有个资金实力雄厚的老板想与我们合作，我们出技术他出资金。然未曾料到，当我千辛万苦找好厂房，注册好公司，那老板却因资金被套而放弃合作。

那真是当头一棒。那天，我把自己关在房间里，静静地望着天花板发呆。怎么办呢？单干！而凑集资金只能找贷款这条路了。拿什么作抵押？我们惟一的固定资产——房子。

2003年4月份，我和丈夫以及大学毕业的儿子不惜背水一战，将房子抵押贷款，并向亲戚朋友借款集齐300万元成立了杭州蓝康生物科技有限公司。

你知道么？拿着房产证出门贷款的那一刻，我转身看看自己养老的房子，心中有点感伤。如果创业失败，房子被银行收去咋办呢？儿子还没娶媳妇呢！我们两老住哪儿？后来这些问题时常缠绕着我，令我好生迷茫。

重回知青年代的生活

创业这个事想想兴奋，做起来可真不是一件容易的事儿。其中坎坷一言难尽，光在厂房和GMP认证上就折腾了我们半条命。

最早时厂房在袁浦镇，和一个保健品营销公司合租的。当初那营销公司老板之所以同意以实惠的价格将厂房租给我，其实是看中了丈夫有技术能力。厂房租赁期间丈夫要给他的公司提供技术支持，而他负责给我们产品打销路。

人心难测，这老板后来拿了我们的技术，“给我们产品打销路”的承诺却没有兑现。

知识分子就是单纯，容易被蒙，要等到吃亏后才如梦初醒。因为不想与这样不守信用的人合租下去，2004年夏天我们搬走了。

那个火热的夏天啊，我们顶着烈日奔波在给公司“安家”的路上，没有车，交通工具只能靠公交和两条腿。记得有一次我走在一家厂区的门口，眼前一黑啥也看不见了，半个多小时才缓过神来，回家后就发烧嘴唇起泡，一星期后才有点人样！

付出总有回报。一个月后我们终于在桐庐上洋洲经济开发区找着了一家外贸公司闲置的厂房。搬家、装修、添置设备、建立了片剂生产线……我们像蚂蚁搬家一样一点点地垒好了自己的窝。

外贸厂房为了形象，是不允许住人的。那个夏天，我们从桐庐到杭州两点一线奔波。从西站坐快客到桐庐，再坐公交车到厂里，很不方便。而在桐庐住旅馆，没有空调的小旅馆也要 30 元至 50 元，太浪费了。最后，在无奈之余，我们在厂附近租了一个 10 平方米的农民房，就两条凳子上搁一块木板的床，加一个煤气灶，好像又回到了年轻时下乡的时光。房间是朝西的，白天被太阳烤得火辣辣的，再加上蚊子咬，简直惨不忍睹。

你可能会说，这么恶劣的环境干吗不装个空调？我们哪有钱啊。后来儿子建议把家里的空调拆过来放到租住房用，可仓库里也没有空调啊，仓库里不保持恒温，产品变质怎么办？最后还是把空调装到仓库里去了。

那一天，我们摸了一遍又一遍 GMP 证书

接着我们开始了艰难的 GMP 认证旅途。因为没有通过国家保健品行业 GMP 认证，产品就不能公开销售。这就意味着企业永远只有投入没有利润。

GMP 认证是什么？即“优良制造标准”，是国家对保健品企业实行的强制性标准。国家对 GMP 认证的要求极为严格，要求企业从原料、人员、设施设备、生产过程、包装运输、质量控制等 140 多个方面按国家有关法规达到卫生质量要求。为了能通过这个认证，我们整整准备了一年半时间。重新装修厂房、添置设备、招聘人员、进北京报批、改良产品……这些准备不仅需要心力上的付出，更需要财力上的付出。

钱，创业时才知道它真能卡住事业的咽喉。为了省钱，我们充当工人，可以一天工作 10 多个小时。尤其是丈夫，作为一名教授，还和那些年轻的工人一样干活，一个人顶几个人用；为了省钱，我们两个老人扛着产品箱挤公交车去农科院进行辐照灭菌；为了省钱，我们自己去石桥进干燥剂，有时丈夫抬到家附近，我推着自行车去接……为了省钱，在良山门等深夜路过装有钙片原料的大货车，在寒风中在暴雨中等待那是常事，拿到了钙片原料，两个人用自行车吭哧吭哧推回家……

为了省钱……唉，我有点不争气，眼泪控制不住了……2006 年 10 月，GMP 认证成功，拿到证书那天，我们一遍一遍地抚摸着那本证书，久久舍不得放下。我们的产品能公开销售了！

这一次，我绝不放弃

现在我要攻克产品销售。进商场或超市要收高额的进场费，产品还没知名度，哪个销售商愿意代销呢？会得到消费者的信任么？……

不想那么多，还是先在市区设立销售点。你看，市区这么三间简单的办公室每月租金也得花三千多，加上员工工资、厂房租金、生产原料以及研究经费什么的，一年周转资金至少也要四五十万元。经过我们的努力，产品经上海、杭州等地几万个消费者服用，由于保健作用明显，市场反响不错。

只是产品销售不多，资金无法回笼。员工的薪水也动用了我们的退休工资。更为难的是，工人吵着买保险，要加工资、添福利，生产原料要去采购……一大堆要用资金解决的事情摆在我这个老太太面前。

可困难算什么呢？我以前在杭州农药厂剧毒车间工作过 7 年，在那里我的眼睛中毒了三次，险些失明。我还不都忍耐下来了？

四年来，房子抵押四次。每到山穷水尽，只好借钱。你知道我自尊心极强，向别人开口借钱真需要很大的勇气。幸运的是，在创业的路上遇到很多好人。有个 80 多岁的老太太和我萍水相逢，在我发不出员工工资的时候借给我好几万应急，而且不让我写借条，真让我感动。

贷款借款、还贷还款、再借再贷……日子也就这么磕磕碰碰过来了。即使日子再苦我也要坚持，人是逼出来的么，绝处也能逢生。

我不会后退的，好歹都走到现在了，公司有年产1～2亿片片剂类保健食品的生产能力，又有保健食品GMP认证。坚持走下去，有朝一日说不定也能做成我梦想的像青春宝、养生堂那样的保健品大企业呢！

当然，我也有自知之明，知道留给我拼搏的时间已非常有限。我那充满阳光的青春已伴随着祖国的"大炼钢铁"、"三年自然灾害"、"文化大革命"……一去不复返了，但夕阳是最美的。我很喜欢佟铁鑫演唱的那首"最美不过夕阳红"。每听这首歌，我都会沉浸在一种恬美的意境里：尘世的喧嚣远了，人世的纷争远了，所有人生的不幸都消失了，唯有眼前这幅美丽的夕阳画面凝固住所有幸福的瞬间在我眼前晃悠、晃悠……

总之，这一次，我绝对不会放过这个能实现梦想的机会。

（摘自每日商报，2007年6月22日）

【思考】

1. 我的梦想是什么？
2. 创业有年龄限制吗？我可以创业吗？
3. 创业经验应当怎样去积累？
4. 一个人的生活情趣对创业有什么影响？
5. 兰老太的执著对年轻人的创业有何启发？

第三节　商业流通类

一、迈克尔·戴尔："量体裁衣"卖电脑

1984年，戴尔既不懂技术，也没有雄厚的资本，更缺少阅历和经验，19岁的他只是个学生物的大学一年级学生。如今戴尔公司打败了惠普、IBM，成为世界上最大的个人电脑公司。2000年《财富》将戴尔评为世界上40岁以下最富有的富翁，这位1999年才34岁的亿万富翁身价已值214亿美元。那么这位赚钱天才赚钱的秘密武器是什么？为什么在日渐利薄的电脑行业，戴尔能够一路凯歌？

"我们的重点是在发展我们的重点。我们在存储器、服务器方面有11%的市场份额，我们有最好的生意模式，我们在这方面能有一个好的结果。"

戴尔所谓"最好的生意模式"指的是戴尔式的直销模式，他说："我们的核心竞争力是直销，我们的管理风格也是直销。"

直销，成为戴尔公司优于竞争对手的惟一解释。但戴尔所说的直销不是人们通常意义上所认为的直销。戴尔说："人们只把目光盯在戴尔公司的直销模式上，其实直销只不过是最后阶段的一种手段，你要掌握好直销的本领，首先就要完全理解直销的含义，然后能很好

地对其加以应用。我们真正努力的方向是追求'零库存运行模式'和为客户'量体裁衣'定做电脑。由于我们是按订单和客户的要求定做电脑，使我们的库存一年可周转15次。相比之下，其他竞争对手，其周转次数还不到戴尔公司的一半。"

"在戴尔公司发展的15年中，戴尔推动公司集中做的只是两项重要工作：通过一整套为客户度身订做的综合软件、硬件的流程使戴尔公司及其客户降低了成本；通过个性化，使戴尔公司可以为客户提供更高层次的服务。"

"通过戴尔直线订购模式，与那些通过缓慢的间接渠道的公司相比，戴尔公司以更快速度完成了最新相关技术的应用，而戴尔公司的6天存货制使其比其他竞争对手保持了低成本，再加上按客户意愿来做电脑，使戴尔公司的发展既有速度，也很有利润。"

戴尔独特的优势则在于他对计算机市场上的直销模式的独特理解。这使得戴尔公司能有着非常独特的一套管理整个价值链的完整流程，即从零部件到供应商直接到最终用户，戴尔始终控制着中间的每一个环节。

戴尔公司的直销模式现已在全世界所有的关键市场上开始铺开，"以前大家都说我们直线订购是不灵的，但我们去哪儿都灵，我们有大量的事实能证明。"

"去年以前，很多竞争对手包括康柏公司在内都开始转向直销模式，但模仿我们的那些公司并没有做得很好，也没能阻止我们的增长。这有点像从打垒球转向打篮球一样，虽然它们都是体育项目，但这两个是完全不同的项目。那些公司从一个系统转到另一个系统，是非常困难的，因为它们的销售原来都依赖于间接渠道，那些公司要走的路还很长。如果一个客户想通过直销买产品的话，会找戴尔来。因为戴尔有着15年的直销经验，并且我们首先创造了直线订购的业务模式。同时，我们会不断把自己的业务提高到新水平，而不是停滞不前。比如说我们使用互联网来降低我们的成本，并把销售服务放到网络上，我们每个星期的网上销售额是3000万美元。我们的对手正面临着两难的处境，但是他们不能解决这个两难问题。"

"如果我们看一下世界前5大个人电脑公司，其中至少有3家公司处于亏损，或者基本上处于收支平衡的状况。其中的一个公司即戴尔公司是赢利的。我们的成本结构是我们主要竞争对手的一半，因此我们业务运转的系统不一样，并且我们增长的速度比市场增长的速度要快到3至4倍。"

在管理上，"我平日很随和，但看到员工总是犯同样错误时，我就会忍不住发火。我愿意重用并愿意提拔那些愿意自己找事做，而不是等在那里让人告诉他该怎么去做事情的人。我喜欢那些热情、爱不断学习、对工作充满兴趣、善于自我挑战的人。我也非常重用那些不仅自己能得到发展、同时也能发展其他员工的人，这是我们公司的一个重要的话题。"

"除了在物质上善待员工外，要把员工潜能发挥出来。为此，你就要创造出允许员工成功的一个环境，并给他们提供不断成功的工具，让他们不断学习、成长、犯错误，并关心他们的兴奋点是什么。"

有记者问戴尔："在运作公司的整个过程中，对您来说什么是最有价值的？"戴尔脱口说出一个词：Client（客户）。在戴尔公司的墙壁上挂着一幅戴尔的照片。有人在他头上画了一顶帽子，照片下方潦草地写有一行字："迈克尔要你去赢得客户"。

"按照客户的要求去做"，是戴尔公司的信条，这为戴尔创立了电脑行业中与客户之间的最紧密，也是最令人羡慕的关系。为了明确这一点，1998年戴尔已将15%的资金和利润分成与改善服务挂钩。衡量成功的标准是装运期限、初次安装高度以及修理人员在24小时之内抵达客户所在地点。

"戴尔公司的业务基础是基于直线订购这一业务模式之上的，我们直接把计算机销给客户，不管这一客户是政府机构还是大企业，也不管是普通个人消费还是小企业。这让我们会以更快的速度，把最新的技术提供给我们的客户，使我们能提供更高水准的服务，并获得更高水平的回报。"

（摘自郑雅心:《死去活来——我与世界级企业巨头的对话》，北京大学出版社，2000年版）

【思考】

1. 戴尔及其公司为什么能在强手林立的电脑行业中脱颖而出？戴尔的成功经验最主要的体现在哪里？
2. 团队精神在戴尔的事业中发挥了哪些作用？
3. 请查阅相关资料，了解戴尔的成长经历对他取得成功有何帮助？
4. 戴尔公司的直销模式是否适合中国企业？

二、小陈:休学创业失败 到底输在哪里?

[背景]

即使被拘押在看守所里，22岁的小陈也不改往日的老成镇定。这个南京邮电大学数理学院的休学学生，南京"唐电"电器销售公司"董事局主席"兼"总裁"，好整以暇地坐在南京市玄武区看守所提审室里，面对记者，举重若轻地抛出一句："没什么好吃惊的，一切皆有可能。"

在自己创办的企业"唐电"电器销售公司在南京仙林大学城开业开张大喜后仅仅11天，7月6日，小陈被南京市后宰门派出所的民警拘捕。8月5日，检察院正式批捕。其罪名涉及诈骗和非法集资。

2005年12月，时为南京邮电大学大二学生的小陈曾召开新闻发布会，宣布自主创办电器销售企业，并向外界公布了他宏伟而大胆的商业计划：年销售额4000万元；3年超过南京本地电器销售龙头"苏宁"；5年上市，年销售额达到8亿元。他说，他要做"苏宁"的掘墓人。在仅仅半年的时间里，小陈经历了什么？他的创业之梦刚刚开头，却为什么以一场梦魇般的方式结束？

从休学宣布打造"商业帝国"，到店铺开门而又关门，不过是短短半年多的时间。小陈在拘留所里仍然认为：自己如果不因诈骗被拘，一定能把唐电做好。事实上，在他被拘之前，唐电公司就已入不敷出，靠向大学生借钱度日。据内部人讲，公司账上也就几百元钱，而他欠外面的钱可能以几十万元乃至百万元计。那么，小陈创业到底输在哪里？

半年多来，记者一直跟踪追访这位大学生创业"明星"，早对他的创业模式捏着一把汗。

第一，小陈输在眼高手低。去年年底，小陈首次面对记者描绘宏伟蓝图：5年内，要让"唐电电器"成为上市公司；年销售总额要达到8亿元，占有南京仙林大学城80%的市场份额，并将业务拓展到餐饮、娱乐、电子商务等领域。眼高手低几乎是年轻人的通病，但小陈的"眼高"高得让人感觉有些过头。

第二，小陈输在认为创业就是融资。小陈动不动就要融资几百万元，毫无责任心。融资一定要控制好风险，要根据自己的项目和还债能力量力而行。为什么他开业是"做给媒体看"的？为什么一分钱还没有赚到就要捐5000元给南京民政事业？为什么三番五次追问记者他的创业事迹何时见报？这很像现在社会上的一种人，凭空吹出一个商业泡沫，然后四处融资，用新债来还旧债，当商业泡沫无法再吹下去时，骗局才会被揭穿。

第三，小陈输在定位错误。他根据南京仙林地区有12万名大学生，手机、笔记本电脑和数码产品的年市场份额达3.6亿元，推断出如果有18%的学生选择到他的店里购买，他就会占有6400万元的市场份额，凭着这个理想化的数据，他就要打造商业帝国，他不知道大学生们的想法是"如果买高端电子产品，到那些大店、名店更放心"。

第四，小陈输在傍名人抬高身价。"我最近跟严主席去上海了""严主席昨晚来电话了""严主席说给融资担保""创业失败有太平洋(集团)垫底""大不了到太平洋弄个副总干干"……一段时间里，小陈一口一个太平洋。严介和对此的说法是，那是"小孩瞎说"，而小陈到最后都坚信太平洋会帮他融资担保。

第五，小陈输在享乐先行。他在南京仙林某别墅区包租了一栋别墅供休息和办公，在外面长租一辆小车代步，还没赚到钱就大手大脚地享受。

不客气地说，这次创业，小陈肯定失败了。但如果能总结教训，从跌倒的地方站起来，踏踏实实，勤学苦干，他就没有失败。因为，小陈还年轻，未来的路还很长。

(摘自1798国际贸易网 http://www.1798.cn)

【思考】

1. 从创业产品、市场、团队三要素谈谈你对小陈失败的看法与分析。
2. 谈谈小陈的案例对大学生创业的教训与启示。
3. 失败是由各种原因造成的，你认为小陈失败的根本原因在哪里？
4. 如何看待创业梦想与创业实干之间的关系？

第四节　创意服务类

一、陈幸福：想做中国的迪斯尼

陈幸福是谁？它是一只手工布偶猫。它的设计师，是一个1980年出生的年轻人，他几乎每天都在跟人解释：我不叫陈幸福，我叫张啸吟。事实上，"陈幸福"是一个偶然想到的名字，跟"张富贵"没什么两样，够土够顺，幸福表达一种祝福，而加上个姓氏，使玩偶更人性化一些。

2004年，大连轻工业学院服装设计专业毕业的张啸吟从某著名服装公司企划部辞职，带着简单的行李和1200块钱来到北京，开始了自找的"北漂"生活。他做过地下通道的流浪歌手，在后海酒吧刷过杯子，还曾经去某服装公司跑了三个月的市场。一切都是为了生存而打转。这年冬天，他的第一只布偶猫在酒吧诞生。现在看来，这只玩偶的设计并不完美，做工也很粗糙。那时候谁都无法预料，这只布艺玩偶会在以后的日子里带来怎样的故事。

一次，张啸吟把自己设计的布偶照片发到某设计论坛"显摆"，结果很多网友回帖询问在哪里能买到。意识到有人喜欢这种古怪、非主流的“东东”，张啸吟开始批量地手工制作自己设计的玩具，然后通过邮购方式贩卖。在摸索中“幸福玩具车间”开始系统经营和管理，团队人员从最开始的一个人逐渐增加。

张啸吟喜欢猫，在北京的孤独日子，一直有猫陪伴，一起艰苦，一起快乐。所以最初的“陈幸福”就是一只既有中国传统特色又有世界味道的猫型布艺玩偶。后来，他和伙伴以猫为原型设想出很多系列，包括草图和真实样品，慢慢拥有了一个庞大的玩具家族。在“陈幸福”的网站上，你可以看到各个系列的“陈幸福”，此外还有一系列幸福主题招贴画和派生产品。

公司成立后，张啸吟到广州、深圳、上海等地参加一系列的玩具展会，在没有展位的情况下，很多人对“陈幸福”产生浓厚的兴趣。在现场很多人买了“陈幸福”玩偶，撕掉包装袋，抱在身上就走了。令张啸吟惊讶的是，买主有十几岁的少年也有三十多岁的中年人。展会过后，张啸吟不仅收获了信心，摸清了玩具市场和发展方向，还萌发了强烈的责任感。“HELLO KITTY”、“加菲猫”、“哆拉A梦”等国外知名品牌耳熟能详，但是在中国找不到自己的玩偶品牌。他打消了原先玩偶批发的构想，要凸显设计，把“陈幸福”打造成中国品牌！

没有文化底蕴的产品不可能做得久远。要做中国品牌必须要加入中国元素。意识到这一点，张啸吟将“花棉布”、“红五星”、“纯红色”等中国元素融入设计，而“陈幸福”的海报、LOGO和插画故事都极具中国特色。

下定决心走品牌路线的张啸吟还将“陈幸福”的售价从每只50元左右，提高到180元左右。这让一些喜欢“陈幸福”的买主难以接受。“180元只能买一个HELLO KITTY的钥匙链，‘陈幸福’的价格只能算是中低档。”张啸吟坦言，这是一个调整适应的过程，“陈幸福”的目标受众是有一定设计感觉的小资人群。

张啸吟将“陈幸福”定义为幸福的载体，是具有设计感觉的玩偶，是供摆放的软雕塑，是传达情谊的礼品。面对市场上出现的盗版“陈幸福”，张啸吟从最初的气愤、无奈，渐渐平和下来。真正想通过“陈幸福”传情达意的人不会选择盗版的。而不断更新的设计速度，使张啸吟和伙伴们对抗盗版的底气越来越足。

采访中，他一再向记者介绍“陈幸福”玩具设计团队：张啸吟和阿路负责制作样品、生产、市场推广，郑恬负责网站建设，党月（玩具设计师）和李丹（插画设计师）负责平面和造型设计，还有其他几位兼职设计师。大家分工很明确，互相欣赏，彼此鼓励。买设备、进面料，忙忙碌碌也开开心心。“我一个人的话，不可能坚持到今天。”

该不该批量化生产？这个问题曾让张啸吟非常为难。作为设计师，当然希望设计出最具个性的“惟一”的玩偶，很多朋友喜欢“陈幸福”也是认定它的独一无二。然而作为经营者，一只一只地做，如何生存呢？

现在“陈幸福”除了猫型玩偶，还有红心兔子系列等。“今年兔子的销量更好。”张啸吟的心情有点复杂。他承认身为设计师和经营者，很多时候，设计不得不向市场“妥协”。从最初看起来神秘诡异的猫，到可爱的兔子和即将推出的熊系列、猪系列，从设计到面料，到包装，添加了大量的商业元素。“可能会越来越没个性，但为了迎合市场，早晚得走到这一步。”明年“陈幸福”还打算推出系列服饰和动漫产品。

（摘自新浪网科技时代 http://tech.sina.com.cn）

【思考】

1. 基于“陈幸福”案例,谈谈你对创业产品因素与产品定位的认识。

2. 基于“陈幸福”案例,谈谈你对产业市场营销策略的看法与认识。

二、小俞:从少年老板再到打工者

小俞是一个痴迷《大话西游》,喜欢朱德庸、几米、皮卡丘的杭州小伙子,就是这样一个看起来亲和、文质彬彬的大男孩,大学三年级时就创办了自己的广告公司,公司开业12天就迎来了第一笔生意。此后,他更成了新华社、人民网、《浙江日报》等多家媒体争相报道的创业榜样。如今,“为了能爬不同的山”,小俞毅然辞职,开始了新的创业历程。

创业第二月营业额突破60万

小俞在学校时,有各种光鲜的名号,他是浙江大学文学社的副主席,是最具规模的学术社团的会长,是学生会主席。在这些社会活动中,年轻的小俞无形中掌握了很好的学校资源与政府资源,在各种社会活动中,掌握了将来从商的诸多要素。

在学校期间,小俞和一个朋友遇到一个承办杭州质量技术监督局论坛的机会,“短短几天,我们最后数口袋里赚的钱,居然有40多万元”,这让俞伟林首次感到了创业的兴奋。

2002年10月,小俞创办了以商业会展与广告运营为主的公司,即杭州汇融投资管理咨询有限公司。那时的每一个日夜,他带领他的团队探索运营模式、探索业务方向。公司成立的第12天,他就拥有了第一个广告客户,宁波一家生产整体厨房的企业;公司成立的第二个月,营业额突破60万元。公司成立半年,公司成为浙江卫视多个频道的主要广告代理公司之一,在个别品牌栏目中,一度占据30%以上的份额;公司参与开发、代理销售的人力资源管理软件取得了不错的销售业绩……“在大学生创业过程中,最难能可贵的就是将激情与理性完美结合起来”,小俞总结。在这期间,深圳华为无意成了俞伟林的“导师”,他学习华为,给公司制定了《杭州汇融投资管理咨询有限公司基本法》,系统地提出了对企业、对事业、对梦想的理解,并提出要引进新的创业团队成员,跨越“熟人管理”,缔造以“合伙人制度”为基础的公司治理结构。

要做有尊严的企业

创业一年后,公司出现了不和谐的声音。新的项目投资迟迟未能获得通过,即使仅仅是个别人的反对,最终往往有强大的执行阻力;公司的管理费用开始上升,各种招待费用、公关费用似乎开始失去控制;市场拓展的力度,特别是对市场营销队伍的管理渐渐松懈。

小俞觉察到了这种变化,他提出三点建议:第一,与公司一直在合作的电视台保持密切关系,以杭州西湖博览会为契机,策划主题性的信息广告业务;第二,主张创办一份DM杂志,打造自己的广告平台;第三,决策权相对集中,决策权和执行权分离。然而,一石激起千层浪。部分创业伙伴在得知小俞提议个别股东不再担任董事后,威胁要撤走资金,当时,他真正感受到了创业的艰辛。

而就在此时,几个公司主要股东的经营理念也不同程度地出现了分歧。公司最原始的三名创业伙伴单独注册《中国制造》杂志,公司越来越背离小俞创办专业化企业的初衷。小俞打包向深圳某企业出售了《中国制造》后,毅然决定保留公司股份,辞去总经理职务,前往上海。

创办企业上了“瘾”

现在的小俞在上海某大型地产、海运投资集团公司任职，先后担任地产公司前期主管、集团公司总裁秘书，现在又全面负责集团的广告媒体业务，主持新闻中心的工作。对于从少年老板再到打工者的转变，小俞又怀念又坚决。小俞表示，“人一旦创业，就像上了‘瘾’，再也挥之不去。我要用辞职后的三年，系统思考自己今后的定位，现在已经过了一年半了。”说着，小俞露出了淡淡的微笑。我们期待着看到一个继续在创业途中攀登的小俞。

（摘自中国食品科技网 http://www.tech-food.com）

【思考】

1. 从小俞的成败分析应该如何组建创业团队？
2. 在创业成功路上如何保持激情与理性的平衡？
3. 在选择创业合作伙伴的时候应注意哪些问题？
4. 面对创业过程中出现的危机问题，应采取哪些措施？

三、戴志康：极客少侠

戴志康，1981 年生，黑龙江人。2000 年考上哈尔滨某大学，2001 年创业，康盛世纪 CEO。

抽中南海香烟、吃大食堂，穿件高中时代的、显得又小又旧的运动服，头发时常蓬松而翘起。也许只有看到他坐上那辆银灰色的宝马，在办公室里用灼人的眼光打量下属，或者跟 VC 大佬对坐谈判的时候，你才发现戴志康不是个郁闷的小青年。

他 19 岁以前在家中自学，翌年进大学，20 岁从学校出走。随后三年独居僻室，潜心打磨技术。22 岁还是穷孩子，23 岁成了百万富翁。但这点财富并没有成为 24 岁的负累，是年告别孤身，到北京寻找创业伙伴。这一刻起，他要从技术天才变身为商人，从偏执狂着陆为管理者。明年 26 岁，他可能会是一个百人规模公司的掌门。如果有这一天，他将脱胎换骨。

在三年内迅速积累起财富还是小事，可怕在于他的颠覆性思维和与其年龄极不相称的老练。现在，戴志康又在做一场大冒险：产品完全免费，要花很长时间甚至好几年去实践一个前所未有的，还仅仅存在于头脑中的新业务模式。“我本来就什么都不是、什么都没有，最次的结果也就是再一次什么都不是、什么都没有。不过……”小戴同志转了转锐利的眼睛、压低了招牌式的调侃嗓音：“这种可能性非常小。”

“像我这样的生存不下去”

三次纪律处分，15 门考试没过，这是戴志康大学 4 年的成绩单。不过，在得到这些“奖励”的后三年中，戴志康倒很充实。相反，从 2000 年秋天到次年夏天的一年级，是最窒息的日子。因为一种“幻想”破灭了。

2000 年之前，戴志康一直在大庆。外公和父母都是大庆石油学院的老师，由着他使性子，只要不是错事，就不惜代价支持。他酷爱计算机，家里支持他自学。1996 年连续发表了 15 篇文章，每篇都针对一个计算机问题，几千块钱稿费是他第一份收入。那时候天天钻研到深夜，不由长叹挣钱真不容易。2000 年报考了哈尔滨某大学的通信专业，戴志康想，自己精通计算机,如果再把通信搞熟,毕业后一定是抢手的人才。

郁闷!在戴志康那里,老师应该有人格魅力,比如雷厉风行、眼界宽广。学校里遇到的老师,说话做事总是慢腾腾,在黑板上写几个字要花两三分钟,字还没写完,下面已经开始说话聊天了。戴志康觉得这样的效率不能使自己获益,“浪费我的时间”。

戴志康把同学分成两类,一类是书呆子,好好上课,考研读博;一类就天天打网络游戏,没日没夜,打到疯狂。他跟这两类都没共同语言。戴志康喜欢自学,对考试的东西不感兴趣。偶尔也打网络游戏,但打过之后有自责感,就戒了。他想做点实在的东西出来,比如用于聊天的社区软件,一直在学校里找能一起做的搭档。从一进校门开始,找了一年,找不到。

那年学校里举办创业大赛,戴志康看见的“都是些八股文似的材料”,最后连“一帮纯属为比赛而创业、毫无创业素质的人”都获了奖,他只能感叹。戴志康曾要求以自己设计的软件为凭,申请免修几门课程,得到的答复却是要把软件著作权归到学校名下。学校拿考多少分、参加多少活动为标准考核学生,在老师眼里,上课不专心的戴志康跟那些天天玩游戏的人没有区别。戴志康觉得,“像我这样的人是生存不下去的”。

就在戴志康出生前的几年,哈佛大学的本科生盖茨中途休学,创办了微软。戴志康 3 岁那年,另一个辍学创业的美国男孩创立了戴尔。十多年后,20 岁的中国青年戴志康也在大学第二学年开学之后“跑路”了。2001 年 9 月,戴志康搬出了学校,在外面找到一间月租 300 块的房子,开始了每天 15 小时的工作,倒腾自己的想法。这是一段“过街老鼠”般的生活:一间危房、地板踩着嘎吱响,塑料纸代替了楼道里的玻璃窗,哈尔滨冬天的刺骨寒气天天往里灌;整栋楼最勤快的活物也就一只野猫,常常把半夜回家的他吓得半死。这三年,旷课,不参加考试,缺席学校大会,“非典”时期不回宿舍,学校没少给警告和处分。

但戴志康还是抓住了一根救命稻草。当年盖茨为操作系统而着迷,戴尔在宿舍里装配电脑,而戴志康的救命稻草是网络社区。互联网是他当时连通外界的惟一通道,社区里有在学校找不到的、遍及天南海北的“聊得来的朋友”,很快便“芝麻开门”。

创业成本 800 块

戴志康一度只抱着一个单纯想法:做出好东西证明自己,找到一份好工作。但如果按部就班地混张大学文凭,那就是“菜鸟”,月薪 1500 元。到 2003 年末,一个老板给他 30 万年薪,这已经大大超出他当初的设想了。不过戴志康几乎想都没想就拒绝了,他尝到了给自己打工的甜头。谁叫互联网这么神奇呢?

从 2001 年秋天开始,每个月 800 块的花销持续了好几年。300 块租房子,200 块吃饭,剩下的就是上网和打电话,再加上自己整天闷头开发,这是开启一个事业所需要的全部成本。那时候互联网火起来了,戴志康通过互联网认识外面的世界,他对把陌生人联系在一起的网络社区有了兴趣。他想开发一套能自动生成社区的软件,让即使不懂技术的人也能管理,如果有人在自己设计的社区里聊天和认识朋友,是一件“特有成就感的事”。软件设计好了,取一个名字叫“Discuz!”,就挂在网上,免费给人用。

2002 年,一个香港人发 Email 给戴志康说:你的软件挺好,但要进一步定制,你干不干。本来是找香港一家公司做,说好一个月做出来,付 5000 块,结果做到一半人都跑了。但戴志康告诉他,一周就能做完,收你 2000 块好了。结果第五天就交货了,香港人觉得挺神奇,一高兴就多给了 1000 块。2002 年秋天,戴志康去邮局取回了香港人汇来的 3000 块人民币,这是他第一份打工收入。“立刻存起来,用来生蛋。”最令戴志康高兴的是,香港人说:“发现你们大陆人是最聪明的，香港人才懒。”

钱来得挺容易！那就把产品再做好一点，从2002年底开始收费！不过，软件原本免费，现在改成收费，不但没人买，还招来网上一阵痛骂。论坛上、社区里出现很多帖子，说戴志康是个骗子，他的软件就是垃圾、狗屎。

戴志康横下一条心：“你买、我搞，你不买、我照样搞，照样收费。”起初收500块，没人买，就改收1000块，还没人买，就改成2000块！直到今天戴志康也不太明白当时为什么那么做，反正咱是正经八百做事的，谁怕谁啊！

真是稀奇，转机在2003年7月出现，开始有人零零散散地来买。10月，戴志康推出新版本，加入新的功能和技术，容纳能力是对手产品的好几倍，那些模版体系和数据结构到今天都成了别人学习这种语言的必修技术。结果从此以后，Discuz！进入高速轨道，销售平均每个月增加30%。2003年收入几万，2004年几十万，2005年几百万，抛开饭钱、房租、上网费，一大半都是利润。

一直到2004年，Discuz！的所有事情，开发、销售、支持、运营，都是戴志康一个人。常常是一边接电话一边写代码，没花过一分钱的所谓“推广费用”，更别说打折和促销之类的花哨了。因为第一个人买了之后，就到处说好，第二个人听着去买了，跟着说好，这就传开了。在网上发帖子比到大街上贴海报简单得多也快得多，而且对于一个互联网产品，潜在客户肯定都在网上，这就是所谓的“零成本”营销。

2003年戴志康来过一次北京。当时一个朋友出资跟他合伙，朋友的思路是要搞渠道，像传统软件那样铺货。可在外面跑了一天又一天，效果不仅没有成效，反而在这上面花费很大精力后，产品就没工夫研发了。没两个月戴志康就刹了车，又只身回到哈尔滨，从此对口碑营销矢志不渝。后来在2004年再次来北京扩张，戴志康仍延续专注于产品的思路。直到今天手下有20来号人，非技术人员只有两个。几乎没有推广，所有客户都是找上门来。

2005年，Discuz！成为社区软件领域的老大。“既然成了老大，就要有老大的样子”，12月，戴志康把每个月能带来几十万收入的这款产品免费，转而从为客户提供服务当中获取收入。戴志康盘算着，卖软件能赚的钱总是有限的，就像水龙头，卖一个就用三年，而提供服务的收入是无穷无尽的，就像水龙头里流出来的水。

极客老板

戴志康保持着猫一般的机敏。

随便溜一张网页，只要眼角扫到个陌生的应用，就一定把它弄明白。看什么东西都特别慢，只要眼生，就先把这个东西想明白。去朋友公司，人家怎么跟员工谈话，内容和目的是什么，在一旁用心听；谈话效果怎么样，隔几天打电话去追着问。有员工最近态度不好，要找他来谈；谈之前想好，到底是针对他的性格、价值观，还是物质利益去谈，谈的过程中注意其表现，眼睛一眨、嘴角一动，就知道对方内心怎样活动。这样活得累，大部分时间都在想别人是怎么想的。但积聚多了，点就连成面，在平常的生活和工作中随时用到。

蔑视技巧。戴志康不看好的一种方式，就是看起来很聪明却有话不好好说，非要绕来绕去曲线救国。他说这时常是最傻的做法，因为技巧都没用，就是让别人更费力，浪费大家的时间。最原始最简单的才最有效。戴志康喜欢跟自己相似的人，对不喜欢的做法，他会当面说出来：“我不喜欢。”

决断。23岁那年，要买辆车的念头一天早上突然冒出来，第三天，就把车开回了家。24

岁打算换辆车,第四天,他开着银灰色的宝马上路了。后来在海淀置办了一套大房子,看房子可比看车复杂,可从有这个念想到拿到钥匙,不过10天。2005年1月,他第一次把闷在心里、思前想后近半年的决定告诉手下:“我决定产品完全免费,你们讨论怎样执行吧。”

决断需要威信做后盾。“我比较独断和固执,说完了就要执行,所以威信极为重要。”新员工,一定要让他先认同自己。大多员工是搞技术的,要在技术上树立威信。戴志康是社区软件方面的“一流高手”,一旦发现员工有不懂,就马上从头到尾讲一遍,从不吝啬把最好的想法、最先进的技术告诉他们。他清楚以后搞管理的时间会越来越多,如果很长时间不搞技术,就会落伍;落伍了,以前的那些经验就没有什么可骄傲的。所以就趁还没有太落伍的时候把所有东西告诉大家,既树立了威信,也传承了经验。

机器是死的,人是活的,人总可以把机器搞定。戴志康说,技术上没有他搞不定的。难的是与人沟通,如何花更多精力去培养、提高员工。最痛苦的是招人,要大规模扩张,人是第一位的。以前是出不起好价钱,现在是出得起好价钱,找好的人还是要费大量的时间。戴志康现在成天都在招人。从公开招聘渠道里来的都不理想,还得从认识的群体里去淘。“相马”是个费时费力的活儿,见了十个也不见得碰上一个。

管理和财务上的,随时碰到问题随时学习,去网上搜,或者买书看。什么样的问题都遇到过,招聘的技巧、赏罚的技巧,怎么开会,怎么树立威信,怎么建立制度,怎么使制度执行下去。要应付不同性格的人,有些人喜欢激励,有些喜欢成就感,有些喜欢生活上保障,有些喜欢教给点技能。现在员工也不多,都是经过筛选和磨合过的,有共同价值观,有天然的凝聚力。

戴志康有时候觉得自己快累死了,但他绝不在员工面前表现出来。他眼里,执著是最重要的创业素质,执著是贯穿始终的原动力。执著可不是为了一个明显看得到的希望而奋斗,而是“为了一个一直都看不到前途的事情干上三年”。

网络产业孕育了中国两位首富,丁磊和陈天桥。

但戴志康对这个产业有一种反对的态度。大学时候看着不少同学沉溺其中,2005年回了一趟哈尔滨,当年同宿舍的有两个同学竟然因此未能毕业,还花掉了大部分的生活费用。戴志康担心,他们连挣扎的欲望都失掉了。

他感谢父母,从小培养自己独立思考的能力。那些陷入网游不能自拔的年轻人就是因为以前没有自主性,没有自己的思考和见解,一碰上诱惑就被死死黏住。戴志康看来,正因为这个缺乏免疫力的阶层,网游才得以爆炸性增长,但随着他们免疫力的提高,增长会逐渐回归到一个合理范围之内。而戴志康认准的,是那些能够积极改变人们的沟通和生活方式的网络服务,比如社区,他相信互联网的革命意义,并竭力在其中寻找一个位置,哪怕仅仅是一个小小的角落。

但对于两位首富,戴志康最想问他们的问题是:你最郁闷和最痛苦是什么时候?又怎么坚持下来?他觉得,衡量一个人是否成功,就是看他经历过多大的磨难,磨难越大就越成功。

(摘自新浪网,科技时代 http://tech.sina.com.cn)

【思考】

1. 有不少人在大学学习确实并不用功,有的还中途退学搞创业且取得了成功如戴尔、比尔·盖茨等,你如何看待这个现象?

2. 戴志康的大学生活与别人有什么不同?如何看待大学的学习?

本章小结

- 本章关键词：

  大学生创业,创业故事

- 问题思考：

  1. 大学生创业之路该如何开始与选择？
  2. 创业成功者案例对后来者有何启发？
  3. 大学生创业与就业有怎样的联系？